普惠金融

基本原理与中国实践

焦瑾璞　王爱俭◎著

中国金融出版社

责任编辑：张　铁
责任校对：张志文
责任印制：丁淮宾

图书在版编目（CIP）数据

普惠金融：基本原理与中国实践（Puhiu Jinrong：Jiben Yuanli yu Zhongguo Shijian）/焦瑾璞，王爱俭著．—北京：中国金融出版社，2015.12

ISBN 978 – 7 – 5049 – 8261 – 2

Ⅰ．①普…　Ⅱ．①焦…②王…　Ⅲ．①金融体系—研究—中国　Ⅳ．①F832.1

中国版本图书馆 CIP 数据核字（2015）第 296275 号

出版
发行　**中国金融出版社**

社址　北京市丰台区益泽路 2 号
市场开发部　（010)63266347，63805472，63439533（传真）
网 上 书 店　http://www.chinafph.com
　　　　　　（010)63286832，63365686（传真）
读者服务部　（010)66070833，62568380
邮编　100071
经销　新华书店
印刷　北京市松源印刷有限公司
装订　平阳装订厂
尺寸　169 毫米×239 毫米
印张　16
字数　202 千
版次　2015 年 12 月第 1 版
印次　2015 年 12 月第 1 次印刷
定价　48.00 元
ISBN 978 – 7 – 5049 – 8261 – 2/F.7821
如出现印装错误本社负责调换　联系电话（010）63263947

中国普惠金融十年再发展
（代序）

党中央、国务院历来高度重视普惠金融发展。党的十八届三中全会通过的《中共中央关于全面深化改革若干重大问题的决定》中正式提出"发展普惠金融。鼓励金融创新，丰富金融市场层次和产品"。近年来，在各方共同努力下，我国普惠金融发展进程加快，取得了较好成效。发展普惠金融，对于促进大众创业、万众创新，金融服务实体经济，推动社会和谐发展具有重大意义。

一、普惠金融含义及其发展

在国际上，普惠金融（Financial Inclusion）与金融排斥（Financial Exclusion）是相互联系的两个概念。金融排斥指特定群体不能或难以获得金融服务和产品的社会现象，普惠金融阐述如何消除金融排斥现象。

2005 年，联合国推广"国际小额信贷年"时提出"普惠金融"概念。2008 年国际金融危机对全球金融体系稳定形成冲击和影响，各国在反思后普遍重视改革金融监管体系，调整金融结构，使金融更好地服务实体经济，普惠金融概念引起广泛关注和深入推广。国际组织和学术界在普惠金融概念方面逐步达成一致，即在金融机构财务可持续、金融消费者成本可负担的前提下，通过政策扶持、市场竞争和金融创新，使中小微企业、欠发达地区、弱势群体逐步获得适当金融产品和服务。具体内容包括：一是加强财政、税收、货币政策指导，对普惠金融发展予以政策扶持；二是加强金融体系建设，健全金融基础设施建设，改善金融服务水平，优化金融服务环境；三是鼓励金融竞争与创新，提供方便快捷、价格合理的金融服务，引导数字化金融、电子货币、互联网金融等金融新业态规范发展；四是加强金融消费者（投资者）保护和金融消费者（投资者）教育，不断提高消费者（投资者）金融素养。

普惠金融是一个不断发展的概念。最初重点关注信贷可获得性，原因是银行业在发展中国家、新兴市场经济体长期占据优势地位。随着普惠金融概念的不断演进，普惠金融逐步凸显"大金融"、"宽内涵"、"多维度"等特征，涵盖包括账户、储蓄、信贷、支付、证券、保险等所有金融产品和服务，已逐渐形成一整套涉及金融基础设施建设、金融改革发展和结构调整等重大问题的发展战略和操作理念。从理论到实践，全世界对发展普惠金融已达成共识并列出路线图和时间表。联合国设立了普惠金融大使；世界银行敦促各国政策制定者推动普惠金融建设，关注有益于贫困人口、妇女及其他弱势人群的产品，到2020年实现为所有工作年龄的成人普及金融服务的目标；目前已有50多个国家设立了促进普惠金融发展的明确目标。

二、十年来中国普惠金融发展取得重要进展

根据国际通行的评价标准和分析框架，从金融服务主体的多样化、金融服务覆盖面、弱势群体金融服务满足度、金融消费者保护以及对普惠金融发展的政策支持力度等多个维度对我国普惠金融发展现状进行分析评估，总体来看，中国普惠金融发展在国际上处于中上水平。尤其是近年来，普惠金融发展进程不断加快。

（一）中国金融机构组织体系建设

改革开放以来，中国逐步形成了银行、证券、保险分业经营体制，

建立了政策金融、商业金融和合作金融相互补充、大中小不同规模机构组织相互协作的金融服务体系。近年来，适应金融服务需求特色化、差异化需要，又逐步培育发展了融资性担保公司、汽车金融公司、农业保险公司、相互保险公司、小额贷款公司、货币经纪公司、农村资金互助社、贷款公司、村镇银行、消费金融公司等新型市场主体，进一步细分了金融服务领域，丰富了金融服务主体。此外，随着互联网技术的深入普及，通过互联网渠道和电子化手段开展金融业务的互联网金融发展迅猛，众筹融资、网络销售金融产品、手机银行、移动支付等互联网金融业态也在快速涌现，部分互联网金融组织还在支持实体经济领域开展了有益的探索。

（二）普惠金融发展的政策支持

党中央、国务院历来高度重视金融服务的可获得性，尤其是"三农"和小微企业的金融服务工作，先后出台了一系列支持"三农"和小微企业发展的财税金融政策。党的十八大和中央经济工作会议对金融服务实体经济、促进"三农"和小微企业发展做出了总体部署。2013年以来，国务院又颁布实施《国务院办公厅关于金融支持经济结构调整和转型升级的指导意见》、《国务院办公厅关于金融支持小微企业发展的实施意见》、《国务院办公厅关于金融服务"三农"发展的若干意见》等重要文件和政策，对进一步做好"三农"、小微企业的金融服务做出了具体部署。

在党中央、国务院的领导下，人民银行等部门在推动普惠金融发展方面进行了积极探索，取得了一定成效。一是不断完善小微企业金融服务体系，缓解小微企业金融服务薄弱问题。开展中小微企业信贷政策导向效果评估，引导金融机构盘活存量、用好增量，扩大对小微企业的信贷投放。鼓励各类金融机构积极开展适合小微企业需求的融资模式和信贷模式创新。支持金融机构发行专项用于小微企业贷款的金融债券。加快银行间债券市场发展，鼓励小微企业发行债务融资工具，拓宽融资渠道。推进涉农金融改革，提高农村金融服务覆盖面。积极推动农村信用社、农业银行"三农金融事业部"改革试点和农业发展银行改革。对农村信用社等涉农金融机构执行较低的存款准备金率，加大支农再贷款、再贴现支持力度，增加支农资金来源。二是加快金融基础设施建设，优化基层金融服务环境。推出银行卡支农惠农项目和农民工银行卡特色业务，满足农民基本金融服务需求。在农村推广移动支付，解决农村地区物理网点不足等问题，提升农户金融服务便利性。完善农村信用体系，加快中小微企业信用体系建设，开展"信用户"、"信用村"、"信用乡（镇）"建设，构建"守信受益、失信惩戒"的信用激励约束机制。

（三）金融服务覆盖情况

国际货币基金组织（IMF）每年对全球187个经济体开展金融可获得普查，重点通过银行网点覆盖、ATM覆盖、银行代理网点情况进行评价。2013年评价结果显示，我国银行网点密度和人均占有量处于国际中游水平（89位及123位），ATM密度及人均占有量居于上游水平（37位及68位）。2015年4月世界银行发布的《2014全球普惠金融调查报告》① 显示，中国的账户普及率在2011年至2014年间有显著增长，由64%上升至79%，拥有账户的成年人增加了1.8亿人。中国账户普及率平均上升了15个百分点，但不同群体之间存在显著差异，在最贫穷的40%成年人中，账户普及率上升了26个百分点，而在最富裕的

---

① 该报告中的各项数据来源于143个经济体中针对15万成年人的调查结果，这143个经济体的人口总量占世界总人口数的97%。调查通过随机抽样选取样本人群，各经济体中不同地区的样本数量原则上根据人口比例分配，并通过电话访谈或面对面访谈的方式完成调查。其中，中国的调查在2014年9月20日至11月18日之间完成，样本总量为4184人，由于该报告的数据是来源于较为主观的调查访谈，且样本量有限，其结果可能存在较大误差。

60%成年人中仅上升了8个百分点。农村地区的上升程度高于城镇地区，男性和女性之间则没有显著差异。

自助机具、网络银行（手机银行）、网络保险（电话保险）等服务渠道的建设近年来也取得积极进展，个人账户、银行卡以及网银等金融服务使用率提升迅速，在农村地区尤为明显。截至2014年末，农村地区金融机构开立的个人银行结算账户27.31亿户，人均结算账户3.06户，人均持卡1.95张，基本实现了人人有卡、家家有账户、补贴能到户。全国农村地区共设置银行卡助农取款服务点92万个，农民工银行卡特色服务覆盖了全国主要的农民工输出省份。

农村信用体系和中小企业信用体系建设提高了农村经济主体和小微企业融资的可获得性和便利性。截至2014年底，全国共为约250万户小微企业和1.6亿农户建立了信用档案，评定了1亿多信用农户，累计有40.5万户小微企业获得银行贷款，贷款余额8.9万亿元；9012万农户获得信贷支持，贷款余额2.2万亿元。建立了100多个信用信息系统或服务平台，实现了小微企业、农户信用信息的共享，为地方政府履职，金融机构信贷管理提供了信息支持，促进了普惠金融发展。

（四）弱势群体金融服务满足程度

截至2014年末，"三农"、小微企业贷款已连续6年实现两个"不低于"，即贷款增速不低于全部贷款增速，增量不低于上年。涉农贷款（本外币）余额23.6万亿元，占各项贷款的比重为28.1%，同比增长13%，按可比口径，比全国金融机构同期各项贷款增速高0.7个百分点。农村（县及县以下）贷款余额19.4万亿元，同比增长12.4%；农户贷款余额5.4万亿元，同比增长19%；农林牧渔业贷款余额3.3万亿元，同比增长9.7%。

2014年12月末，金融机构小微企业贷款（人民币口径，非本外币口径）余额15.3万亿元（小型、微型企业贷款余额分别为13.76万亿元和 1.5 万亿元），占企业贷款的 30.4%，同比增长 15.5%，增速比同期大型、中型企业贷款增速分别高 6.1 个和 4.9 个百分点，分别比各项贷款和全部企业贷款增速高 1.9 个和 3.9 个百分点。2014 全年小微企业贷款增加 2.13 万亿元（同比多增 1285 亿元），占企业贷款增加额的 41.9%。从行业分布看，小微工业企业和服务业企业贷款占比明显提升；从地区分布看，2014 年部分西部省份小微企业贷款增长较快，比如，西藏增速为 35.1%、甘肃为 31.1%、江西为 28.3%、青海为 26%、四川为 22.4%、贵州为 22.1%。分机构看，小微企业贷款增加额中 46.1% 来自小型银行，比上年同期高 5.4 个百分点。而从机构自身贷款结构看，农村信用社和中资小型银行小微企业贷款余额占其全部企业贷款的比重分别为 77.8% 和 55.5%，远高于大型银行 21.4% 的水平。

截至 2014 年 9 月末，贫困地区人民币各项贷款余额 3.26 万亿元，同比增长 18.8%，比全国平均增速高 5.6 个百分点。

（五）金融消费权益保护

在金融消费权益保护方面，人民银行、银监会、证监会和保监会都相继成立了专门机构，积极探索金融消费权益保护模式，完善工作机制，建立投诉申诉平台，开展形式多样的金融知识宣传教育活动，不断提高人民群众的维权意识、风险防范意识和自我保护能力。

人民银行建立以"金融消费权益保护信息管理系统"为主干、"www.12363.org"金融消费权益保护互联网站和"12363 金融消费权益保护咨询投诉电话"为两翼的"一体两翼"的金融消费权益保护信息管理平台。认真处理金融消费者投诉，2014 年共受理投诉 16535 笔、咨询 146436 笔。稳步推进金融消费者投诉分类标准试点监测工作，研究设计科学、统一的金融消费者投诉分类标准，深入探索金融消费纠纷非诉解决机制。

人民银行积极开展"金融消费者权益日"活动，联合金融监管部门、地方政府、金融机构、新闻媒体等自 2014 年起每年在"3·15 国际消费者权益日"期间组织开展"和谐金融、美好生活"、"金融3·15乡镇行"等活动；开展"金融知识普及月"活动，在全国各地开展以"普及金融知识、惠及百姓生活、共建和谐金融"为主题的金融知识普及活动。出版《金融知识普及读本》，完善"消费者金融素养调查问卷"。在农村地区，建立 100 余个金融知识普及示范点，捐赠图书 5000余册，加强金融知识普及宣传。通过开展"金融知识进农村"等活动，向农村金融消费者普及金融知识，使其不断提高金融素养，了解金融消费者的权利、义务以及维权的各种正当渠道和方式，强化风险意识和责任意识，更好地理解和使用金融产品和服务。

三、未来促进普惠金融发展的政策建议

我国普惠金融发展取得了积极成效，但随着经济形势不断变化，对照新常态下经济面临的新趋势和新挑战，普惠金融的深化仍面临挑战，需要不断创新思路，深化改革。

（一）推进金融改革，构建普惠金融顶层设计

普惠金融与维护金融体系稳定、促进经济可持续发展、缓解社会贫富差距等方面关系均十分密切。从相关国际组织的要求看，在探索构建国际普惠金融战略规划的同时，也要求在国家层面考虑构建战略规划。近年来，一些国家专门成立了"普惠金融委员会"或专门设立普惠金融部门，统一布局，研究制定出台阶段性的普惠金融战略规划。中国目前没有建立相应的组织领导体系，推进普惠金融的职责比较分散，缺乏有效的制度法律体系和协调沟通机制。

中国需要明确普惠金融发展的目标和改革路线图，制定普惠金融改革发展的方案，完善相关法律法规，消除制度障碍，构建"全覆盖、低成本、可持续"的普惠金融体系的建设蓝图。通过加强宣传，逐步

提高政府部门、金融机构、普通公众的战略意识和认知度，在全社会层面形成统一理念和扶持合力。

（二）建立统计制度，完善普惠金融指标体系

普惠金融指标体系涉及的数据较多，而现行金融业统计体系中未针对普惠金融建立专项统计，相应数据分散在不同部门，部门之间的数据合作与分享机制欠缺，数据可得性较差。这需要人民银行与银监、证监、保监、统计、工商等部门进行沟通协调和数据共享，建设常态化的普惠金融数据统计工作机制，有效采集数据，定期更新数据，在有条件的地区可以尝试建立标准化的普惠金融数据库。按照城乡基本公共服务均等化的要求，把普惠金融指标体系纳入全面建成小康社会统计监测指标体系，并适时发布《中国普惠金融发展指数白皮书》。

同时，普惠金融指标体系应是一个动态的体系，能够反映中国普惠金融每年的发展变化情况。这需要对指标体系定期进行动态追踪、优化完善、推陈出新，剔除效果不佳或不合时宜的指标，并伴随着金融改革进程和金融创新发展在相关领域（如移动金融）增设新的指标。未来，除银行业服务内容之外，应该更多地覆盖保险、证券等其他金融服务。部分地区推动开展的特色普惠金融工作在当地取得良好的成效，但又不属于传统、常规意义上的金融服务工作，难以在普适性的指标体系中反映。可以在全国性指标体系的基础上，鼓励各地从实际出发，构建本地区的指标体系，根据当地特色增选指标，科学、全面地评价当地普惠金融发展状况，建设更加全面、丰富的普惠金融指标体系。

（三）鼓励金融创新，推动普惠金融多元服务

统筹发挥好不同类型金融服务提供者的作用，在风险可控的前提下，鼓励开发创新型金融产品，满足消费者的需求。发挥市场在金融资源配置中的决定性作用，促进社会性与商业性相结合，加强市场导向并防范风险，以"用更少、为更多"的方式推动提供覆盖广、可持续、高效优质的金融服务。推进利率市场化改革并借助存款保险制度，使有真实需求的个人和企业能够以合理的价格，方便及时和有尊严地获取全面的高质量的金融服务。在稳妥试点的基础上，发展农村土地承包经营权和宅基地使用权抵押贷款；推广针对小微企业的各种动产和无形资产抵质押贷款，解决弱势群体抵押物不足的问题。

鼓励商业银行单独设立小微企业贷款风险和利润考核体系，或小微企业贷款专营机构。允许不同类型的企业法人和自然人投资参与新型微型金融机构，激发民间资本活力。大力发展贴近市场和微观经济主体的小型金融机构，形成多元化、富有竞争的金融服务体系，切实降低金融服务成本和费用，为农户、小微企业和贫困群体提供质优价廉的金融服务。发挥小型金融机构经营机制灵活、信息沟通便捷、管理扁平化和决策链条短等诸多优势，使小微金融服务涵盖储蓄、贷款、支付、汇款、证券、保险和养老金等其他诸多业务。使广大群众真正享受"负担得起"、"最适合自己"的金融产品和服务。

（四）推广移动金融，打造普惠金融高效载体

移动金融在信息获取、传输、共享的效率和成本方面具有巨大优势，是信息化金融、数字化金融的集中体现。2013年，中国手机用户总数突破10亿人，其中智能手机用户3.5亿人，移动互联网用户突破8亿人，而且继续保持迅速增长态势。可见，中国发展移动金融的基础条件已经具备。但是，中国的互联网金融目前尚处于"野蛮生长"阶段，亟待规范。

中国可以借鉴国际经验，将移动技术作为普惠金融的重要载体，加强产业指引和业务监管，加快推进包括个人信息保护、电子签名、电子认证等方面的立法。大力发展电子化金融产品，在农村继续推广移动支付和助农取款终端，解决农村地区物理网点不足等问题，提升农户金融服务便利性。简化农村地区开户手续，探讨手机远程开户的可能实现方

式。持续优化农村地区移动支付发展基础环境，激励移动支付服务机构积极开拓农村市场，探索建立对移动支付服务机构在农村地区的支付服务效果评价机制。进一步提升农村地区银行卡服务水平，鼓励发放信用卡或提供分期付款服务，满足农户的小额资金需求。优化升级无网点银行服务，满足农民小额转账、汇款、取现、缴费等基础性、必需性的金融服务需求。

（五）健全监管政策，促进普惠金融持续发展

营造一个让金融机构实现商业可持续的政策环境，是普惠金融发展的重要前提。国际上呼吁建立"比例监管"（Proportional Supervision）体系，也称"分类"或"有差别"的监管框架。中国为支持普惠金融发展，在现行金融监管和宏观调控政策中已经设计了一些差异化扶持措施，但是，针对目前中西部地区金融服务不足的情况，监管部门还应积极探索普惠金融差异化的监管技术和制度，在金融机构准入条件、注册资本、银行信贷规模限制、存款准备金率、再贷款利率、信贷产品贴息水平、资本市场上市融资条件、政策性农业保险等方面考虑建立更加带有倾斜性安排的"特惠机制"，进一步加大差异化政策扶持。通过宽严相济的差别化监管，引导各类金融机构主动提供普惠金融服务。设置分层监管结构，针对特定产品和服务（如向中小企业提供的产品和服务）调整监管模式，促进监管多样化。

在财政补贴政策方面，应该对处于集中连片特困地区的农户和小微型企业贷款，给以一定比例的补贴。在税收政策方面，应对农户和小微企业贷款给予税收优惠，优惠税率可因各地经济发展情况不同而有所差别。坚持以正向激励为主，不断完善以财政、税收、监管和产业政策有机结合的长期化、制度化的农村金融和小微金融政策扶持体系，形成稳定的政策预期。将税费优惠、财政资金支持、风险拨备、呆坏账核销等支持政策真正嵌入差异化监管制度。

（六）加强消费保护，实现普惠金融最终目标

2008 年国际金融危机后，宏观审慎监管、微观审慎监管和金融消费者保护成为金融监管体制改革的三大重要支柱。金融消费者保护和金融消费者教育无疑是中国发展普惠金融的重大内容之一。中国在"一行三会"成立了四个金融消费者（投资者）保护部门，这在全世界是独一无二的。金融消费者保护部门如何加强与普通消费者保护部门的协调，四个金融消费者（投资者）保护部门之间如何加强协调，金融监管部门内部各业务部门如何加强协调，均是摆在我们面前的重要任务。

应进一步整合金融消费者保护、金融教育和普惠金融政策，提升政策影响力。针对普惠金融的发展采取有效的消费者保护措施，提供畅通的咨询投诉受理渠道，妥善处理金融消费纠纷，使弱势群体在获取金融服务的过程中遭受侵权时，可以得到及时保护。例如，针对农村无网点银行业务投诉难的问题，手机银行服务提供商可在用于金融交易的手机系统内设置简单的投诉机制；在代理商存在不当行为时可要求金融机构承担责任等。

负责任的普惠金融也要求消费者更好地了解金融，掌握金融知识，更好地利用金融产品。在申请贷款时，金融教育可以发挥很大作用，让弱势群体更好管理自身资产，避免过度负债。应进一步加强金融教育战略的有效性和可持续性，在教育内容中包含对金融创新如无网点银行业务、互联网金融等的知识普及，并提高消费者防范金融诈骗、防范非法集资的意识与能力。重视对金融教育项目的评估，提升教育质量。

焦瑾璞
2015 年 9 月 19 日

目　录

第一章
普惠金融概述

第一节　普惠金融的概念、意义

联合国为了实现"千年发展目标"中的"根除极度贫困和饥饿"这一目标，于 2005 年明确提出了普惠金融（Inclusive Finance）这一概念。

一、普惠金融的概念

在普惠金融这一概念正式提出之前，存在着小额信贷、微型金融等形式，因此，学界普遍认为普惠金融的概念是从小额信贷与微型金融的基础上延伸而来的。

（一）小额信贷

小额信贷的概念。国际上的经营结构、服务客户、操作方式都不太相同，因此尚未有明确的定义。世界银行扶贫协商小组（CGAP，2004）在《小额金融信贷手册》中对小额信贷定义为："为满足低收入者生产、经营、消费方面的需求，从而向他们提供类似贷款、储蓄等的金融服务。"国际上的一些主流观点则认为，小额信贷是专门向低收入阶层和小微企业提供持续的、较小额度的信贷服务的金融活动。而在我国最先引入小额信贷这一概念时，则认为小额信贷是向低收入者即贫苦人群提供存贷款服务的金融活动。因此，总结概括来说，小额信贷就是指为满足低收入者、小型企业的生存发展需求，而专门向其提供的额度较小的持续性信贷服务。

小额信贷的特点。（1）贷款对象主要为生活和生产经营中存在困难，且无法通过传统商业贷款满足需求的低收入阶层及微型企业；（2）贷款主要为债务人的生产活动所用；（3）抵押担保方式灵活，债务人仅需自身信誉就可获得贷款并作为还款保障，并不需要提供抵押物或第三方担保；（4）贷款、还贷方式灵活，既可固定还款也可灵活还款；（5）申请借贷的程序简便。

按照目标差异，可将小额信贷分类为福利主义与制度主义。福利主义把全社会的发展作为首要职责，关心、改善贫穷地区人民的信贷状况，更多地为其提供额度较小的金融业务以及医疗、教育等非金融服务。而制度主义则是把机构的可持续性和目标管理作为首要任务，在以此为前提的基础上，再为贫困群体提供更为广泛的持续的金融服务。

（二）微型金融

微型金融则是指以低收入群体、微型企业为服务对象，向其提供贷款、储蓄、转账、租赁、保险等多种金融业务以及其他金融产品的新型金融形式。目前，微型金融的主要业务为发放微型信贷，即向贫困群体及微型企业提供少量的贷款，帮助其进行生活及生产经营活动。目前，微型金融已经成为发展中国家缓解贫穷、解决低收入者尤其是农民、中小微企业融资困难的一项重要金融制度安排。在我国，微型金融是以小额信贷为核心，并结合储蓄、保险等金融服务，以为农村贫困人群提供服务为基础，逐步扩大其服务范围至中小企业和个体商户的金融活动。

（三）普惠金融

1. 普惠金融的概念

2005 年，联合国首次提出了普惠金融的概念，并将其定义为：一个能有效、全面地为社会所有阶层（特别是贫穷的、低收入的群体）提供服务的金融体系。世界银行扶贫协商小组则在 2006 年给出了普惠金融体系的概念，定义普惠金融体系是通过各种渠道，为社会上任一阶级提供金融服务的体系，尤其是那些被传统金融体系排除在外的广大的贫困、低收入人群，向其提供包括储蓄、保险、信贷、信托等的差别化金融服务，其核心是让所有人特别是弱势群体享受平等的金融权利。

我国的学者也根据我国现阶段的基本国情，将普惠金融定义为在服务于整体经济大局的前提下，通过官方推动，由正规金融机构为包括低收入者和小微企业在内的全体社会成员，以合理和差别化的价格提供持续、全功能的金融服务，使金融体系适度协调发展，并做好风险控制的金融行为。普惠金融是小额信贷和微型金融进一步延伸的产物，它超越了小额信贷和微型金融的服务对象与服务范围，目的在于构建一个系统全面的服务体系。因此，可以说普惠金融与小额信贷和微型金融是包含的关系。

2. 普惠金融的内涵

普惠金融有别于传统金融，它强调要构建一个包容性的金融体系，目标是能够在任何经济主体有金融服务需求的时候能够为其提供理想的金融服务。普惠金融理论认为：第一，享受金融服务是每个人的权利，所有人都应该被赋予享受均等的金融服务的权利；第二，要制定合理完善的制度，实现金融服务供给与需求之间的匹配；第三，在一个成熟的普惠金融体系下，每个经济主体可以得到其所需要的合理的金融服务。

普惠金融的"普"与"惠"高度概括了普惠金融的内涵。首先，普惠金融的"普"字，说明了金融服务的普遍性，体现的是一种平等权利。即所有人应该有获得金融服务的机会，从而保证其有效地参与到社会的经济发展当中，进而完成全社会的共同富裕、均衡发展的目标。其次普惠金融的"惠"字即惠民，指金融服务的目的就是便利金融的需求者，即强调金融对普通人特别是贫困弱势群体的支持，体现了金融为人民改善生活水平、为企业提供融资渠道带来便利。

二、普惠金融的意义

发展普惠金融，让社会每个阶层的经济主体都能获得所需的、合理的金融服务和金融支持，有助于实现一国国民经济长期稳定健康的发展，有助于实现联合国在"千年宣言"中提出的"到2015年将全球贫穷人口数量减少一半"的目标。具体来看，普惠金融的发展对于发展中国家特别是我国的重大意义可以总结为以下几点。

（一）发展普惠金融，有利于解决当前金融体系的问题

目前的金融体系是经过多年发展逐步形成的，并逐渐成为当代的经济核心，发挥着重要的作用，而如今的传统金融体系还存在着很多问题，最为显著的一方面就是金融服务的提供愈来愈面向财力丰厚、能承担高风险的群体，但忽略了具有巨大发展潜力的中小微企业、农民、贫困人群等经济弱势群体。他们只能借助非正规的金融渠道获取其所需的金融服务，具有高代价、高风险的特点，从而不利于金融体系及当今经济发展。所以普惠金融的发展，可以在完善传统金融体系上从深度和广度双向出发，依靠政府支持等来推动金融市场向更偏远地区、更贫穷客户群体发展，向他们供应更为完善、合理、丰富的金融服务产品，以期更大范围地提供金融服务，消除现有金融体系的问题。

（二）发展普惠金融，有利于降低交易成本和金融业的创新与可持续发展

在发展中国家的金融市场上，信息不对称的问题普遍存在，导致低收入群体和微型企业从金融机构获得金融服务的成本大大提高，所以这些群体经常被排斥在传统金融体系外。普惠金融的发展，能够降低金融机构由于信息不对称所面临的较大风险；能够使开展小额信贷活动的成

本下降；能够提高小额信贷的收益，从而一方面能够为更大范围的客户群体带来利益享受，另一方面也有利于金融机构的业务开展。

另外，普惠金融的发展，促进了银行业之间的竞争，迫使各个金融机构进行服务创新、产品创新等，也有利于各个金融机构提高金融服务质量、改善金融服务环境，从而促进金融业的整体服务体系的提升，促进金融服务和产品的升级。从而，从长远看，普惠金融的发展有利于整体金融业的可持续发展。

（三）发展普惠金融，有利于金融资源的有效配置

普惠金融的发展，就是通过创新的金融工具将市场的储蓄资源进行跨主体、跨行业、跨地区的有偿转移，提高资金配置效率。我国金融体系存在的另一突出问题就是，金融资源利用不合理，资金配置效率不高。普惠金融的发展，有利于打破各种制度性、政策性的障碍，将金融服务向更偏远地区、低收入群体扩展，从而促使金融资源的合理流动，提高金融资源的使用和配置效率。

（四）发展普惠金融，有利于消除贫困，实现社会公平稳定

普惠金融的理念是人人都有获得金融服务的平等的机会，因此普惠金融的发展，使金融服务的门槛降低，使传统金融中无法获得正常金融服务的经济弱势群体享受到基本的金融服务，帮助保护其有限的财富，并增加其收入的来源，是帮助经济弱势群体摆脱贫困的重要途径。另外，构建普惠金融体系、提供金融服务不但能够使贫困者摆脱贫困，渡过经济导致的生存危机，也能改善他们的子女教育；提高其生活水平、健康水平；还能改变妇女的家庭收入，提升其家庭、社会地位；并且有利于改善公共基础设施建设等。通过诸多方面的改善与提升，有利于改善民生，促进共同富裕，从而实现社会公平稳定，促进社会和谐发展。

第二节 普惠金融的特点、对象、基本原则、目标、体系框架

一、普惠金融的特点

（一）公平性

普惠金融的公平性是说金融不能仅仅服务于富人，而应使所有群体和各种企业都能有享受合理金融服务的机会，特别是要使弱势群体获得这样的机会，实现金融公平是普惠金融的特点之一。

在我国，经济主体包含政府、企业、个人，其中企业包含大、中、小、微企业和个体户等，个人则包括城市一般居民、城市低收入群体、农民等。目前，小微企业、城市低收入群体和农民融资难的问题比较突出。这些弱势群体因为拥有资金较少，居住地区偏远、金融服务成本较高等原因，往往被排除在传统金融之外。

而普惠金融的发展，尤其是我国自 2004 年以来发布的一些关于聚焦"三农"问题、解决中小企业发展问题等的相关政策、重要文件，对进一步做好"三农"、小微企业的金融服务支持做出了具体的部署。由此可见，随着普惠金融的发展，其服务对象包括所有居民和企业，特别是低收入群体和中小微企业，他们都能以合理的价格获得所需的金融服务和金融权利，充分证明了普惠金融公平性的特点。

（二）多元性

普惠金融的多元性是说普惠金融的提供机构众多，且主要为正规金融机构。目前能够提供普惠金融服务的金融机构主要包括商业性金融、政策性金融、合作性金融等正规金融组织以及私人钱庄、民间金融借贷等非正规金融组织。普惠金融的提供机构具有数量多、组织形式多样的特点。

低收入群体、小微企业在普惠金融还没有发展之前，虽然仍能通过

各种形式的民间金融或通过非正规渠道获得金融服务，但存在一些不公平待遇，使得其获得服务成本较高、获得服务的需求不到位以及承担较高的金融风险。因此，随着普惠金融的发展，由具有较高风险防范能力的正规金融机构向低收入群体、小微企业提供有保障的、受监管层监管的正规金融服务，能够保障他们获得合理金融服务的有效性。

（三）丰富性

普惠金融的丰富性是说其业务种类多样化。普惠金融的金融服务不仅仅是向客户提供不同期限的信贷业务，还包括保险、储蓄、转账、汇款、租赁、抵押等全功能、多层次的金融服务。通过不同类型的普惠金融服务可以满足不同阶层客户的金融需求，使其以合理价格获得所需的金融服务。其中，面向低收入人群的自愿储蓄为他们提供了安全、方便、可细分并能带来收益的金融服务；小额保险业务能够增强低收入者对风险的防控、应对能力，特别是医疗、养老保险，为他们提供了及时必要的资金；另外，低收入者同样会产生如投资、抵押、理财等其他金融需求。

随着金融创新的不断发展，为满足客户的日益丰富的需求，普惠金融产品及服务会更加多样化，且质量会日益提高，成本会不断降低。

（四）政策性

普惠金融的政策性是说，普惠金融机构具备较完善的内部管理体制、健全的市场监管体系、合理的行业标准，并且在特定的市场环境下，政府能够发挥适当的作用，提供合理的政策指导和监管环境。在机构和政府的双方作用推动下，实现普惠金融的可持续发展。

二、普惠金融的对象

普惠金融主要服务于被排斥在传统金融市场外的经济弱势群体，他们有以下共同特征：贫困、收入低、处于偏远地区、信用较差，因此不能得到正规传统的金融服务；大多数个人与企业都能按时还款，具有信用，然而不能获得银行的贷款；有收入来源，支付保险金额，然而不能得到保险公司的服务；希望能够安全地储蓄资金、积累财富，通过可靠的方式从事汇兑和收款。所以，他们需要普惠金融机构向其提供安全、便利、可持续、可负担的金融服务。普惠金融的服务对象可以从经济主体、客户贫困程度不同角度进行划分。

（一）按经济主体划分

普惠金融的服务对象，按经济主体划分，包括农户、城市贫困群体、企业。

1. 农户

农户经济主体又可以分为贫困农户和普通农户。普通农户的主要信贷需求是小规模的种植业贷款需求、专业化规模化生产和工商业贷款需求以及生活开支，而满足其信贷需求的主要方式有自有资金、民间小额贷款、小额信用贷款、少量商业信贷、合作金融等。贫困农户的主要信贷需求为生活开支、小规模种植养殖贷款需求，而满足其信贷需求的主要方式有：民间小额贷款、小额信贷、政府扶贫资金、政策金融等。

2. 城市贫困群体

城市贫困群体这一经济主体又可分为城市低收入人群和城市创业、失业人群。城市创业、失业人群所需信贷需求为生活开支、创业资金贷款，满足其信贷需求的主要方式有：政府创业补贴、民间小额贷款、商业性小额信贷、政策金融、合作金融等。城市低收入人群的主要信贷需求为生活开支，满足其信贷需求的主要方式有：政府补贴和救济、民间小额贷款、小额信贷、政策金融、合作金融。

3. 企业

企业经济主体又可分为小微型企业、有一定规模的中型企业、发育初期的龙头企业三类。其中小微型企业的信贷需求用于启动市场、扩大规模，满足的主要方式为：自有资金、民间金融、风险投资、商业信贷、政策金融、小额信贷。中型企业的信贷需求则是面向市场的资源利用性生产贷款需求，通过自有资金、商业信贷、政策金融、小额信贷来满足。发育初期的龙头企业则需要信贷用于专业化技能型生产规模扩张，通过自有资金、商业信贷、政策金融、小额信贷、风险投资、政府资金的渠道来满足。

（二）按客户贫困程度划分

社会人群按照贫困程度可以分为赤贫、极贫、贫困、脆弱的非贫困、一般收入、富裕者六类。前三类为贫困，后三类为非贫困。我们能够将金融市场内（潜在）服务对象分成三类：一为可以通过正规金融途径获得服务客户，主要是经济状况良好的群体即非贫困者；二为被正规金融排斥但能通过微型金融途径获得服务的客户，即极贫、贫困、脆弱的非贫困者以及一般收入者；三为通过以上两种途径都无法获得金融服务，金融需求难以实现者，即赤贫者。其中，后两类被排除在正规金融体系外，乃是普惠金融体系的服务对象，包括赤贫者、极贫者、贫困者、脆弱的非贫困者、一般收入者，如图1－1所示。

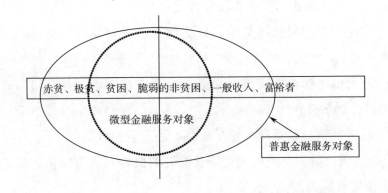

图1-1　从客户贫困程度角度分类的普惠金融服务对象

总之，普惠金融的服务对象应包含社会各个阶层，但其服务的重点是目前被排除在正规金融体系外的贫困、低收入的经济主体。这些主体迫切需要普惠金融机构向其提供便捷、广泛、合理、持续的金融服务，从而解决其无法依靠现有资金和途径获得金融服务的窘境。

三、普惠金融的基本原则

世界银行扶贫协商小组（2006）认为，小额信贷的基本原则包括以下方面，由于普惠金融是小额信贷的延伸，因此这些原则同样适用于普惠金融。

1. 贫困人民需要多元化的金融服务，不仅是贷款，还包含储蓄、保险等；

2. 小额信贷是一个强有力的反贫困手段；

3. 小额信贷意味着要建立为贫困人口服务的金融体系；

4. 小额信贷能够实现自负盈亏，也就是说它的服务收费应足以覆盖其运营的一切成本；

5. 小额信贷的目的是设立永久性本土金融机构；

6. 小额信贷是无法解决所有问题的，对于那些无收入或缺乏还贷手段的人，其他形式的扶贫也许更有效；

7. 设定利率上限会使贫困人群更加难以获得贷款服务，最终还是对穷人不利；

8. 政府的工作在于支持金融服务，营造良好的政策环境，而非自己去提供金融服务；

9. 慈善捐款与私营资本是互补而不是竞争的关系；

10. 小额信贷发展的瓶颈是缺乏稳健的机构与管理队伍，捐助者的捐助应该用在能力的提升上；

11. 小额信贷机构不仅需要提供准确和可比较的财务运营报告，也需要提供社会发展状况指标。

四、普惠金融的目标

联合国（2005）提出了小额信贷的五个关键目标，因普惠金融是小额信贷发展延伸而来的，因此也适用于普惠金融。

1. 通过开展小额信贷业务，促进实现"千年发展目标"，即到2015年世界赤贫人口减少一半；

2. 通过开展小额信贷业务，促进公众对小额信贷的认识和理解；

3. 发展面向各个阶层的客户群体的金融机构；

4. 支持对金融服务可持续发展性评估；

5. 鼓励创新，促进支持新的战略合作伙伴关系，从而建设和扩大小额信贷、微型金融、普惠金融等服务领域。

而我国学者周小川（2013）根据我国现阶段基本国情，提出普惠金融应包括以下几个目标：

1. 家庭和企业应以合理的成本获得较为宽泛的金融服务，包括开户、存款、支付、信贷、保险等；

2. 金融机构稳健，要求内控严密、接受市场监督以及健全的审慎监管；

3. 金融业实现可持续发展，确保长期提供金融服务；

4. 增强金融服务竞争性，为消费者提供多样化选择。

五、普惠金融的体系框架

世界银行（2006）将上文提到的基本原则转变为一个具有包容性的金融体系框架，把给贫困群体提供的金融服务融合到金融体系的所有层面当中（包括客户、微观、中观、宏观四个层面），就能使被传统金融排斥在外的群体获得合理的金融服务。客户层面、微观层面、中观层面、宏观层面组成了普惠金融的内容框架，如图1-2所示。

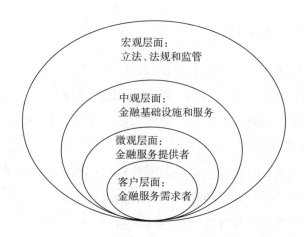

图 1 - 2　普惠金融内容框架构成

（一）客户层面

客户群体是普惠金融体系的核心，它驱动着微观、中观、宏观层面活动的展开。因此，构建普惠金融体系，首先要明确普惠金融的服务对象。在上文中我们已经指出，普惠金融的服务对象应包含社会各个阶层，但其服务的重点是目前被排除在正规金融体系外的贫困、低收入的经济主体，具体包括：农村农户、城镇中的中小企业或小微企业以及城乡贫困群体。这些经济主体往往都具有贫困、收入低、处于偏远地区、信用较差等特点。

这些经济主体往往有以下几方面的金融需求：一为贷款需求。其贷款需求基本是额度较低、期限较短的贷款，这是其经济特征导致的，并且他们一般没有传统金融机构所要求的抵押品或信贷记录。二为储蓄需求。其储蓄需求不关心利率的高低，而是注重安全、保值以及低成本，最好以零存零取的方式。三是转账汇款服务需求。转账汇款服务需求意义重大，其便利程度的改善可直接提高很多家庭目前的生活状况。四是保险需求。保险服务可以在单个家庭面临经济压力时，将其压力分散在众多个体之间，从而降低家庭的经济压力，降低贫困人口的脆弱性。只有当以上金融需求得到充分的满足时，贫困人群才有能力控制自己的生活、采取自己的方式摆脱贫困。

（二）微观层面

普惠金融的微观层面，基本上是指提供普惠金融服务的一方，其是普惠金融体系的支柱。在普惠金融体系中，需要不同的金融服务提供者，从而满足不同阶层客户的不同需求。这些金融服务提供者包括：一为银行类金融机构；二为非银行类金融机构，主要是保险公司、抵押贷款公司、租赁公司等；三为非政府组织，在我国主要包括扶贫基金会、人口福利基金会、青少年发展基金会等，它们在很大程度上填补了银行不能有效地为穷人服务的空白；四为合作性金融机构，主要包括合作社和资金互助组织。这些机构大多数具有经济和社会双重目标，它们在保证自身可持续经营的前提下，在一定程度上兼顾着减少贫困、维系社会公平等社会目标。

（三）中观层面

普惠金融的中观层面，即是能够保障普惠金融微观层面正常运作的金融基础设施和服务，主要指能够降低交易成本、延伸金融服务范围、提高金融服务透明度、保证金融体系完整度的一系列辅助服务。主要包括能够允许资金在金融机构中自由流动、保证安全交易的支付和清算系统；能够使管理者提高经营决策能力、使投资者做出科学正确决策、帮助降低机构风险的信用管理服务；能够提高并完善金融机构现有管理能力和效率的技术支持服务；能够使普惠金融机构分摊金融基础设施和服务成本的网络支持组织等。

（四）宏观层面

在构建普惠金融体系和将金融服务向贫困程度非常严重的人群推进的进程中，政府在其中扮演很重要的角色，即提供一个良好的金融环境，以吸引更多的金融服务供给者并促进市场的竞争。政府在确保普惠金融发展的政策环境中发挥者重要的作用，良好的政策环境允许一定范围内的不同金融服务提供者共存，并且进行有序的竞争，大量贫困客户能够较容易获得高质量、低成本的金融服务。为了使可持续的普惠金融蓬勃发展，适当的立法和政策框架是必要的。宏观层面的主要参与者包括中央银行、财政部门以及其他国家政府机构实体。

总之，普惠金融内容框架包括客户、微观、中观和宏观四个层面，它们的不断融合就是一个逐步向发展中国家、向那些更为贫困及位置更偏远的人群开放金融市场、提供金融服务的过程。

第三节　普惠金融的发展历程、发展现状、发展趋势

一、国际普惠金融的发展历程

国际普惠金融的发展可以分为三个阶段，即小额信贷阶段、微型金融阶段和普惠金融阶段。

（一）小额信贷阶段（20 世纪 70 年代至 20 世纪 90 年代）

孟加拉国经济学家穆罕默德·尤努斯教授在 20 世纪 70 年代的小额信贷试验是小额信贷的起源。当时，他认为农民贫困的主要原因在于缺乏资金，缺乏摆脱贫困的渠道，他认为穷人往往有贷款需求，却被正规金融机构拒之门外，转而向高利贷求助，但过高的利息更加深他们贫困的程度。因此他在 1976 年 8 月说服当地企业向贫困农户提供商业贷款，此贷款用于农民的生产生活，并成功地实现了较高的还款率。随着尤努斯的试验日臻成熟，1983 年，孟加拉国议会通过了《1983 年特别格莱珉银行法令》，正式成立了孟加拉乡村银行，为低收入群体发放小额信贷，从而消除贫困、发展农业。

孟加拉国的乡村银行小额信贷模式发展成熟后，逐渐得到了世界各

国特别是亚洲、非洲、拉丁美洲等地的欠发达国家的纷纷仿效，它们根据自己国家的基本国情创新了不同的信贷模式，如拉美的 ACCION 国际组织、印度的自我就业妇女协会银行等。

20 世纪 80 年代，小额信贷的进一步发展，打破了传统意义上扶贫融资的模式，多数实践表明，贫穷群体的还款信用较好，贫穷群体有能力负担信贷成本，从而支持了小额信贷的可持续发展性，为后期的微型金融的产生与发展奠定了良好的基础。

（二）微型金融阶段（20 世纪 90 年代至 21 世纪初）

随着小额信贷的发展，其服务对象的范围、产品的范围以及提供者的范围均有所扩大。发展到 20 世纪 90 年代，小额信贷不再单纯局限于提供贷款，同时也为经济弱势群体提供包括如贷款、储蓄、保险、转账等综合性的金融服务。金融机构也逐步突破传统的客户边界，银行和其他金融机构也开始介入小额信贷等服务，以上种种都标志着微型金融的形成与深化。

从小额信贷到微型金融，有三点突破：一为覆盖的客户范围更加广泛，从原先的贫困偏远地区居民扩大到包括城市中的较贫穷群体；二为业务范围更加广泛，不仅包括小额信贷，还包含贷款、储蓄、保险等综合性金融服务；三为金融服务提供者更多样化，20 世纪 80 年代早期形成的"华盛顿共识"促使非政府组织取代政府成为小额信贷的主要提供者，随后，私人商业银行、国有银行、保险公司、金融公司等都能为微型金融提供服务。

当前，微型金融已由金融体系的边缘成为了主流，各国政府和社会组织正努力通过微型金融的发展，促使普惠金融体系的建立。

（三）普惠金融阶段（21 世纪初至今）

进入 21 世纪，各国的微型金融机构纷纷向全面化的金融服务方向发展，从而实现金融的持续性。2005 年，联合国第一次明确提出"普惠金融"这一概念，其实质是微型金融的延伸和拓展。目前，越来越多的国家开始倡导金融创新，以建立包容性的金融体系来取代自主分散的微型金融机构。

另外，21世纪以来互联网技术的高速发展，也为普惠金融的发展提供了全方位的技术支持，让传统的微型金融由线下走到线上，由零散变为集中。互联网技术催生的互联网金融也成为普惠金融体系的一部分，其对于普惠金融体系的全面发展，弥补微型金融不能覆盖的领域，推进普惠金融体系的扩大化、大众化有着重要的意义。

由此可见，普惠金融的国际发展历程，从最早的小额信贷到现在的普惠金融，概念内涵不断丰富，形式不断创新，普惠程度不断提高。

二、我国普惠金融的发展历程

（一）公益性小额信贷阶段（2000年以前）

此阶段小额信贷主要以扶贫为主，带有公益性、自发性。1993年，中国社会科学院农村发展研究所成立了"扶贫经济合作社"，将孟加拉乡村银行的小额信贷模式引入我国，开始接受多方面的援助和低息贷款。1994年，国务院印发《国家八七扶贫攻坚计划》之后，公益性小额信贷不断成为政府解决农村扶贫问题的工具之一。1996年，我国为解决农村人民的温饱、就业等重大问题，将信贷扶贫的思路落实到每村每户当中。1999年，在中央扶贫开发工作会上又再次强调了小额信贷对扶贫工作的重要性，并提出要在总结经验、规范运作的基础上，积极稳妥地推行小额信贷业务。可见，公益性小额信贷此阶段在我国的推广，致力于减缓农村贫困，体现了普惠金融的基本理念，是扶贫方式、途径的重大创新。

（二）发展性微型金融阶段（2000—2005年）

随着我国经济的发展，20世纪末，我国贫困状况得到了缓解，因此小额信贷的目的也不仅仅是扶贫，而是要提高居民的生活质量、促进城市就业。2002 年，多部委联合出台的《小额担保贷款政策》的目的就是为了解决企业人员下岗失业问题和创业资金困难的问题。而提供金融服务的主体，也从非政府组织或半政府组织的小额贷款试点逐渐发展到农村信用社、城市商业银行等正规金融机构。与上一阶段公益性小额信贷相比，微型金融不仅仅缓解了农民和城市贫困人口的资金问题，而且有效地促进了农民和城市失业人口的生活水平的提升。

（三）综合性普惠金融阶段（2005 年至今）

2005 年，中央一号文件明确指出"有条件的地方，可以探索建立更加贴近农民和农村需要，由自然人或企业发起的小额信贷组织"，这标志着我国正式进入综合性普惠金融阶段。2009 年，国务院出台《关于进一步促进中小企业发展的若干意见》，指出中小企业是我国国民经济和社会发展的重要力量，中小企业的发展是保持国民经济平稳发展的基础，因此要切实解决中小企业融资难的问题。2011 年 9 月，中国人民银行加入金融普惠联盟，积极参与国际组织有关普惠金融发展的各种活动。2012 年，为了加快普惠金融的发展，我国在浙江省温州市、珠江三角洲、福建省泉州市分别建立了三个金融改革创新综合实验区。2013 年 7 月、8 月，国务院先后颁布了《国务院办公厅关于金融支持经济结构调整和转型升级的指导意见》《国务院办公厅关于金融支持小微企业发展的实施意见》等重要文件，对于如何针对"三农"和小微企业开展金融服务进行了具体的部署。2013 年 11 月《中共中央关于全面深化改革若干重大问题的决定》首次将"发展普惠金融"作为完善金融市场体系的重要内容，由此可见，我国普惠金融发展将迎来新局面、新面貌。

在综合性普惠金融阶段，宏观层面，以上政策的出台为普惠金融的发展指明了方向，提供了良好的政策环境。同时，中观层面，金融产品的创新使综合性普惠金融不再停留在小额信贷而是向综合金融服务发展；微观层面，金融服务的供给方如小额信贷组织不断设立、村镇城镇银行等金融机构迅速兴起，也为民营资本进入金融市场创造了条件；客户层面，在缓解农村农民和城镇低收入群体的资金需求的同时，逐步把小微企业纳入服务范围之中。

三、我国普惠金融发展现状

在我国，普惠金融的服务机构主要有政策性银行、大中型商业银行、城市商业银行、信用社、邮储银行、新型农村金融机构以及非金融机构等，它们提供普惠金融的服务形式有：各类抵押、担保；产业链融资；场外交易、资本市场；中小企业私募；农业产业投资基金；政策性农业保险制度；互联网金融等。

（一）现阶段普惠金融发展的特点

1. 小额信贷仍然是普惠金融的主体

从事小额信贷的机构众多。农业银行、农业发展银行是服务农村的骨干力量，其他国有商业银行、股份制商业银行、城市商业银行都被要求设立针对小微企业的服务部门，也被鼓励在县级以下区域设立各类分支机构。同时，小额信贷的种类也在增加。

2. 直接融资有较大发展

从 2012 年开始逐步建立了各地区的区域性股权市场；2013 年 1 月全国中小企业股份转让系统开始运营。2012 年 5 月，深交所发布《中小企业私募债券业务试点办法》，以规范中小企业私募债券业务，逐渐向多层次资本市场发展。在农村，出现了农业产业投资基金，越来越多的涉农企业上市。

3. 针对农村的保险业务在逐步推进中

政策性农业保险、商业性农业保险都在逐步完善中；巨额风险分散机制在逐渐形成中；农业再保险制度在酝酿中。针对小微企业的保险业务虽落后于信贷、直接融资业务，但也出现了加快发展的势头。

4. 互联网金融开始在普惠金融中崭露头角

随着互联网的发展，互联网金融成为普惠金融的重要补充力量。将来还有可能出现大量民间资本发起设立的针对小微金融的民营银行、金融租赁公司、消费金融公司等。

5. 政府推动小微企业和农村信用体系建设

在金融基础设施的建设中，政府正在推动针对农村和小微企业的信用体系建设，包括信用户、信用村、信用乡镇等，构建守信受益、失信惩戒的信用激励机制和约束机制。

（二）现阶段普惠金融发展的问题

1. 宏观层面：普惠金融的发展对政策环境、风险监管带来挑战

首先，尽管我国有针对普惠金融机构出台的一系列政策文件，但仅停留在政策指导层面，没有上升到法律层面，因此普惠金融的法律法规和监管措施还不够健全、法律定位还不够明确。其次，在监管方面，我国对普惠金融机构，特别是非政府的普惠金融机构实行非审慎监管，缺乏相应的专业人才和监管措施，造成监管的缺失，出现监管的盲区。另外，我国市场经济体制不断成熟，自由化程度不断加深，以及普惠金融参与主体逐步多样化，这些也为普惠金融带来了潜在的风险，使得金融监管、风险防控面临新的挑战。

2. 中观层面：金融基础设施水平有待提高

普惠金融体系的中观层面包括金融基础设施、信用管理服务、技术支持服务、网络支持等。虽然我国经过不断的探索和努力，金融基础设施及相关服务有了很大的提升，但是与国外相比，与"三农"问题相

比，以及与普惠金融发展的速度相比，还存在着许多不尽如人意的方面。第一，一个相对成熟的金融体系需要大量的技术服务支持其快速发展，而我国的普惠金融体系在审计、技术咨询服务、评级机构等中介服务上还有待补位。第二，互联网技术的发展、大数据时代的到来，使得金融创新不断出现，金融机构的金融服务渠道不断扩展、服务门槛不断降低，但与此同时，我国金融基础设施建设跟不上技术进步的脚步，其对我国普惠金融发展的形成约束。

3. 微观层面：普惠金融服务和产品的创新力度不够

首先，提供普惠金融服务的金融机构仍然不能满足普惠金融的需求。尽管近几年我国小额信贷公司、村镇银行、农村资金合作社等机构发展较快，机构数量不断增加，但是对普惠金融服务的主要部分——农村群体来说，在我国农村的机构网点数量还相对较少，农业发展银行业务范围单一的现状仍没有得到改善，并且作为服务"三农"的主力军的部分农村信用社有"弃农从商"的势头。

其次，尽管随着普惠金融的发展，我国提供普惠金融服务的各机构都根据自身特点，提供具有其特色的普惠金融产品和服务，普惠金融在我国的服务内容已从小额信贷扩展到支付、汇款、保险等综合金融业务，特别随着互联网技术的发展，我国综合性普惠金融服务呈现线上化、集中化的特点，但是延续了数十年的以经营模式单一的大银行主导的金融结构依旧未从本质上改变，金融机构的创新能力与竞争力仍然有限。我国普惠金融机构的盈利模式还有待改善，创新能力还有待提高，从业人员的专业能力还有待加强。

4. 客户层面：整体普惠程度不高

在政府政策支持、新技术发展等多重推动力的推动下，我国普惠金融呈快速发展的态势，普惠金融机构和服务也如雨后春笋般应运而生。但是，若深入观察我国普惠金融的迅速发展，可以看到，普惠金融体系在金融覆盖率、可获得性方面还应有较大的提升，金融体系的普惠程度仍然不够。具体表现为：农村金融基础薄弱的问题仍未根本缓解；中小企业、农户融资难、融资成本高的问题依旧存在；社区类金融机构还需加快成长；金融消费者合法权益的保护力度，金融宣传、金融教育的力度还有待加强。

四、普惠金融的发展趋势

一是商业化倾向。国际范围内的小额信贷机构正由帮助贫穷弱势群体的性质向商业性转化。尽管目前小额信贷的发展存在福利主义和制度主义两种模式，但是两者的目标差异并不明显，制度主义小额信贷也关注穷人的经济和社会地位，福利主义也通过员工激励等途径实现可持续发展。从近几年的情况看，正由福利主义向制度主义演变，而福利主义之所以失败的原因在于，扶贫救助行为不是普惠金融的功能和最终选择。

二是从小额信贷向微型金融再向普惠金融发展。也就是说，由单一的信贷服务向为大众提供更为丰富的金融服务发展。

三是正规金融机构向小额信贷领域延伸。这是技术支持的完善市场条件下的自然选择，也是金融深化的标志。也就是说，在金融市场的广度和深度达到一定条件的情况下，普惠金融必将成为必然选择。

四是互联网技术的支撑、互联网金融产品的迅速发展，催生着普惠金融由线下转为线上，由分散转为集中，更加促进普惠金融的开放、高效、平等、共享特征的实现。

第四节　国内外文献综述

一、国外相关研究

为了实现联合国"千年发展目标"中的"根除极度贫困和饥饿"这一目标，联合国指定 2005 年为"国际小额信贷年"，并首次提出了普惠金融这一概念，即一个能有效、全面地为社会所有阶层（特别是贫穷的、低收入的群体）提供服务的金融体系，并且在 2006 年出版的《建设普惠金融体系》一书中指出，普惠金融体系是小额信贷的延伸，并以其为核心纳入到传统金融中，进而把传统金融的服务范围扩大到曾经被忽视的低收入群体，使他们同样也享受到经济增长带来的福利。并指出普惠金融应具备如下特征：所有人和企业都能以合理的价格获得所需的综合的金融服务；提供金融服务的机构应该有合理的内部管理体制、行业标准并接受市场监管；提供金融服务的机构应具备可持续发展的能力以及金融服务机构应多样化、提供的服务应具备成本效益。

世界银行扶贫协商小组（CGAP）2006 年在《服务于所有的人建设普惠性金融体系》一书中形成了普惠金融体系的框架性概念，指出普惠金融体系是借助不同途径，为全社会各个阶层提供金融服务的体系，特别是被正规金融体系所排斥的贫穷、低收入群体，向他们提供包括储蓄、保险、信贷、信托等在内的差别化的金融服务，内核是让所有人享有平等的金融权利。同时，该书还指出普惠金融体系应该分为四个层面，即客户层面（需求者）、微观层面（金融机构）、中观层面（金融基础设施和服务）、宏观层面（政策环境）。

在构建普惠金融体系重要性方面，国外学者有如下研究：Anne Stu-hldreher（2005）认为对贫穷家庭来说，拥有一个银行账户是特别重要的，可以使他们融入正规金融体系中，获得其所需的金融服务，这样才能使他们有机会获得更多的资产，缩小社会贫富差距。Gautam Ivatury（2006）也提出可以通过新的金融体系向贫困人群提供金融服务，从而降低提供成本，让穷人以更低的价格获得金融服务，该体系就是可以向全民提供金融服务的普惠金融体系。Rangarajan C. R.（2008）认为促使穷苦群体和弱势群体社会包容性的重要因素之一就是普惠金融。Brigitte Young（2010）认为虽然还不能证明普惠金融是否是真正有效的策略，但毋庸置疑的是，在赤贫线以上的许多发展中国家的穷人从普惠金融体系中受益。另外 Mark Schreiner（2003）通过研究表明，普惠金融体系对于农民收入的增加、农民贫困的缓解、农村金融服务空白的填充等意义重大。Nachiket Mor 和 Bindu Ananth（2007）通过对印度有关银行的研究表明，普惠金融体系的建立大大提升了印度经济的增长速度，降低了金融服务的成本，缩小了贫富差距，提高了国民收入水平。

在普惠金融的发展方面，有如下研究：世界银行扶贫协商小组（CGAP，2006）指出，目前国际上普惠金融体系主要存在四种模式，即传统金融机构模式、非政府组织模式、金融机构与非政府组织相互联系模式以及国家级小额信贷批发基金模式，并且指出，普惠金融的发展呈现参与金融服务的主体包括提供者和需求者多元化、扩大化，并且服务方式多元化、商业化的特点。Dr. K. Ravichandran 和 Dr. Khalid Alkhathlan（2009）通过研究印度普惠金融的发展，提出印度目前具有银行—自主组织合作模式、银行—小额信贷机构合作模式、银行—邮局合作模式等，K. C. Chakrabarty（2011）指出，印度银行提供透支额度的储蓄账户、汇款、可反复存款的纯粹储蓄、创业信贷四种普惠金融服务。Christe 等（2004）对全球 3000 多个金融机构的储蓄、贷款账户进行分析后发现，这些账户仅有 6.6 亿个账户是针对贫困群体的，还不到全球贫困人口的 1/4，所以目前世界上普惠金融的覆盖程度不能满足经济弱势群体的充分需求。然而，世界银行扶贫协商小组（CGAP，

2006）对金融机构进行调查后发现，提供普惠金融服务的金融机构一般都具有双重目标：一是力求更广泛地服务于经济弱势群体，二是力求得到较为满意的成本收益率；同时还发现一些机构的服务质量远低于需求者的期望，因此在一定程度上限制了普惠金融的发展。

二、国内相关研究

（一）普惠金融理论、意义、作用研究

1. 普惠金融概念研究

焦瑾璞（2006）率先在我国提出了"普惠金融体系"这一概念。他指出，普惠金融体系是小额信贷和微型金融的延伸与发展，是可以为包括经济弱势群体在内的社会各个阶层，以可持续商业性的方式，提供包括储蓄、信贷、信托、保险等一系列综合的金融服务，是一种金融公平的体现。焦瑾璞、陈瑾（2009）又重新从三方面强调了普惠性金融的含义：一为普惠金融的服务对象为被传统金融机构所排斥的贫困、低收入人群；二为普惠金融机构种类众多；三为普惠金融机构提供的金融服务与产品种类众多，不仅包括贷款，还包括其他传统金融所提供的综合性的金融服务。

杜晓山（2006）指出，我国应建立产权明确、功能完全、合理分工、竞争适度、优势互补、监管有效、可持续发展的普惠金融体系。并结合国外学者有关普惠金融的理念，明确提出，普惠金融体系的内容架构应包括宏观（政策环境）、中观（金融基础设施和服务）、微观（金融机构）三个层面，并且此三个层面构成的普惠金融体系致力于服务经济弱势群体，这样才能使贫困、低收入人群得到未能从正规金融机构获得的金融服务。

夏园园（2010）、何广文（2010）、张伟（2011）都提出普惠金融是小额信贷和微型金融实践发展的产物，其服务理念是异曲同工的，都是以低收入群体为客户，力求向他们提供金融服务，从而体现金融的公平性。

周小川（2013）认为，普惠金融是指"通过完善金融基础设施，以可负担的成本将金融服务扩展到欠发达地区和社会低收入人群，向他们提供价格合理、方便快捷的金融服务，不断提高金融服务的可获得性"。

2. 普惠金融特征的研究

王睿（2008）认为普惠金融体系的基本特征应为：公平、高效、安全、适应经济结构。对于这四个基本特征的解释为：（1）普惠金融体系能够使社会所有阶层，特别是经济弱势群体，都能合理地获得其所需的金融服务，享有获得金融服务的平等权利；（2）普惠金融机构能够充分发挥中介作用，最大化地协调各个资金需求方，做到金融资源的最优化配置；（3）安全是任何一种金融体系都必需的；（4）普惠金融体系有多样化的金融机构，因此需要各机构的功能互补，能够适应经济发展结构。

杜晓山（2010）、周小川（2013）认为普惠金融体系应具备的特征为：公平性，即所有家庭和企业都能够以合理成本获取较广泛的金融服务；稳健性，即拥有严密的内控、市场监督以及审慎的监管；可持续性，保证能够长期提供金融服务；竞争性，即金融服务要为需求者提供多样化的选择。

3. 普惠金融作用、意义的研究

吴晓灵（2008）通过对普惠金融体系的内涵、创新及政府在其中作用的研究，指出普惠金融体系特别是普惠性的税收政策，对于引导金融机构吸纳资金向农业领域投资、支持农业、欠发达地区的经济发展有重要作用。黄良谋、向志荣（2008）提出普惠金融应作用于贫困地域的农户融资。陈鸿祥（2010）也指出普惠金融体系矫正了农村传统金融的弊端。曹凤岐（2010）提出普惠金融体系可以提高我国农村金融服务可获得性，使农村金融服务的供需达到平衡，满足广大群众多层次、多元化、复杂的金融需求，同时能够为农户、低收入、微小企业提供良好的发展环境和空间。王修华（2009，2012）证实了普惠金融体系可以帮助改善农村金融的排斥现象，填补长期以来正规金融无法提供的金融服务的盲区，促进农村经济的发展，从而达到缓解城乡收入差距的效果。肖本华（2011）、王颖（2012）、陆嘉（2012）指出，普惠金融体系能够优化金融资源配置、稳定金融系统；有利于经济弱势群体，促进贫困人群、中小企业进行融资，从而有利于其盈利来源的扩展。杜晓山（2010）和王曙光、王东宾（2011）分别从成本与效益角度以及经济发展角度，阐述了普惠金融具有扩展金融服务的广度与深度、降低金融服务的成本的作用；具有提高居民收入，扩大内需，进而对改变我国经济增长方式、实现可持续发展具有重要意义。

（二）普惠金融现状、发展研究

1. 我国普惠金融现状、制约因素研究

焦瑾璞（2013）指出，发展普惠金融与我国金融改革的方向、金融创新的要求、共同富裕的社会目标是一致的，因此需要各方面努力建设普惠金融体系。郭秀全（2014）指出我国普惠金融正在处于机遇期。钮健军（2014）也提出目前我国的政策利好，整体重视金融创新，注重多层次的金融服务体系的发展和完善，因此有利于我国普惠金融的发展。

但是张春清（2009）指出，目前我国普惠金融体系的建设在法律、政策、环境、体制等方面存在制约因素和问题。杜晓山（2007）则指出，无论我国还是国际，普惠金融体系面临三大挑战，即如何保障提供的金融服务既是大范围的又是高质量的，如何扩宽贫困和偏远客户群体的深度，以及如何保证金融服务的需求方与供给方的成本收益比。蔡彤、郭亮（2010）总结了普惠金融发展存在的问题：一是缺乏科学性的制度；二是制度政策的受众率、执行率与目标完成度低；三是法律方面的支持不足；四是各机构间缺乏合作。茅于轼（2006）、夏园园（2010）则指出，普惠金融（小额信贷）的发展在技术、制度、外部环境等方面都受到制约，特别是在制度方面受到严重制约。张世春（2010）则认为由于政府资金与扶持的影响，在商业性资金运营下，普惠金融难以实现。谢升峰（2014）指出我国农村普惠金融发展存在的问题包括：普惠金融制度的总体设计欠缺；较低的农村普惠金融总体发展水平；我国普惠金融的渗透性达不到发达国家的水平；实际金融资源使用效率低；风险防控及操作成本因素的限制。李建军（2014）认为现有金融体系的包容性不够、普惠色彩不浓，有两个关键原因：其一，长期以来金融抑制政策选择的结果；其二，金融本身的商业属性决定了金融体系中普惠理念缺失。李森（2015）则认为制约我国普惠金融发展的因素为：较低的服务水平、落后的创新能力、欠缺的风险控制。

2. 我国普惠金融今后发展的研究

周孟亮（2009）认为，普惠金融机构发展的持续性、服务的广度与深度以及社会福利的影响三方面的协调关系是普惠金融发展需首要思考的内容，因此要处理好三者的关系，特别是前两者的关系。在普惠金融发展路径方面，黄良谋（2008）、王修华（2009）、蔡彤和郭亮（2010）、谢丽华（2012）认为，普惠金融的发展和完善必须坚持服务组织、法律法规、政策扶持三方面共同发展，做到供给与需求、效率与公平、利益与责任三平衡，兼顾金融创新与金融监管，在保证可持续发展的同时履行社会责任。周民源（2014）指出，要从提升受益面、可持续发展两个角度发展普惠金融：提升受益面即扩大区域、领域、人群的覆盖，可以通过发展村镇银行、便民服务点、社区银行，支持扶贫、就业创业、保障性安居工程，更加关爱老人、残疾人群体等来实现。可持续发展即要通过创新产品、服务，降低服务门槛、成本，改善监管和政策环境来实现。郭秀全（2014）认为普惠金融的发展根本在于提供普惠金融服务的机构经营理念的创新，关键在于监管的创新与引导，保障在于优化的政策环境。吕家进（2014）认为，普惠金融的发展有利于服务实体经济、推进绿色发展、促进社会繁荣。发展普惠金融应遵循普惠服务、社会责任、可持续发展、创新发展四原则。对于普惠金融发展，可以从产品体系、政策体系、市场体系、渠道体系、生态体系五方面来丰富、强化、建设、扩展与优化。薛文宏（2014）通过借鉴孟加拉乡村银行、印度印西亚人民银行乡村信贷、玻利维亚阳光银行模式等国外经验提出可持续发展的普惠金融体系的对策建议：鼓励多种金融机构共同发展小额信贷；赋予普惠金融机构更多的利率定价权；加快普惠金融征信体系建设；完善普惠金融的金融监管；加强普惠金融基础设施建设；加强普惠金融产品创新。范秀红（2014）通过借鉴国外普惠金融发展的经验，分析其可持续发展的成因，提出我国普惠金融可持续发展要做到：充分发挥市场导向作用，实现普惠金融商业性可持续；政府在提供宽松政策环境的同时要发挥监管作用；要促进机构间的合作，达成规模经营的优势。李森（2015）则认为除了要提升服务水平、创新服务业务、优化发展环境、加大宣传力度外，还要通过互联网金融与传统金融的有机结合，提高金融的效率，从而促进普惠金融的发展。

第二章
普惠金融理论框架分析

通过理论来描述和构建普惠金融的整体框架，是实现普惠金融有效优化一国金融发展非均衡状态的基础路径。那么，要想设计出一套完备而又合理的普惠金融理论框架，首先必须要弄清以下几个问题：一是我们到底需要普惠金融来解决什么问题？二是在解决这些问题的过程中一定或者很有可能遇到什么问题？三是在面对这些问题时应当通过何种方法或者途径予以解决？只有从根本上回答了上述三个问题，才能够更加清晰明确地构建一套具有实际意义的普惠金融理论框架。

第一节　普惠金融问题提出的理论依据及其目的

尽管普惠金融这一概念是在 2005 年由联合国首次提出，但事实上普惠金融的本质在 1973 年麦金农和肖的论文中就已经有所涉及。他们认为，许多发展中国家存在金融抑制问题，这就使得金融成为制约这些发展中国家贫困地区经济发展的重要因素。

所谓金融抑制（Financial Repression）指的是当金融市场在受到政府或货币当局的严格约束与强制干预时，以利率、汇率为核心的资金价格无法通过市场机制得以实现，使得金融市场上的部分资金需求者在金融市场上无法获得所需资金，从而致使经济发展受到制约的一种现象。

图 2 - 1 充分说明了金融抑制给整个市场带来的影响：金融市场上

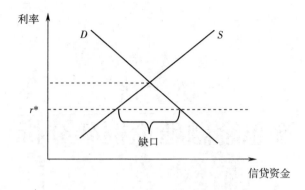

图 2-1　金融抑制对金融市场资金供需的影响

的利率水平由货币当局强制决定，这就使得在绝大多数情况下利率将会偏离均衡水平。假设名义利率固定在均衡利率水平以下，那么就会使得在这一利率水平下金融市场上的资金需求超过资金供给，这就意味着必然有一部分资金需求者无法获得贷款，于是，变相的信贷配给现象就会出现。在信贷配给条件下，拥有大量资金的金融机构就会把自有资金借给信誉较高的企业或个人，这些企业或个人往往是大型企业或较为富裕的个人。那些还款风险较高的企业和个人在这一利率水平下将很难获得贷款。

　　上述情况大多发生在金融市场化进程不够完善的发展中国家。以中国为例，尽管当前中国利率市场化已经进入尾声，但从实际情况来看仍然存在利率管制的现象。这种利率管制行为的出现使得许多市场参与者（特别是风险评估相对较高者）由于无法获得所需资金而得不到进一步发展的机会，最终使得贫富差距进一步扩大，这样从整体上看更加不利于市场的发展。

　　金融抑制的出现主要从四个方面为经济体带来极大的负面影响：首先，金融抑制将会产生负收入效应。由于低利率条件下的存款收益减少，将会导致市场参与者的存款意愿下降，从而减少投资的资金来源，致使投资枯竭，而这又会使经济缺乏增长动力，最终降低整体收入水平。其次，金融抑制将会形成储蓄负效应。在低于均衡利率水平条件下，由于市场上金融衍生工具的创新性不足，大量持有资金而又拥有利益驱动性质的市场参与者倾向于购买物质财产来满足自身的财富效应，或者将自有资金投资于拥有大量金融衍生工具的国外金融市场，最终导致金融市场流动性不足，甚至资本外流的情况，形成负储蓄效应。再次，金融抑制将会产生负投资效应。由于信贷配给情况的出现，庞大的资金需求群体中必然有部分企业无法获得资金支持，而以资本和技术密集为主的企业由于其低风险和相对稳定收益特性使得它们在获得信贷时拥有优先权，而一些以劳动密集型企业为主的传统部门相较于前者更难获得资金，这就使得资源配置方面更容易出现两极分化的结构性问题，不利于投资效应的扩大，进而无法带动经济发展。最后，金融抑制将会产生负就业效应。资本和技术密集型企业在金融抑制环境下更容易获得资金进行发展，这就使得大量劳动力从劳动密集型企业转移到资本密集型企业，最典型的例子就是农村大量劳动力向城市的转移。这种结果一方面会形成资本密集型企业的劳动需求与劳动供给方面的缺口，另一方面也会使如农业等劳动密集型行业出现空洞化，使整体就业结构出现不合理情况。

由于金融抑制能够对宏观经济造成不可逆转的负面影响，那么加强金融自由化、促进金融服务能涉及到更广阔人群，消除信贷配给乃至金融歧视是消除金融抑制并释放经济活力的重要路径，同时也是提高资源配置效率的有效方法。基于解决金融抑制问题的强烈需求导向，通过普惠金融理念来解决这一问题的思路应时而生。

为了进一步明确普惠金融对市场资源配置的优化作用，我们通过构建一个简单的信贷供需模型来加以分析。

假设经济体中主要包括两个信贷需求群体，一种为普通的企业或个人群体，另一种为贫困企业或个人群体。一般来说，企业和个人对信贷的需求包括两方面因素，一个是企业的资产规模或个人的财富情况，另一个则是利率水平。资产规模越大（或个人财富越多），则企业（或个人）对信贷的需求量也会越大①；利率水平越高，则资金借贷成本越高，反而会降低企业（或个人）的借贷意愿。基于上述假设，两种群体的信贷需求函数为

$$L_{d1} = a_1 T_1 - b_1 r \qquad (2-1)$$

$$L_{d2} = a_2 T_2 - b_2 r \qquad (2-2)$$

式中，L_{d1} 与 L_{d2} 分别表示普通群信贷需求与贫困群信贷需求，T 表示企业规模或个人财富水平，r 表示利率水平，a_1 与 a_2 分别表示企业（或个人）借贷需求对自身财富规模的敏感程度，b 表示利率的敏感系数。

下一步刻画金融机构的信贷供给行为。作为贷款方的金融机构，它们提供资金多少的依据主要包括三个因素：企业（或个人）财富规模、信誉以及利率水平。企业（或个人）财富规模越大，金融机构越容易向它们发放贷款；信誉越高的企业越容易受到金融机构的青睐；利率水平越高，则金融机构的未来收回贷款收益越大，因此也越倾向于提供更多贷款。因此，金融机构的信贷供给曲线表示为

$$L_s = c(T + M) + dr \qquad (2-3)$$

这里需要强调的是，金融机构对不同类型的企业或个人在提供贷款时的标准基本一致，重点考虑的是企业的财富与信誉情况。M 表示企业（或个人）的信用质量，M 越高表示信誉越好，则金融机构越容易向它们发放贷款。c 表示金融机构对企业基本情况的敏感程度，且由于信息不对称因素的存在，信贷需求者相较于金融机构更清楚自身的实际情

---

① 这里的需求表示为可以并且有能力的需求，在大多数情况下，个人或企业都会根据自身的实际情况（自身财富）来衡量自己的借贷能力（偿还）。

况，因此信贷需求敏感度高于信贷供给敏感度，即 $c < a_1$。

首先考虑金融机构只向普通企业（或个人）群体发放贷款[①]。此时 $L_{d1} = L_s$ 成立。联立式（2-1）与式（2-3），可得到这一情况下的利率水平：

$$r = \frac{(a_1 - c) T_1 - c M_1}{b_1 + d} \qquad (2-4)$$

利率水平反映了金融机构的贷款意愿：企业（或个人）的信誉越高，金融机构越愿意用低利率收益来弥补低信誉所带来的违约和道德风险。同时 $a_1 - c$ 为正值体现出利率与财富规模之间的正相关关系。

下一步考察市场上同时存在普通群与贫困群两个群种的情况，此时满足条件：

$$L_{d1} + L_{d2} = L_s \qquad (2-5)$$

联立式（2-1）、式（2-2）、式（2-3）和式（2-5），可以得到一个新的利率方程：

$$r^* = \frac{(a_1 - c) T_1 + (a_2 - c) T_2 + c(M_1 + M_2)}{b_1 + b_2 + d} \qquad (2-6)$$

式（2-6）反映出新的利率水平影响因素：两种不同群体的财富水平、信誉及其敏感系数。用式（2-6）减式（2-4）可以发现，$r^* > r$，说明纳入贫困群体后的新的利率水平将会高于不纳入贫困群体的利率水平。

事实上，当市场利率为 r 时，尽管金融机构没有对贫困群体提供信贷供给，即供给函数没有发生变化，但贫困群体的信贷需求仍然存在，这就使得整个金融市场出现超额信贷需求的情况。如果将式（2-4）所得的原来利率水平带入贫困群体需求函数，那么就无法得到信贷供需

---

①　只考虑一个群种时，贷款供给函数中的 T 变成 T_1，M 变成 M_1。

平衡的结果。这说明式（2-4）得到的并非市场均衡利率，而最终核算出的式（2-6）才是均衡利率水平。而事实上，利率水平从 r 逐步转变成市场化利率 r^* 的过程正是构建普惠金融体系所要实现的目标：强化并完善金融的市场化运行机制，提高资源配置的效率，为贫困群体提供足够的金融（信贷）服务。

第二节　普惠金融体系的主要特征及核心问题

一、普惠金融体系的主要特征

普惠金融体系主要有三大特性：首先，普惠金融服务对象针对的是特殊群体。尽管从字面上来看，普惠金融体系强调的是金融服务的普及性，但它更加注重的是在当前经济环境下无法获得足够金融服务的弱势群体，因此这一体系在手段上应当注重为中小微型企业和涉农行业为核心的相对弱势和贫困群体提供服务。其次，普惠金融为特定的服务对象提供多样化金融服务。尽管普惠金融概念的初步提出是为了满足贫困金融消费者的资金需求，并且在其发展初期也主要以信贷形式提供所需资金，但从其本意来看是为了向这些参与者提供更加多样化的金融服务，因此它应当在提供贷款服务的基础上增加保险、信托等更加多元化产品和服务，以此来降低市场的金融抑制程度。最后，普惠金融体系中含有多层次、多元化、强竞争性的专业金融机构。在普惠金融体系中对金融自由化的强调和重视，会使整个金融市场的包容性得到加强。各种竞争性资本更容易突破壁垒，在过去无法完全充分覆盖的区域通过设立专业金融服务机构（包括小额贷款公司等），与常规的银行类金融机构形成互补效应与竞争效应，从而提高整体市场的资源配置效率。

二、普惠金融体系的核心问题

从普惠金融的服务对象来看，金融弱势群体与一般的金融消费者群体相比具有无担保、无信用、风险高等特质，这就使得其框架构建过程中需要注重和强调的内容与一般金融服务体系的构建有所不同。具体来看应当包括以下三大问题：

（一）金融机构的逆向选择问题

从普惠金融涉及的服务对象来看，这些群体在向银行提出贷款需求时，由于其自身经济实力不足，缺乏贷款所需的实际担保品，往往通过信用担保的形式进行资金筹措。在含有大量这种类型交易对手的金融市场上，很容易出现金融机构的逆向选择问题。所谓逆向选择指的是在信息不对称的市场价格体制下，由于劣质商品驱逐掉优质商品，市场上的交易产品质量普遍下降的经济现象。在普惠金融体系中出现逆向选择的具体分析如下：金融机构与经济参与者之间进行信用交易，经济参与者出于对资金的需求将自身信用卖给金融机构，而金融机构则购买其信用产品以期在未来获得更多受益，因此这里的商品指的是经济参与者的信用。由于信息不对称的客观事实，企业或个人的信用质量存在不确定性，金融机构在进行交易过程中很难判断信用质量的好坏，只能通过价格变化进行估计，而这里的价格则是贷款利率水平。在进行交易过程中，只能以整体信用商品的平均价格进行交易，那么这就导致质量高于平均水平的信用商品出售价格过低，而质量低于平均水平的信用商品出售价格过高。因此，高质量信用持有者将会退出这一市场，而更多的低质量信用持有者则会充斥这一市场，最终形成了类似"劣币驱逐良币"的情况。一旦逆向选择现象发生，将会进一步放大信息不对称对市场信用环境的负面影响，从而破坏普惠金融体系的正常运转。

（二）金融弱势群体的道德风险与违约风险问题

在金融市场上，我们常常将那些无法通过正常途径获得合理金融资源分配的企业或个人称为金融弱势群体。从金融弱势群体角度来看，大部分企业和个人都具有良好的合约精神，能够按照借贷合同的规定履行合同条款。但不可否认的是，市场上必定存在一部分"道德缺乏者"，他们只考虑短期的自身利益并因此不惜损害他人利益，当金融机构与这类人进行交易活动时就会因巨大的道德风险而很有可能遭受违约风险。在与金融弱势群体进行交易过程中，金融机构所面临的道德风险比正常金融更大，原因是这一群体中的企业和个人违约成本很低，因此只要借款成本越高，他们就越有不还款的违约意图。在普惠金融体系中，道德风险与违约风险将成为制约这一体系扩张与发展的最重要的因素。

（三）普惠金融体系的可持续发展问题

普惠金融的主要目的是将金融服务覆盖到更多的金融弱势群体，它不仅是一个短期满足全覆盖化金融需求的简单理念，更多体现的是一种金融公平的长期意愿。因此，要想普惠金融体系实现长期可持续发展，就必须从根本上消除金融歧视。从目前实践状况来看，大部分具有普惠金融意识的金融服务（如小额贷款等）在一定程度上解决了贫困的企业或个人的短期资金需求，但这些企业或个人的后续发展问题并没有得到实质性解决。也就是说，这些企业如果仍然保持过去的经济活动惯性，那么它们就永远得不到进一步发展，更加无法享受到多元化的金融服务所带来的收益。因此，普惠金融体系的构建不应当只落脚于当前短期的金融需求，更应当培养这些所谓金融弱势群体的金融活动意识，在提供资金类金融资源供给的同时更要强调培养企业的公司治理和资本积累方式，培养个人的金融理财意识和能力，促进金融知识的普及，提高这一群体的整体金融素质，从而在真正意义上将金融服务普及到广大经济参与者当中。

第三节 普惠金融体系框架的构建

一、包含普惠金融体系的宏观经济系统构建

普惠金融体系作为金融体系内的一个重要组成部分，对宏观经济系统的发展及其结构的调整都有着十分显著的影响。一般来说，一个完整的宏观经济系统应当包括实体经济系统与虚拟经济系统两个组成部分，为简化分析，我们将宏观经济系统近似地分为金融部门与生产部门。其中金融部门的功能与虚拟经济系统类似，充当着生产部门资金供给的角色；生产部门的功能则与实体经济系统类似，它主要利用金融部门提供的金融资源实现扩大再生产，获得更大的产值，而这部分产值中又有一部分重新流入到金融部门中，实现了金融部门与生产部门之间的完整回路。在这个回路中，所有资源都能得到有效配置，从而共同推动宏观经济系统的发展。

我们强调的是普惠金融在金融部门中的特殊作用，因此这里我们假设整个金融部门具有二元结构特征，即金融部门中包括传统金融体系与普惠金融体系。与之相对应，生产部门也同样具有类似的二元结构特征，具体来看包括强势经济部门与弱势经济部门。在两大部门当中，传统金融体系对应服务于强势经济部门，普惠金融体系对应服务于弱势经济部门。

在一般情况下，如果整个宏观经济系统在市场机制调控下正常运转，那么系统内的所有资源（包括经济资源与金融资源）都能够在各部门、各体系内无阻碍地流入和流出。然而，在信息不对称和相对风险厌恶客观存在的大环境下，大部分资源为了获得更加稳定、风险相对更小的收益，更倾向于将资源流向传统金融体系以及与之对应的强势经济部门，这样就会形成资源偏好上更大的差距。从构建普惠金融体系的初

衷来看，正是存在着这样的一种不公平的偏好，才有必要通过一些具有引导性质的市场性行为来打通不同部门、不同系统以及不同体系之间的隔阂（如图2-2所示）。整个宏观经济系统的资源分配及流动情况见图2-2。

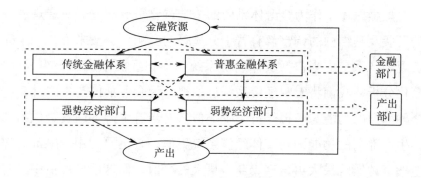

图2-2 宏观经济系统运转机制

在图2-2中，实线表示传导渠道相对通畅的路线，虚线表示传导渠道相对闭塞的路线。由于经济系统的资源更容易通过传统金融体系流通，"资源——传统金融体系——强势经济部门——产出"这一循环过程能够很好地实现，而尽管普惠金融体系与弱势经济部门之间的联系更为密切，但经济资源无法充分流入普惠金融体系，这就使得另一条平行渠道"资源——普惠金融体系——弱势经济部门——产出"这一循环过程基本处于开路状态。此外，弱势经济部门无法达到传统金融体系的融资门槛、普惠金融体系由于盈利能力不足无法吸引传统金融体系支持、强势经济部门在传统金融体系中能够获取更低的融资溢价、弱势经济部门与强势经济部门之间经济往来不够充分等问题的存在，使得金融部门与产出部门之间的两条平行渠道之间的交互作用几乎为零，说明当前环境下普惠金融体系并没有发挥出自身应有的作用，从而无法实现整个宏观经济的帕累托最优。

二、普惠金融体系对宏观经济系统产出影响的作用机理

图 2-2 描绘了我们所构建的宏观经济系统运转方式，继续借用该图的机理来进一步考察普惠金融体系在宏观经济系统中（特别是对产出）所起到的作用。

假设在整个宏观经济系统中不存在金融资源的损漏问题（这里产出的一部分转变为金融资源进入金融体系，另一部分流通到产品市场），设金融资源总量为 F，产出为 Y，其中，Y 由强势经济部门 y_1 与弱势经济部门 y_2 共同构成，即 $Y = y_1 + y_2$。所有的金融资源一部分流入传统金融体系，另一部分流入普惠金融体系，假设流入普惠金融体系的比例为 r_s，则流入传统金融体系的比例为 $1 - r_s$。从传统金融体系流入强势经济部门的金融资源比率为 r_{se}，则流入弱势经济部门的比率为 $1 - r_{se}$。金融资源从普惠金融体系流入弱势经济部门的金融资源比率为 r_{we}，流入强势经济部门的比率为 $1 - r_{we}$。此外，传统金融体系也会将金融资源让渡一部分给普惠金融体系，我们称之为净投资率 r_{wi}（$-1 \leq r_{wi} \leq 1$）。强势经济部门与弱势经济部门的金融资源转化为产出的投入产出率分别为 r_{sp} 和 r_{wp}，且二者均大于零。

下面我们针对传统金融体系与普惠金融体系之间的投资关系分三种情况进行讨论。第一种情况为传统金融体系对普惠金融体系采取正投资策略，且各金融体系都专注于自己对应经济部门的投资，即 $0 < r_{wi} \leq 1$，$r_{se} = r_{wi} = 1$，此时我们可以求得总产出（经化简后）为

$$Y = F[r_{wp} + (1 - r_{wi})(r_{sp} - r_{wp})(1 - r_s)] \tag{2-7}$$

第二种情况为传统金融体系对普惠金融体系存在负向投资情况，同样各金融体系也专注于自己对应经济部门的投资，此时 $-1 \leq r_{wi} < 0$，$r_{se} = r_{wi} = 1$，在这种情况下我们同样也可以得到一个新的产出函数：

$$Y = F[r_{sp} + (r_{wp} - r_{sp})(1 - r_{wi})r_s] \tag{2-8}$$

在第三种情况下，各金融体系都可以进行交叉投资，但两个金融体系之间不存在流通，此时 $r_{wi} = 0$，$r_{se} \neq 1$，$r_{wi} \neq 1$，则此时的产出函数表示为

$$Y = F\{(r_{sp} - r_{wp})[(1 - r_s)r_{se} - r_s \cdot r_{we} + r_s] + r_{wp}\} \quad (2-9)$$

上述三式体现了整个宏观经济系统运转的所有情况。从式（2-7）可以看出，整体产出的增长取决于两个经济部门的投入产出率大小，当强势经济部门投入产出率较高时，金融资源更多地配置于该部门将会获得更多产出；反之，当弱势经济部门投入产出率较高时，金融资源更多地配置于弱势经济部门则产出更多。此外，在弱势经济部门投入产出率高于强势经济部门的条件下，加大传统金融体系对普惠金融体系的净投资也能够提高产出。在式（2-8）中，弱势经济部门的投入产出率如果高于强势经济部门则将获得更多产出，而当强势经济部门投入产出率更高时，加大普惠金融体系对传统金融体系的投资也能提高整体产出水平。在式（2-9）条件下，当弱势经济部门投入产出率更高时，加大普惠金融体系对弱势经济部门投入的集中度将会带来更高产出；而当强势经济部门投入产出率更高时，提高传统金融体系对强势经济部门的投入集中度则能够提高产出。

通过上述三种情况的描述，我们可以发现，不同部门的投入产出率是决定宏观经济系统总产出变化的重要影响因素：无论是哪一个部门的投入产出率相对较高，则应当使更多的金融资源投向这一部门，从而带来产出水平的提升。因此，要想在发展普惠金融体系的条件下提高整体产出，应当首先提高弱势经济部门的投入产出率，在此基础上通过市场引导的方式让更多的资源投入到普惠金融体系当中，以此来促进弱势经济部门发展，从而实现整体经济水平的上升。

三、普惠金融、传统金融与非正规金融之间的关系

尽管从管理者的角度来看，根据上面的分析结果应当提高弱势经济部门的投入产出率，并加大金融资源引入普惠金融体系的力度，但事实上，这是一个十分浩大的工程，无论是普惠金融体系的构建还是弱势经济部门生产效率的提高并非朝夕就能解决。在普惠金融发展的初级阶段，由于金融资源仍然倾向于流入生产效率更高的强势经济部门及其对应的传统金融体系，普惠金融体系由于体量小、框架不完善，资源获取量极少，甚至会出现资源流出的情况。弱势经济部门在生产过程中无法通过正常渠道向传统金融体系与普惠金融体系获得足够的资本，因而只能借助非正规渠道获取所需资金，非正规金融体系因此而生。在非正规金融体系下，其受监管力度很小（甚至没有监管），因此门槛很低，弱势经济部门能够十分容易地借入资金。非正规金融体系的资源主要来源于强势经济部门与弱势经济部门的部分资源漏出，其高昂的资金借贷成本能够为这些经济部门获得一定的额外收益，因此这一体系才得以存活。尽管如此，缺少监管的非正规金融体系中隐藏着巨大的信用风险与政策风险，因而无法进行大规模扩张与发展（见图2-3）。

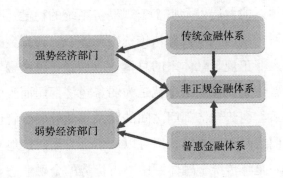

图2-3　含有非正规金融体系的资源流动情况

从图 2 - 3 中可以发现，由于非正规金融体系的存在，传统金融体系与强势经济部门都会把部分资源投入到非正规金融体系，以期获得更多收益，同时非正规金融体系主要为弱势经济部门提供融资，因此强势经济部门与传统金融体系这样的一个资源转移结果是间接地从弱势经济部门中抽取更多的资源与利益。而普惠金融体系尽管是一个专门为弱势经济部门提供金融服务的系统，但在市场机制下，经济人的逐利性使得普惠金融体系也愿意让渡部分金融资源给非正规金融体系来获得更多收益，而这就使本来资源占有比率就少的普惠金融体系更加没有多余的资金投入弱势经济部门，弱势经济部门在非正规金融体系迅速扩大的环境下尽管获得了金融服务与资金来源，但它们是用更高的资金成本换来的，这样的一个结果就是弱势经济部门的投入产出效率更低，这就使得更多的资源倾向于投入传统金融体系及其对应的强势经济部门，形成恶性循环。加之非正规金融体系自身存在着大量隐含的运营风险，使得这一现有的资源循环体系显得更加脆弱。

在普惠金融体系构建并不完善的情况下，非正规金融体系的存在能够在一定程度上弥补资源分配不均这一问题，但从弱势经济部门的运营成本以及整个金融体系的风险来看，非正规金融体系的过度发展事实上并不利于金融体系的发展以及整个宏观经济系统的稳健运行。因此，从管理者角度来看，应当减少资源从传统金融体系、普惠金融体系以及强势经济部门流入非正规金融体系的总量，应加强普惠金融体系的包容性发展。普惠金融体系的存在本身就是为弱势经济部门而生的，所以要加强普惠金融体系与弱势经济部门之间的联系。此外，尽管传统金融体系与弱势经济部门之间存在隔阂，但可以从两个方面间接地支持弱势经济部门的发展：一是将传统金融体系中不占优势的金融业态剥离出来，重新对其进行定位，服务于弱势经济部门，即将它们归为普惠金融体系；二是传统金融体系可以通过投资的方式将资金投给普惠金融体系，从而间接地将部分资源让渡给弱势经济部门。此外，由于普惠金融体系的主要任务是服务弱势经济部门，应当在该体系发展初期尽可能切断与强势经济部门之间的联系，防止资源再次重新回流到强势金融部门（见图2－4）。

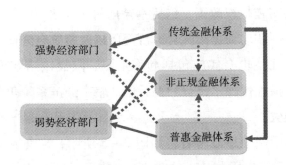

图2－4　优化后的资源流通渠道

综上所述，在普惠金融体系发展初期，由于体系的不健全，应当通过合理的方式对金融资源进行有效引导，使不同类别的金融体系更加专注于自身对应的经济部门，同时具有金融资源集聚优势的金融体系或经济部门也应当在管理者的引导下合理让渡部分资源，分配给弱势经济部门，一方面形成更加公平的宏观经济环境，另一方面也能带动整个宏观经济系统进一步发展。而管理者在这一框架下所要研究的应当是如何通过合理的方式引导资源有效分配。

四、普惠金融政策调控机制分析

本节旨在从管理者和政策制定者角度出发，研究应当如何通过政策的实施以及市场化管理来打通含有普惠金融体系的整个宏观经济系统资源流通渠道。

在普惠金融体系尚未构建完善过程中，传统金融体系对弱势经济部门的金融支持显得尤为重要。然而，在现实情况下，由于传统金融业务的高门槛要求，金融资源无法自发地流入无法达到门槛要求的弱势经济部门中去，这就必须要求管理当局采取适当的措施来打通这一渠道。

传统金融体系——弱势经济部门渠道。由于弱势经济部门存在着相较于强势经济部门更高的经营风险，传统金融体系为弱势经济部门提供服务时往往会实施歧视政策，包括差异化利率、捆绑销售甚至一些其他的附加条款，而政府为保障强势经济部门以及传统金融体系的利益、规避运营风险，往往也会实施包括利率上限、限额供给在内的限制性手段。尽管这种措施保障了部分利益，但从整个经济系统角度来看事实上造成了福利损失。

从政府的限制性手段来看，如图 2 – 5 所示，S 表示金融资源的供给曲线，S' 表示具有限制的供给曲线，D 表示总金融需求曲线，均衡条件下金融资源份额为 F_0，此时的利率水平为 R_0。在完全竞争状态下，均衡点为 E_0（F_0，R_0），此时社会福利为三角形 $E_0 r_0$ 的面积。假设政府同时实施额度限制与价格限制，此时的均衡点为 E_2（F_1，R_1），产生了 $F_3 - F_1$ 的供需缺口，且社会福利为图中的阴影面积，相比完全竞争条件存在着大量的福利损失。如果此时放松限额管制，则均衡点移动到 E_1（F_2，R_1），供需缺口缩小至 $F_3 - F_2$，此时的社会福利为三角形 $E_1 OR_1$ 的面积，大于图中的阴影面积，表示社会福利有所提高。在此基础上，如果再放松价格管制，那么最终将会恢复完全竞争状态，此时总福利回归到三角形 $E_0 OR_0$ 的面积。因此，从社会福利角度来看，政府应当减少传统金融体系中的额度以及价格的限制，以此来提高社会总福利。

从传统金融体系自身的歧视性政策来看，同样可以发现社会总福利的变化：由于歧视性政策的存在，金融供给减少，在金融需求总量不变的情况下，这将会提高利率水平以及减少金融资源份额的供给。只有放松歧视性政策，才能自发地提高对弱势经济部门的金融资源供给，从而提高整体社会福利。

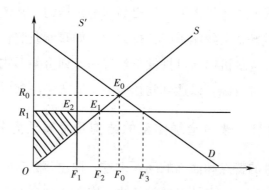

图 2-5 政府限制性政策的社会福利分布

　　普惠金融体系——弱势经济部门渠道。这是普惠金融框架下最为直接有效的金融资源分配渠道。尽管从现阶段来看，由于普惠金融体系体量较小，无法满足所有弱势经济部门的金融需求，但从长远来看必然会形成与传统金融体系相对应的、平行运转的大体量金融体系。在这其中要做的首先就是加大弱势经济部门与普惠金融体系之间的接触。事实上，大部分弱势经济部门往往坐落于偏远地区，它们在地理位置上就很难接触到充分的金融服务。因此首先要做的并非是金融创新，而是提高同质化传统金融服务的覆盖面积，一方面降低弱势经济部门在金融市场的准入门槛，另一方面通过引导的方式更多地在偏远地区设立普惠式金融机构、培养和安排从业人员，使普惠金融服务能够惠及更大的社会群体。此外，这些措施涉及大量的基础设施建设，因此从管理角度来看需要大量的政策资金支持。

　　传统金融体系——普惠金融体系渠道。这一渠道的疏通需要从两个方面进行疏导：一是将传统金融体系中处于相对竞争劣势的金融机构剥离出来，划入普惠金融体系予以扶持。在传统金融体系中，地方性商业银行（如城市商业银行、城市信用合作社等）以及农村金融机构（村镇银行、农村商业银行、农村信用合作社等）由于实力相对较弱，可以将其定位于服务弱势经济部门，提高这些机构的运营效率。二是加大传统金融体系对普惠金融体系的支持力度。如政府或监管机构出台相关政策，鼓励传统金融机构通过批发贷款等一系列金融形式为普惠金融体系提供充足的金融资源，以达到间接服务于弱势经济部门的目标。

第四节　普惠金融体系的结构及发展动力分析

从普惠金融的特点和面临的问题来看，构建并完善普惠金融体系应当针对上述问题实施具有针对性的解决方案。总体来看，普惠金融的主体分为金融服务提供者（金融机构）、金融服务需求者（中小微型企业或贫困群体）和金融服务监管者（政府和监管部门），因此，对普惠金融主体关系的研究应当重点分析金融服务提供者、需求者和监管者。

一、普惠金融服务供给者与需求者之间的关系

从普惠金融服务需求者来看，需求主体主要包括直接从事生产、分配以及交换等活动的独立经济主体，因此它们的需求与普通经济人的需求特征基本一致，即灵活性、安全性以及盈利性。但与此同时，普惠金融的需求主体与普通经济主体相比仍然存在一定的异质性。首先，普惠金融需求者具有小额低利性。受生产技术、自身规模以及自然禀赋等因素制约，需求主体往往在参与普惠金融体系运行过程中（特别是借款时）需求量较少，且具有显著的零散性，其主要目的是用于短期的小额融资需求或长期的扩展需求，但资本的积累速度相对缓慢，这就使得资金的利息水平较低，甚至存在偿债能力较差的情况。其次，普惠金融需求者具有频繁多样性。需求主体的每次资金需求较少，而这些主体在短期内将会面临各种各样的风险，这就使得主体对金融资源的需求频率呈上升趋势。在此基础上，需求主体发展水平或自身资本积累的情况与程度各不相同，这就导致对金融服务的需求呈现多样性，这种多样性一

方面体现为对资金需求的总量和期限的多变性，另一方面则体现为金融服务需求途径来源的多样性（如政策性商业贷款、一般性商业贷款、民间借贷等）。最后，普惠金融需求者具有较高风险性。上文曾提到，普惠金融需求主体财富规模较小，这就使得在一般商业贷款方面这些需求主体由于缺乏足额的担保品而大多数时候无法从一般商业贷款途径获得自身所需的贷款，与此同时，其自身对金融服务知识的缺乏，甚至一些信息不对称的因素，使得这一部分的金融需求将会面临不可忽视的风险。

从普惠金融供给主体方面来看，这一主体主要包括正规金融机构与非正规金融机构两大部分。其中正规金融机构主要包括商业银行、农村信用合作社、小额贷款公司、信托公司以及保险公司和基金公司等，而非正规金融机构主要包括民间借贷、互联网金融等。正规金融机构受自身企业结构以及盈利模式等因素的制约，使得它们在很多时候不能完全满足需求主体的金融服务需求（除政策性支持外），因此普惠金融服务的主要供给方往往出现在非正规金融服务渠道。其中民间借贷是公民与公民、公民与法人以及法人与法人之间的资金借贷活动，这种活动的最大特点在于灵活性，它不受一般正规金融服务的多重制约，只要借贷双方达成抵押标的物、利率以及期限等借贷活动内容的一致，就能迅速完成一次资源的转移与分配，因此，民间借贷受到广大普惠金融需求主体的青睐。而随着互联网技术的飞速发展，以互联网为依托的互联网金融产业在近年来也获得了极大的发展机会。互联网金融在形式上与民间借贷基本一致，但通过互联网这一高效渠道实现金融资源的多次分配，不仅能够提高配置效率，而且能够加强法人与公民之间的信息透明度，最大限度减少交易风险。

因此，基于上述需求与供给主体的自身特点，我们构建一个含有信贷配给因素的普惠金融均衡模型，来分析这一体系中供给与需求之间的关系。

假设在信息不对称的情况下，金融机构在提供资金贷款时的预期利润表达式为

$$E(R) = p' \times p[(r_L - r_D) \times L - S(L)] - (1 - p') \times p * L * (1 + r_D)$$

$$(2-10)$$

式中，$E(R)$ 表示金融机构的预期利润；p 表示需求主体申请贷款的概率；p' 表示贷款能够收回的概率；r_L 和 r_D 分别表示贷款利率和存款利率；S 为金融机构为收回贷款而付出的监管成本；L 表示贷款总额。可以看出，金融机构获得利润的主要影响因素包括贷款意愿、违约风险、贷款总额、监管成本以及存贷利差。对贷款总额 L 进行求偏导运算，可得

$$r_L = \frac{r_L + r_D}{p'} + S'(L) - 1 \qquad (2-11)$$

式（2-11）即为金融机构的贷款均衡利率方程。它反映了金融机构在为普惠金融需求主体提供贷款时，由于信息不对称因素的制约使得它们对不同主体的违约评估结果施加不同的贷款利率水平。换句话说，金融机构对需求主体的资金评估清晰程度取决于监管成本，当需求主体信用状况良好时，所需监管成本相对较低，此时发放贷款的利率水平也会较低，但如果需求主体信用状况不确定，金融机构只能耗费更多监管成本来防止贷款违约情况出现，那么这些成本最终将会转嫁到贷款利率上来。因此，信息透明程度决定了金融机构的贷款利率水平的高低。

下面进一步对普惠金融的需求主体进行刻画与描述。假设需求主体的主要资金来源由中小型金融机构和民间资本市场两种方式提供，其中需求主体向中小型金融机构申请贷款时需要支付一定的成本来提供相关财务信息，而在民间资本市场上不需支付或支付很少。当需求主体无法从中小型金融机构获得贷款时就会将所有的资金需求转移到民间资本市

场中去。与此同时，需求主体在获得所需资金后用于扩大再生产，从而获得利润收益。因此，普惠金融需求主体的期望利润函数表示为

$$E(R) = p[Y - W - (1 + r_s) \times L - C(L)] + (1 - p)$$
$$[Y - W - (1 + r_m) \times L] \qquad (2-12)$$

式中，Y 表示产出；W 表示工资支出；r_s 表示中小型金融机构贷款利率；r_m 表示民间资本市场贷款利率；p 表示需求主体能够从中小型金融机构借入资金的概率；$C(L)$ 表示信息成本，取决于需求主体的资产水平。为使需求主体的利润最大化实现，对式（2-12）的资产规模 L 求偏导，并进一步化简可得

$$r_m = \frac{p \times (C' + r_s) - Y' + 1}{p - 1} \qquad (2-13)$$

进一步将式（2-13）对 p 求偏导可得

$$\frac{\partial r_m}{\partial p} = \frac{Y' - C' - i - 1}{(p-1)^2} < 0 \qquad (2-14)$$

式（2-14）说明需求主体在中小型金融机构中获得贷款的概率与民间资本市场贷款利率水平之间存在反向关系，其传导机制如下：当需求主体在中小型金融机构中获得贷款的概率下降时，它们会将更多的贷款意愿转移到民间资本市场上，从而使民间资本市场存在超额资金需求，因此贷款利率水平也会出现整体上升的情况。而事实上，这一概率的变化主要影响因素仍然是信息透明度，只有在高水平信息透明度的情况下，中小型金融机构才更愿意向普惠金融的需求主体提供贷款。

在对普惠金融的供给方与需求方进行行为刻画后，我们构建一个贷款合同机制，以将供给方与需求方联系起来。首先对等期望利润曲线进行定义：假设需求主体均为风险中性，主体群中的主体资产 L 在 $[0, A]$ 之间服从均匀分布，如果存在两个主体，第一组初始资本为 L_1，第二组初始资本为 L_2，且 $L_1 > L_2$，而每个需求主体都需要从外部进行借贷

来完成一个初始投资为 C 的项目，其中 $C > L_1$。两个主体投资项目的成功概率为 p_1 和 p_2，且 $p_1 > p_2$，而投资该项目的最终收入为 R，R 必须大于投资的借贷成本才能达到有利可图。在贷款过程中，金融机构需要资金需求方提供相应的抵押品 M，其中 $0 < M < L$。当需求主体无法偿还贷款时，金融机构可以变卖抵押品，变卖价格为 dM，d 为折价变卖的比率。当需求主体成功偿还贷款时，金融机构可以得到的收入为 T，且 $T = C \times (1 + r_L)$，r_L 为贷款利率。金融机构在发放贷款时还存在费用成本 V，其中 $V = C \times (1 + r_D)$，r_D 为存款利率。因此，金融机构的贷款约束条件为

$$Z = [p \times T + (1 - p) \times dM - T] \geqslant 0 \qquad (2-15)$$

将式（2 – 15）对 M 求偏导可得

$$\frac{\partial T}{\partial M} = -\frac{d(1 - p)}{p} < 0 \qquad (2-16)$$

进一步将式（2 – 16）对 p 求偏导可得

$$\frac{d\left(\frac{\partial T}{\partial M}\right)}{dp} = \frac{b}{p^2} > 0 \qquad (2-17)$$

式（2 – 15）对 p 求偏导为

$$\frac{dZ}{dp} = (T - dM) > 0 \qquad (2-18)$$

在上述运算过程中，式（2 – 16）和式（2 – 17）共同构成了金融机构关于抵押品 M 和金融机构总收入 Q 的等期望利润曲线，如图 2 – 6 所示。其中下面一条直线反映了需求主体的投资成功率一定情况下的等期望利润曲线，该直线的斜率为 $-\dfrac{d(1 - p)}{p}$，而另一条则是均衡状态下贷款收入 Q 与抵押品 M 组成的等期望利润曲线，并且从这一曲线的趋势来看应当反映出抵押品 M 与贷款收入之间的反向关系：当抵押品

增加时，将会减少贷款所得收入。而这一曲线的凹性又进一步显示出投资成功率的提升能够提高抵押品 M 对贷款收入 Q 变化的反应程度。从图2－6中我们还可以发现，在均衡状态时，普惠金融体系中的金融机构在面对一个投资成功率较高的项目时更愿意向需求主体提供高抵押、低利率的信贷合同，而在面对一个投资成功率较低的项目时更愿意向需求主体提供低抵押、高利率的信贷合同。与此同时，由于信息不对称情况的存在，如果均衡利率水平高于 r_0，那么贷款利率水平的上升必然会减少贷款的预期收益水平，此时金融机构的预期收益也必然会小于均衡状态下等期望利润曲线上的相对水平。因此，点 $A(P_0, Q_0, M_0)$ 表示为普惠金融体系的可行临界点，处于 A 点右侧的相关参数变量实现时（$P \geqslant P_0, Q \leqslant Q_0, M \geqslant M_0$），金融机构愿意为需求主体提供信贷合同，但处于 A 点左侧的相关参数变量实现时则需求主体将得不到金融机构提供的信贷合同。

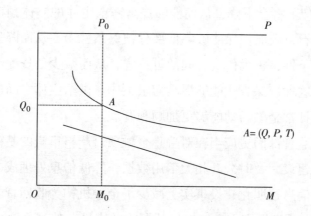

图2－6 等期望利润曲线与信贷合同组合

二、普惠金融监管者与普惠金融市场之间的关系

上文主要通过模型强调了普惠金融市场中金融资源的供给方与需求

方之间的关系以及普惠金融体系下的信贷合同设计，其中供给方与需求方的信贷配给、利率设定以及抵押品价值要求方面，信息不对称成为制约这些变量的重要因素。作为普惠金融的监管主体，政府与相关监管机构的主要职能就是加强这一特殊金融市场的信息透明化建设，以实现金融资源在这一市场上的高效率配置。

在完全信息条件下，金融机构对需求主体的评估将与普通金融市场上的需求主体评估无太大差异，在抵押品估值、需求主体投资成功率估算方面也能够做到更加精确化。那么，政府和监管部门应当从哪些方面入手来促使信息不对称环境向信息透明化环境的迅速转化？总体来看，应当主要包括以下几种方式：

首先，政府可以通过财政资金支持的形式，为需求主体提供一定程度的担保。这种行为直接作用于变量 $C(L)$ 以及 M。从需求主体来看，由于政府担保（无论是显性担保还是隐性担保）的存在，需求主体的信息成本 $C(L)$ 将会下降，从而能够提高需求主体的整体预期利润；从金融机构来看，政府担保能够降低部分担保条件 M，从而降低金融机构的贷款约束条件，扩大信贷合同的可行集，从而减少信贷配给情况的出现。因此，这种担保方式能够提高需求主体与供给主体之间的信贷匹配效率，使得日常金融活动能够更加顺利开展。

其次，监管部门更应当在对普惠金融项目严格审查的基础上，提高信息透明化建设，及时公开相关信用数据，降低信息处理成本。从上述模型来看，信息透明化建设事实上减少了金融机构为收回贷款而付出的监管成本 S，从而提高金融机构的预期收益水平，使得金融机构更加愿意提供涉及到普惠性质的贷款合同，为需求主体提供更多金融资源。此外，信息透明度越高，也意味着需求主体的违约概率估值越精确，这也能够使金融机构在设计信贷合同时设定的抵押品价值和贷款利率水平越趋向均衡水平，强化了双方的借贷意愿，在一定程度上减少了道德风险、逆向选择情况的出现。

最后，金融机构自身也应当承担部分监管责任，积极跟踪需求主体的资金运用情况。这一情况在模型中应当体现在需求主体的投资成功率 P 上，如果金融机构能够在审核贷款合同时将需求主体的投资成功率 P 控制在一个较高的合理范围水平，那么贷款合同的违约风险也会大大降低，这就能够使得图 2-6 中的两条曲线缺口收窄，降低因为概率 P 值上升所引发的风险成本，最终提高金融机构与需求主体的共同效用。

三、主体关系作用下普惠金融体系的结构及发展动力解析

在当前形势下，普惠金融体系内部结构的混乱现状，使得无论是普惠金融的供给方（普惠金融机构）还是普惠金融的需求方（弱势经济部门）都存在不匹配问题。白钦先（2008）认为，成熟的普惠金融体系在供给结构上总体上应当包括三大机构——政策性金融机构、合作性金融机构以及商业性金融机构。政策性金融机构一般由政府发起设立，不以营利为目的，主要为弱势经济部门提供政策优惠性贷款等金融服务，其作用类似财政支持；合作性金融机构由多个个体发起设立，其运营的主要目的在于通过互助合作的形式对个体以及特定的弱势经济部门提供金融服务；商业性金融机构与传统金融体系中的金融机构无本质区别，都是以流动性、盈利性和安全性作为机构经营的基本原则，且服务覆盖整个宏观经济系统内的所有弱势经济部门。

由于不同性质的普惠性金融机构在运营特点、风险偏好以及监管环境上存在差异，那么它们在服务于弱势经济部门时也会对该部门内部的不同群体进行异质性分类，从而能够更好地服务于不同的需求者，以此来提高资源配置效率。一般来说，我们将弱势经济部门按照三个方面进行详细分类：从企业规模上来看，我们将其分为微型、小型和中型企业；从企业发展阶段来看，我们将其分为衰退期、朝阳期和成长期的企

业；从企业盈利水平来看，我们将其定性为极度贫困、一般贫困与非贫困但脆弱的企业。

从不同的金融机构类型来看，其针对的企业类型也应当有所不同。政策性金融机构由于不以营利为目的，这类金融机构在对弱势企业提供金融服务时相较其他两类金融机构不会过分考虑企业的规模、盈利水平等市场化因素，而更多地考虑的是另两类机构不太愿意发放贷款的企业；商业性金融机构与传统金融机构具有类似的特征，这类金融机构在运行过程中更愿意为市场化程度较高的企业提供金融服务，而这类企业也往往相较于普通企业来说只是在规模、盈利能力等因素方面有所欠缺，在实际运行过程中与普通企业无异；合作性金融机构可以认为是一种介于政策性金融机构与商业性金融机构之间的金融机构，它的发展一方面离不开政策资金的支持，另一方面其发起性质也决定了其市场化因素。

基于上述结论，针对不同类型的企业，金融机构的对应应当如下：政策性金融机构对应于微型、衰退期和极度贫困企业，合作性金融机构对应于小型、朝阳期和一般贫困企业，商业性金融机构对应于中型、成长期和非贫困但脆弱的企业（见图2-7）。

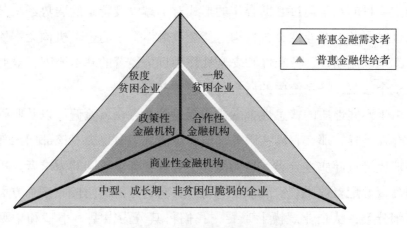

图2-7　普惠金融供需结构图

　　在金融服务供给者、金融服务需求者和金融服务监管者三方之间交互关系的作用下，普惠金融体系才能进一步通过金融创新（包括制度创新、机构创新以及产品创新等）来吸引更多的金融资源进入普惠金融体系，从而使弱势经济部门获得更多的资源配置。与此同时，随着弱势经济部门的发展，它们对金融服务的需求也会日益扩大，这也会进一步促进普惠金融体系专注于金融创新，形成一个良性循环。

　　然而，在这个看似完美的良性循环机制下，整个普惠金融体系也会面临着更多的风险。随着普惠金融体系对弱势经济部门的包容性越来越大，弱势经济部门的信息不完全性会使得金融体系承担一定的风险，而金融服务的需求高涨同样也会使普惠金融体系在追求利润最大化的条件下放松对风险的警惕，最终导致整个金融体系承担过多的风险而崩溃。此时金融监管者就应当参与到普惠金融体系的风险管理中来，防止整个普惠金融体系风险过度积累，在保障普惠金融体系稳定运行的同时，能够使体系更具吸引力（见图2－8）。

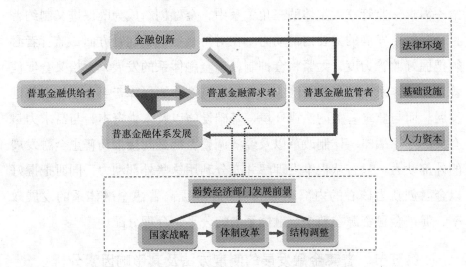

图2－8　普惠金融体系发展结构

在图 2 - 8 中，还显示了普惠金融体系发展过程中的外部因素影响。尽管普惠金融监管者作为普惠金融体系中的一个重要主体因素而存在，但普惠金融体系的监管也仍然离不开普惠金融的法律环境、基础设施和人才环境这三大因素的影响。法律环境的优化为普惠金融监管者提供了有力的执法依据、基础设施的完善为普惠金融监管者提供了监督保障、人力资本的积累为普惠金融监管者提供了充足的动力。而从普惠金融需求者角度来看，影响普惠金融需求的外部因素主要取决于弱势经济部门的发展前景。在经济层面，国家的战略方向、宏观经济体制改革以及整体经济结构调整等因素通过间接地影响弱势经济部门发展前景、提高弱势经济部门的投入产出率来对普惠金融需求力量产生作用。如当前经济环境下，产能过剩问题的出现迫使国家必须做出产业结构调整，且在中国农村经济发展滞后、"三农"问题突出的背景下需要国家重视农业发展，而这就成为推动普惠金融发展的巨大外部动力。

综上所述，普惠金融体系的发展离不开内部结构的优化，而在供给—需求—监管三大主体的三角关系中，金融创新成为既促进又制约普惠金融体系发展的主要内部动力。在对待金融创新问题方面，监管者必须把握好监管力度，太紧将会抑制普惠金融体系的发展，太松又会促使普惠金融体系内部集聚风险，只有松紧有度才能保障普惠金融体系稳健发展。而与监管有关的法律环境、基础设施以及人力资本，与需求力量有关的国家战略、体制改革以及经济调整，都是间接推动普惠金融发展的外部动力。只有从根本上理解并充分利用这些外部动力，同时把握好以金融创新为核心的内部动力机制，才能提高普惠金融体系的发展效率，促进金融资源在整个金融体系内的公平、合理分配。

第五节 普惠金融发展的测度方法及其影响因素分析

普惠金融作为一种新的金融发展理念最早起源于欧洲国家，早期主要指的是小额信贷、农村信用社等微型金融机构和形式，随后不断完善发展为现在的普惠金融概念和理论。与传统的金融理念认识不同，普惠金融强调的是金融服务的平等性，拓展金融服务的深度和广度，使得全民、全社会都能够享受到便捷、优质的金融服务，特别是小微企业、贫困低收入群体等过去金融服务相对薄弱的阶层。

我国在 2006 年引入"普惠金融"的概念，之后普惠金融受到了广泛关注和重视。2013 年，"发展普惠金融"在党的十八届三中全会通过的《中共中央关于全面深化改革若干重大问题的决定》中正式提出，并在 2014 年和 2015 年连续两年被写入政府工作报告，发展普惠金融已成为我国深化金融体制改革的重要内容。从我国金融发展的现状来看，长期以来存在着金融资源配置不均衡的现象，金融服务的广度和深度都没有达到理想的水平。金融行业"二八定律"的盛行导致金融服务出现了一定的排斥性，优质并且数量巨大的金融资源集中在城镇、大型企业和富裕人群手中，农村地区、中小企业和低收入阶层的金融需求难以得到有效满足。这个局面更加剧了企业部门、居民部门内部发展的失衡，也严重阻碍了经济结构和社会结构的调整优化，在当前改革进程深入推进的大趋势下，建立普惠金融体系的重要性和紧迫性日益凸显。

一、普惠发展程度评价指标的选取

Beck 等（2007）最早提出了测度普惠性金融的 8 个指标（每万人金融机构网点数、每百平方公里金融网点数、每万人 ATM 数、每百平方公里 ATM 数、人均储蓄/人均 GDP、人均贷款/人均 GDP、每千人储蓄账户数、每千人贷款账户数）；Sarma（2008）提出了金融普惠指数（Index of Financial Inclusion），从银行渗透度、金融服务可得性和使用情况三个维度来评价，银行账户拥有率、营业网点数和存贷款与 GDP 之比可对这三方面进行定量测度。我国学者大多从农村金融排斥入手间接衡量普惠金融现状，如许圣道、田霖（2008）建立了计数模型，陈莎、周立（2012）以行政、地理、人口、经济四个维度的金融密度来考察我国农村地区金融排斥的差异。而王婧、胡国晖（2013）认为，可用存款、贷款这两种中国市场份额最大的金融服务来代表中国普惠金融的现状，在此基础上纳入人口和地理因素，运用变异系数法构建了中国的普惠金融发展指数。

本节借鉴上述测度普惠金融发展程度的方法，结合我国在普惠金融方面的实践情况以及相关变量和数据的可得性，从金融资源的覆盖范围和金融产品、服务使用两个维度构建我国普惠金融评价指标体系。

金融资源的覆盖范围是影响普惠金融发展水平和程度的决定因素，包含在地理维度上金融资源的渗透性和在人口维度上金融资源的覆盖性，我们依次选取了金融网点个数/万人、金融从业人数/万人、金融网点个数/万平方公里和金融从业人数/万平方公里四个指标。在衡量金融产品、服务使用方面，选取了社会融资规模/万人、银行资产总额/万人、保险密度、保险深度四个指标来反映我国金融产品和服务的使用情况。本节选取的八个指标与普惠金融发展程度均为正相关，即指标的数值越大，表明普惠金融发展程度越高。

表 2 - 1　　　　　　　我国普惠金融发展程度评价指标

指标	指标含义	计量单位	指标性质
金融网点个数/万人	万人享有的金融网点个数	个/万人	正
金融从业人数/万人	万人享有的金融从业人数	人/万人	正
金融网点个数/万平方公里	单位面积金融网点个数	个/万平方公里	正
金融从业人数/万平方公里	单位面积金融从业人数	人/万平方公里	正
社会融资规模/万人	金融对实体经济资金支持	亿元/万人	正
银行资产总额/万人	银行业资金实力	亿元/万人	正
保险密度	居民的保险参与度	元/人	正
保险深度	保险在国民经济中的地位	%	正

资料来源：笔者根据相关资料整理。

二、基于因子分析法的金融普惠测度实证分析

（一）因子分析法概述

因子分析法是一种多元统计方法，从研究相关矩阵内部的依赖关系出发，根据相关性大小把变量分组（使得同组内的变量之间相关性不高，而不同组内的变量之间相关性较低），这样，在尽量减少信息丢失的前提下，从众多指标中提取出少量的不相关指标，然后再根据方差贡献率确定权重，进而计算出综合得分的一种方法。

1. 因子分析法的基本原理

设 m 个可能存在相关关系的变量 X_1 ，X_2 ，$\cdots$ ，X_m ，含有 P 个独立的公共因子 F_1 ，F_2 ，$\cdots$ ，$F_p(m \geqslant p)$ ，变量 X_i 含有独特因子 $U_i(i = 1 \cdots m)$ ，诸 U_i 间互不相关，且与 $F_j(j = 1 \cdots p)$ 也互不相关，每个 X_i 可由 P 个公共因子和自身对应的独特因子 U_i 线性表示：

$$\begin{cases} X_1 = a_{11}F_1 + a_{12}F_2 + \cdots + a_{1p}F_p + c_1U_1 \\ X_2 = a_{12}F_1 + a_{22}F_2 + \cdots + a_{2p}F_p + c_2U_2 \\ \vdots \quad \vdots \quad \vdots \quad \vdots \quad \vdots \quad \vdots \\ X_m = a_{m1}F_1 + a_{m2}F_2 + \cdots + a_{mp}F_p + c_mU_m \end{cases} \quad (2-19)$$

用矩阵表示：

$$\begin{pmatrix} X_1 \\ X_2 \\ \vdots \\ X_m \end{pmatrix} = (a_{ij})_{m \times p} \begin{pmatrix} F_1 \\ F_2 \\ \vdots \\ F_p \end{pmatrix} + \begin{pmatrix} c_1U_1 \\ c_2U_2 \\ \vdots \\ c_mU_m \end{pmatrix}$$

且满足：

（1）$P \leqslant m$ ；

（2）$COV(F.U) = 0$ （即 F 与 U 是不相关的）；

（3）$E(F) = 0$　$COV(F) = \begin{pmatrix} 1 & & \\ & \ddots & \\ & & 1 \end{pmatrix}_{p \times p} = I_p$。即 F_1，F_2，…，F_p 不相关，且方差皆为 1，均值皆为 0；

（4）$E(U) = 0$　$COV(U) = I_m$ 即 U_1，…，U_m 不相关，且都是标准化的变量，假定 z_1，…，z_m 也是标准化的，但并不相互独立。

式中系数矩阵 $(a_{ij})_{m \times p}$ 称为因子负荷矩阵，其元素（即式中各方程的系数）a_{ij} 表示第 i 个变量 X_i 在第 j 个公共因子 F_j 上的负荷，简称因子负荷，如果把 X_i 看成 P 维因子空间的一个向量，则 a_{ij} 表示 X_i 在坐标轴 F_j 上的投影。

2. 因子分析法的基本步骤

第一，选择变量：结合定性分析方法与定量分析方法对变量进行选取，选取的各个变量应该具有相关性。变量之间若无相关性，则无法提出公因子，SPSS 软件可以通过 Bartlett 球形检验来判断是否相关性显著；另外可以通过 KMO 检验来检查变量间是否具有偏相关性，KMO 位于 0—1 之间，KMO 越大，说明变量的偏相关性越强，因子分析的效果越好。在实际中，一般 KMO 统计量在 0.7 以上效果较为理想，KMO 在 0.5 以下不适合做因子分析。

第二，计算选取的变量间的相关系数矩阵：相关系数矩阵是判断是否能做因子分析的重要步骤，只有原始数据存在相关关系，才能进行因子分析。

第三，提取公因子：根据事先构建的模型以及因子方差贡献的大小确定因子的个数，由于特征值小于 1 的因子贡献度较小，故一般只取特征根大于 1 的因子，一般所提取因子的总贡献率超过 80% 效果会更好。

第四，旋转因子：通过因子的旋转，使提取的因子解释更具实际意义。

第五，计算加权综合得分：根据每个因子方差贡献率的大小，加权算出综合得分指标。

（二）样本选取和数据处理

本节根据普惠金融的内涵和相关的研究成果，选取了金融网点个数/万人、金融从业人数/万人、金融网点个数/万平方公里、金融从业人数/万平方公里、社会融资规模/万人、银行资产总额/万人、保险密度和保险深度八个指标来衡量和反映我国普惠金融的发展情况，我们将各指标依次表示为 X1，X2，…，X8。

进一步，将我国 31 个省、自治区和直辖市作为研究样本，将各指标所对应的 2013 年数据作为分析和研究依据，所有原始数据均来自国家统计局、中国人民银行、各省市 2013 年金融运行报告、Wind 数据库等权威部门和机构，在此基础上进行相关计算和处理，保证了数据的准确性和分析结果的可信性。所有数据的描述统计结果见表 2-2。

表 2-2　　　　数据的描述统计

变量	极小值	极大值	均值	标准差
X1	1.14	2.17	1.6228	0.27143
X2	21.12	185.06	44.4693	32.03405
X3	5.63	4461.70	676.6021	910.63878
X4	80.69	364485.45	30701.9901	75281.07694
X5	0.59	6.09	1.4358	1.10544
X6	4.87	64.19	12.0327	12.10740
X7	366.30	4753.50	1269.3590	869.43435
X8	1.42	5.10	2.6374	0.68248

资料来源：笔者利用 SPSS 软件计算整理。

为了消除变量间量纲关系，以增加数据的可比性，我们先对这 8 个指标进行标准化处理，采用的是 Z 标准化处理方式，处理后各指标的均值都为 0，标准差为 1。

（三）实证分析

1. KMO 和 Bartlett 球形检验

KMO 统计量用于检验变量间的偏相关性是否足够大，是简单相关系数与偏相关系数的一个相对指数，取值在 0—1 之间，越大因子分析效果越好。Kaiser 认为，KMO 大于 0.7 效果较好，KMO 小于 0.5 则不适合做因子分析。

Bartlett 球形检验统计量是用于对相关系数矩阵是否具有单位阵的检验，若相关系数矩阵是单位阵，则变量间相互是独立的，缺乏相关性不适宜做因子分析。统计量服从卡方分布，原假设为相关系数是单位阵，当卡方的显著性水平低于 0.05 时可以拒绝原假设。

表 2-3 KMO 和 Bartlett 的检验

取样足够度的 Kaiser – Meyer – Olkin 度量		.707
Bartlett 的球形度检验	近似卡方	379.487
	df	28
	Sig.	.000

资料来源：笔者利用 SPSS 软件计算整理。

数据 SPSS 软件对所有数据进行 KMO 和 Bartlett 的检验，检验结果发现，KMO 数值为 0.707 > 0.7，适合运用因子分析法。Bartlett 球形检验统计量为 379.487，对应的显著性水平小于 0.05，表明对数据进行因子分析是有效的。

2. 主成分分析法下的共同度分析

表 2-4 主成分分析法下的共同度表

	初始	提取
ZX1	1.000	.938
ZX2	1.000	.953
ZX3	1.000	.776
ZX4	1.000	.888
ZX5	1.000	.862
ZX6	1.000	.969
ZX7	1.000	.942
ZX8	1.000	.627

资料来源：笔者利用 SPSS 软件计算整理。

表2-4显示的共同度反映的是各个变量被主成分解释的方差比例，包括初始共同度及提取共同度。运用主成分分析法提取因子时，初始共同度设定为1，提取的共同度越接近于1，则说明该变量得到所选取公因子更好的解释。由表2-4可以看出，各变量都能够很好地被所提取的公因子解释，原始信息损失较少。

3. 方差贡献率分析

各公因子的方差贡献率是由相关系数矩阵计算得到的，并能体现特征值及累积贡献率。因子的方差贡献率代表其对原始变量解释度的高低，方差贡献率越高，因子对整体问题的解释性越强。

表2-5　　　　　　　　　　解释的总方差

成分	初始特征值			提取平方和载入			旋转平方和载入		
	合计	方差的%	累积%	合计	方差的%	累积%	合计	方差的%	累积%
1	5.821	72.758	72.758	5.821	72.758	72.758	5.502	68.770	68.770
2	1.135	14.190	86.947	1.135	14.190	86.947	1.454	18.177	86.947
3	.580	7.250	94.197						
4	.273	3.410	97.607						
5	.096	1.195	98.803						
6	.078	.974	99.777						
7	.010	.130	99.907						
8	.007	.093	100.000						

资料来源：笔者利用SPSS软件计算整理。

初始特征值提取出两个特征值大于1的公因子，前2个公因子的累积方差贡献率超过85%（86.947%），对原始8个指标的解释程度较为满意，解释变量由8个降为2个，去掉了大部分具有相关性但繁琐的指标。在因子载荷经过方差最大化正交旋转后，每个公因子对整体方差的解释度发生一定变化，但每个因子对总体方差的解释程度变得更加平均。

图2-9反映了因子个数及特征值的折线关系，有助于直观地理解特征值较高的公因子的个数，由图2-1可以看出，第一个因子和第二个因子间斜率最大，第二个因子之后的斜率较为平稳并且小于1，表示对整体问题的解释度贡献不大。因此，我们选取了前两个因子作为提取的公因子进行分析。

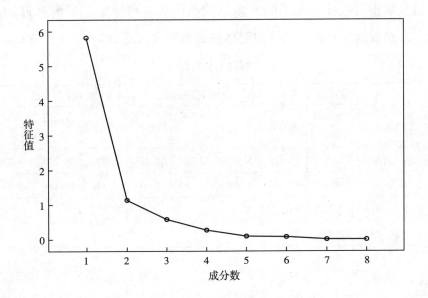

资料来源：笔者利用SPSS软件整理。

图2-9 因子分析碎石图

4. 旋转后因子载荷矩阵结果分析

利用最大方差法计算出因子旋转后的载荷矩阵，有助于更加明确各个因子与变量间的相关关系，对提取出的各个因子进行命名和良好的经济学解释。

表 2 - 6 旋转成分矩阵

	成分	
	1	2
ZX2	.031	.968
ZX3	.921	.325
ZX4	.881	.017
ZX5	.942	.020
ZX6	.774	.513
ZX7	.932	.315
ZX8	.949	.204
ZX1	.787	- .085

资料来源：利用 SPSS 软件计算整理。

5. 中国普惠金融发展程度评价

根据主成分得分系数矩阵（如表 2 - 7 所示）可得出各主成分的因子得分。以贡献率为权重，计算我国各省、自治区、直辖市普惠金融的实际发展水平综合得分，构造如下综合评价模型：

$$F = F1 \times 0.8368 + F2 \times 0.1632$$

根据上述公式计算各地区主成分得分和综合得分如表 2 - 7 所示。

表 2 - 7 成分得分系数矩阵

	成分	
	1	2
ZX1	- .166	.801
ZX2	.145	.106
ZX3	.191	- .143
ZX4	.204	- .151
ZX5	.079	.288
ZX6	.149	.096
ZX7	.173	.000
ZX8	.188	- .211

资料来源：笔者利用 SPSS 软件计算整理。

表 2 - 8 我国各省、自治区、直辖市普惠金融发展程度得分及排名

	F1	F2	综合得分	排名
北京市	3.75402	1.36502	3.364135	1
上海市	3.33979	- 0.96901	2.636594	2
天津市	0.56106	1.44923	0.706009	3
浙江省	0.20872	1.40454	0.403878	4
广东省	0.3309	- 0.53107	0.190226	5
江苏省	0.19181	- 0.12075	0.1408	6
重庆市	- 0.10946	0.58589	0.004021	7
福建省	- 0.04511	- 0.3041	- 0.08738	8
辽宁省	- 0.37759	1.27091	- 0.10855	9
山西省	- 0.2683	0.49065	- 0.14444	10
四川省	- 0.12822	- 0.27572	- 0.15229	11
山东省	- 0.07354	- 0.57485	- 0.15535	12
新疆维吾尔自治区	- 0.12223	- 0.34324	- 0.1583	13
宁夏回族自治区	- 0.31742	0.64319	- 0.16065	14
河北省	- 0.04255	- 0.8871	- 0.18038	15
陕西省	- 0.33427	0.44493	- 0.2071	16
河南省	- 0.03265	- 1.37103	- 0.25107	17
湖北省	- 0.17134	- 1.10068	- 0.32301	18
青海省	- 0.632	1.22374	- 0.32914	19
海南省	- 0.35087	- 0.23699	- 0.33228	20
黑龙江省	- 0.4188	0.09895	- 0.3343	21
甘肃省	- 0.48513	0.32141	- 0.3535	22
安徽省	- 0.19247	- 1.22968	- 0.36174	23
吉林省	- 0.52736	0.41712	- 0.37322	24
内蒙古自治区	- 0.64216	0.97774	- 0.37779	25
云南省	- 0.22906	- 1.6373	- 0.45888	26
湖南省	- 0.40399	- 0.81866	- 0.47166	27
江西省	- 0.45027	- 0.59647	- 0.47413	28
贵州省	- 0.43253	- 0.88467	- 0.50632	29
西藏自治区	- 1.11068	2.3287	- 0.54937	30
广西壮族自治区	- 0.48829	- 1.14072	- 0.59477	31

资料来源：笔者利用 SPSS 软件计算整理。

表2-8中各省、自治区、直辖市的因子得分与综合得分值清楚地显示了各地区普惠金融发展水平的差别，正值代表该地区普惠金融发展高于平均水平，负值则表示低于平均水平。分值越高说明普惠金融发展水平越高。结果显示，在31个省、自治区、直辖市中，仅有7个省份的综合得分高于平均水平，即它们的普惠金融发展水平较高，而剩余24个省份的普惠金融发展水平相对较低。根据各地区的综合得分，进一步对31个省份普惠金融发展水平进行分组，如表2-9所示。

表2-9　　　　　　　　　各地区普惠金融发展水平分组

较高（2，+∞）	北京、上海
中等偏上（0，1）	天津、浙江、广东、江苏、重庆
中等偏下（-0.5，0）	福建、辽宁、山西、四川、山东、新疆、宁夏、河北、陕西、河南、湖北、青海、海南、黑龙江、甘肃、安徽、吉林、内蒙古、云南、湖南、江西
较低（-∞，-0.5）	贵州、西藏、广西

资料来源：笔者根据相关资料整理。

根据以上分组情况可以发现，我国普惠金融发展存在严重的不平衡。北京和上海普惠金融发展水平要显著高于其他省份，而处于平均水平以上的地区也仅仅局限于天津、浙江、广东、江苏等东部沿海地区，我国绝大多数地区普惠金融发展还处于比较低的水平，特别是贵州、西藏、广西等内陆地区。

三、基于评价指标体系的中国金融普惠程度影响因素分析

通过因子分析法对我国31个省、自治区、直辖市普惠金融发展水平进行测度，可以清楚地看出我国各地区普惠金融的实际发展水平，同时也反映出我国普惠金融发展的地区差异和不均衡现象。普惠金融的发

展不仅仅取决于金融自身的发展，还会受到社会、文化等各种非金融因素的影响。

（一）变量选取与模型设计

根据普惠金融的概念和理论分析，金融发展过程中普惠程度会受到金融和社会双重因素的影响和作用。从金融自身发展的角度来看，由于在对普惠金融发展情况进行评价时引入了大量反映金融发展情况的指标和因素，因此在此部分进行实证分析时，只选取了金融业增加值/GDP作为综合反映金融业整体实力的指标；从社会因素角度，考虑到数据的可得性和代表性，依次选取了年龄结构、教育水平、互联网普及率以及城镇化率4个指标作为反映社会因素的解释变量。

金融业增加值/GDP（$X1$）：金融业增加值是指金融业的全部基层单位一定时期内新创造出来的价值之和，是金融业生产活动的最终成果。而金融业/GDP反映金融业在整个国民经济中所处的地位和作用。数据来源于国家统计局。

年龄结构（$X2$）：通过15~64岁人口占总人口的比重衡量。一般认为，15—65岁的人口是劳动力的主要组成部分，是金融资源的供给者，同时也是金融产品和服务的需求者。因而，年龄结构的变化会影响到金融业的发展扩张，进而推动普惠金融的发展。数据来源于国家统计局。

教育水平（$X3$）：通过15岁及以上文盲人口占总人口的比重衡量，该指标越低表明居民的整体受教育程度越高。受教育程度将直接影响居民接受金融服务的机会，金融机构对受到较高教育的群体也有更强的偏好。数据来源于国家统计局。

互联网普及率（$X4$）：互联网金融是普惠金融的重要组成形式，互联网普及率作为一种社会影响因素体现在其对金融普及的技术支持上，具体表现为当前互联网金融的兴起与互联网技术在金融机构运营中的运用。数据来源于 Wind 数据库。

城镇化率（X5）：一般用城镇人口占总人口的比重衡量，体现了经济二元结构、地理分割结构以及社会人口结构，城镇化率对于加深金融普惠程度有促进作用。数据来源于国家统计局。

根据以上分析，将各省份金融普惠发展程度综合得分（Y）作为被解释变量，依次选取金融业增加值/GDP（X1）、年龄结构（X2）、教育水平（X3）、互联网普及率（X4）以及城镇化率（X5）5 个指标作为解释变量，建立以下横截面回归模型：

$$Y_i = \alpha_0 + \alpha_1 X_{1i} + \alpha_2 X_{2i} + \alpha_3 X_{3i}$$
$$+ \alpha_4 X_{4i} + \alpha_5 X_{5i} + \varepsilon_i \quad (i = 1, 2, \cdots, 31)$$

（二）实证分析

运用 Eviews 软件进行多元线性回归，回归结果如下：

$$Y = -5.3421 + 22.6963X1 + 4.8744X2 - 0.4988X3 + 0.1192X4$$
$$+ 0.7813X5$$

$$t : (-2.9673)(6.1575)(1.6710)(-0.3942)(0.1081)(0.5908)$$
$$R^2 = 0.8843, \overline{R}^2 = 0.8612, F = 38.2170$$

由线性回归分析的结果可以看出，R^2 为 0.8843，方程的拟合度较高，表明模型中五个解释变量解释了因变量普惠金融发展程度综合得分的总方差的 88.43%。同时，方程的 $F = 38.2170 > F0.05 (5, 25) = 2.6$，通过了回归方程显著性检验，表示多元线性回归方程整体上存在显著的线性关系。但是 X3、X4、X5 变量出现了 t 统计量不显著的情形，变量之间有可能存在多重共线性。通过对各变量之间相关系数矩阵的分析可以看出（如表 2 - 10 所示），部分变量之间的相关系数较大，存在一定的相关性，故需要对回归的多重共线性进行处理。以下采用逐步回归法消除方程的多重共线性。

表 2 – 10   各变量之间的相关系数矩阵

	X1	X2	X3	X4	X5
X1	1.000000	0.410334	-0.063509	0.693515	0.675479
X2	0.410334	1.000000	-0.326878	0.727422	0.761664
X3	-0.063509	-0.326878	1.000000	-0.274137	-0.552266
X4	0.693515	0.727422	-0.274137	1.000000	0.853684
X5	0.675479	0.761664	-0.552266	0.853684	1.000000

资料来源：笔者利用 Eviews 软件计算整理。

首先，分别将每个解释变量与被解释变量建立一元线性回归模型，一次进行回归分析，取得五个一元回归方程后，根据各方程拟合优度 R^2 的大小，从中选取拟合优度最高的方程所对应的自变量与因变量，同时必须满足对应的 t 统计量通过检验。将 Y 与 $X1$、$X2$、$X3$、$X4$、$X5$ 依次进行一元线性回归分析，回归结果如表 2 – 11 所示。

表 2 – 11 Y 与 $X1$、$X2$、$X3$、$X4$、$X5$ 一元线性回归结果

解释变量	X1	X2	X3	X4	X5
参数估计值	28.4258	15.2390	-2.7256	5.6541	4.8729
t 值	10.8556	4.1664	-1.2478	6.6073	7.0998
R^2	0.8025	0.3744	0.0510	0.6009	0.6348

资料来源：笔者利用 Eviews 软件计算整理。

通过以上分析发现，变量 $X3$ 的 t 值较小，未通过显著性检验，$X3$ 与 Y 之间的线性关系不成立，说明 $X3$ 对 Y 的影响不显著。$X1$、$X2$、$X4$、$X5$ 的 t 值较大，按照 R^2 的大小依次进行排序为：$X1$、$X5$、$X2$、$X4$，即 $X1$ 对 Y 的影响最大。以 Y 与 $X1$ 之间的回归方程为基础，逐个加入其他变量进行验证，最终得到了 $X1$、$X2$、$X5$ 三个变量对应的回归方程拟合优度最高，回归结果如表 2 – 12 所示。

表 2 – 12   Y 与 X1、X2、X5 线性回归结果

变量	系数	标准差	t 值	Prob.
C	– 5. 262045	1. 664764	– 3. 160836	0. 0039
X1	21. 99019	2. 895279	7. 595191	0. 0000
X2	4. 581976	2. 585821	1. 771962	0. 0877
X5	1. 152797	0. 785379	1. 467824	0. 1537

资料来源：笔者利用 Eviews 软件计算整理。

得到回归方程：

$$Y = -5.2620 + 21.9901X1 + 4.5820X2 + 1.1527X5$$

$$t:(-3.1608)(7.5901)(1.7720)(1.4678)$$

$$R^2 = 0.8836, \bar{R}^2 = 0.8707, F = 68.3099$$

根据以上分析结果发现，X1 与 X2 的系数显著。

（三）实证结果分析

通过以上回归分析得出，金融普惠发展程度与金融业增加值/GDP、年龄结构、城镇化率存在相关关系，但是金融业增加值/GDP、年龄结构对应的系数显著，而城镇化率对应的系数不显著。

金融业增加值/GDP 对应的系数为正，说明金融业增加值占 GDP 的比重与普惠金融发展程度密切相关，而且金融业发展水平越高、对地区经济的贡献越大，该地区普惠金融发展程度也越高。

年龄结构对应的系数为正，说明年龄结构是影响普惠金融发展的因素之一。一方面，中青年群体作为重要的劳动力，拥有稳定的收入来源，对金融产品和服务需求较高；另一方面，中青年全体接受新事物、新信息的能力比较强，通过手机、电脑、自助设备可以获得全方位的金融服务。因此，中青年全体成为推动和促使金融普惠程度提高的重要力量。

虽然城镇化率对应的系数 t 值较低，但也可以在一定程度上反映出

城镇化对普惠金融发展带来的影响。其系数为正，说明城镇化率的提高对普惠金融的发展具有一定的促进作用。城镇化进程的不断加快，带动了广大农村居民金融服务的需求，扩展了金融服务的广度和深度，促进了普惠金融在农村地区的发展。

综合以上分析，金融业增加值/GDP、年龄结构和城镇化率是影响我国各地区普惠金融发展的主要因素。因此，在发展普惠金融的过程中，首先要扩大我国整体金融规模，在强调金融支持实体经济发展的基础上，扩展金融服务对各领域的覆盖面，使尽可能多的经济参与者最大限度地享受到金融服务带来的正向效用；其次，加强金融知识的教育和普及，使得在年龄结构出现偏差的制约条件下通过教育和知识传播的方式提高公众对金融服务的利用率，从而提高金融服务效率；最后，应当在保证产业结构在合意水平的基础上，加快我国城镇化建设，特别是加强与金融服务息息相关的基础设施建设，利用公共产品的外部性特征为广大经济参与者带来更大效用。

第三章
普惠金融的国际发展现状与比较分析

2013 年，世界银行国际金融公司（IFC）与世界银行扶贫协商小组（CGAP）共同发布了《2012 年普惠金融：加深全面了解》。该报告指出，全球约75％的贫困人口无法获得正规的金融服务，各国应建立普惠金融体系，开发低成本、多样化的金融产品，支持金融基础设施建设，并出台政策措施保护和支持普惠金融发展。截至目前，二十国集团（G20）已经成立了普惠金融专家组（Financial Inclusion Experts Group, FIEG），推动成立了全球普惠金融合作伙伴组织（Global Partnership of Financial Inclusion，GPFI），在世界范围内还成立了金融包容联盟（Alliance for Financial Inclusion，AFI）等专门性国际组织，组织研究普惠金融指标体系，评估各国普惠金融推进程度和金融服务覆盖范围。

在联合国和 G20 国家领导人的积极推动下，目前已有越来越多的国家将普惠金融作为本国金融服务的改革发展目标，并积极采取多种措施同步推进，力求消除贫困，提高国民生活水平。其中，孟加拉国、墨西哥、巴西、肯尼亚和秘鲁的普惠金融发展模式独特，成效明显，对我国全面推进普惠金融发展有重要的借鉴意义。

第一节　孟加拉国普惠金融发展

一、孟加拉国普惠金融总体情况

普惠金融实践的发源地在亚洲，主要通过小额信贷方式推行。亚洲经济发展落后的国家普遍有丰富的小额信贷实践经验和制度经验，亚洲小额信贷机构相比于拉丁美洲等地的小额信贷机构，具有更强烈的社会责任感，大多以增加社会福利、扶贫助困作为机构发展目标。在实践操作中，亚洲小额信贷项目多在人口集中的农村地区开展金融服务，一般局限于贷款服务。通常认为，小额信贷项目的发源地是孟加拉国。

孟加拉人民共和国是全球经济最不发达的国家之一。它位于南亚次大陆东北部，总面积 14.8 万平方公里，人口 1.5 亿人[1]，其中，农村人口占 67%[2]，是全球人口密度最大的国家之一。国民经济以农业生产为主，辅以工业原材料生产和初级工业产品生产，矿产资源有限，2014年人均 GDP 仅 1096.5 美元[3]。孟加拉国常年遭受台风、洪水、干旱、地震等自然灾害，政局动荡不安，生产力受到很大破坏。但是近年来，孟加拉国在小额信贷项目和市场经济制度的共同促进下，经济增长速度很快，从 2003 年至今，每年 GDP 增长率均保持在 6% 以上[4]。孟加拉国小额贷款项目主要由银行发放，国内民间小额信贷公司较少。近年来，孟加拉国随着银行信贷总量大幅上升，贫困人口比例逐年下降，国内贫困情况正在改善（见图 3-1）。

---

[1]　数据来源：中华人民共和国外交部网站（2014 年）。
[2]　数据来源：世界银行网站公开数据（2014 年）。
[3]　数据来源：世界银行网站公开数据（2014 年）。
[4]　数据来源：世界银行网站公开数据（2003—2014 年）。

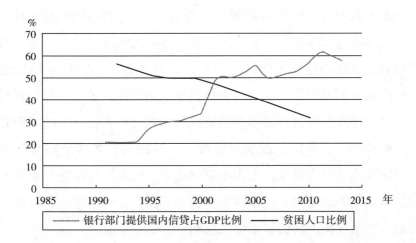

资料来源：笔者根据世界银行网站公开数据整理。

图 3－1　孟加拉国银行部门提供国内信贷占 GDP 比例和贫困人口比例

二、孟加拉国普惠金融发展特点

一是孟加拉国的普惠金融实践集中于小额信贷领域。20 世纪 70 年代，孟加拉国穆罕默德·尤努斯开创了小额信贷项目，为农村等贫困地区人群提供小额无抵押贷款，并创建了以贷款小组为核心的风险控制模式，贷款小组成员间承担连带保证责任，减少了贷款风险。1977 年，尤努斯创建了全球首家专门向贫困人群发放小额贷款的乡村银行——格莱珉银行（Grameen Bank）。该银行主要发放无抵押的小额贷款，项目运作良好，用实践证明了贫困者有能力负担小额信贷的利息，且还款信誉不低于有抵押的贷款者，打破了"无恒产者无恒誉"的传统银行经营理念。格莱珉银行以足量、小额、价格合理的信贷，为传统金融制度下无法得到贷款的社会最贫困阶层人群提供了起步发展的资本，改善了低收入人群的经济状况和生活水平。截至 2011 年 10 月，格莱珉银行共有 834.9 万名贷款客户，其中 97% 是女性，有 2565 个分支机构，为孟加拉国 8.1 万个村庄提供贷款服务，覆盖孟加拉国村庄数量的 97% 以上，还款率超过 95%。[①] 格莱珉银行凭借商业化的运作模式和良好的贷款管理方法，已经连续十年保持盈利，为世界各国小额信贷项目还款难、风险高、小额信贷机构难以自负盈亏等问题提供了成功经验和解决方案。目前，格莱珉银行的小额信贷项目模式是世界公认为最成功的信贷扶贫模式之一，帮助了孟加拉国数百万贫困人口尤其是妇女自主创业，促使贫困者自力更生，也为小额贷款业务融入银行传统业务做出了贡献。该银行的成功经验被墨西哥、巴西、秘鲁、中国等众多发展中国家复制，在全球范围内引起了巨大反响。

二是孟加拉国金融机构坚持公益性的普惠金融理念。孟加拉国小额贷款创始人尤努斯曾提出"贷款是一种人权"[②] 的普惠金融理念，反对金融排斥和金融歧视，力求通过发放无抵押小额贷款，实现孟加拉国金融公平。他认为，只要赋予穷人与富人相同的机会和权利，穷人就可以通过自己的努力摆脱贫困。这一促进社会公平的金融伦理思想也是孟加拉国最大的小额贷款公司——格莱珉银行的经营理念。其小额贷款项目在设立之初就相信贫困的贷款者不会恶意拖欠贷款。该银行在贷款人无法还款时，一般不采取法律强制措施，而是调查贷款人的真实经济情况，重新制定还款计划。近年来，全球小额信贷和微型金融机构普遍存在过度商业化、贷款利率高企等问题，而孟加拉国的小额信贷机构继续坚持服务贫穷人群，增进社会福利，不盲目追求企业高盈利，仅在企业盈利可以覆盖成本的基础上实行低于高利贷的贷款利率。

三是孟加拉国小额信贷项目逐渐发展为微型金融项目。20 世纪末，孟加拉国等发展中国家大力发展直接信贷项目，导致传统金融机构不能

---

① 数据来源：格莱珉银行网站公开数据。
② 穆罕默德·尤努斯：《穷人的银行家》，吴士宏译，上海，上海三联书店，2006。

根据风险回报有效配置资源，信贷项目可持续性不稳定。进入 21 世纪后，孟加拉国小额信贷机构的金融产品和服务开始多元化发展，逐步进入微型金融领域。随着孟加拉国小额信贷机构业务范围不断扩大，机构开始扩张并尝试市场化运作，转型为专门提供普惠金融服务的微型金融机构。资金渠道的扩大，提高了机构抵御风险的能力，在一定程度上保证了普惠金融项目在财务上实现可持续发展。例如，孟加拉国最具有代表性的小额信贷公司——格莱珉银行进入 21 世纪后开始发展存款、保险、支付、汇款等业务，转变为微型金融机构。

四是孟加拉国政府大力支持普惠金融机构发展。早在 20 世纪 80 年代，孟加拉国政府就将国内第一家也是最大的小额信贷机构格莱珉银行认定为合法的民间金融机构。1983 年，孟加拉国政府专门为格莱珉银行制定了《乡村银行法》，将格莱珉银行由试点项目定位为非吸收存款的金融机构，在法律上允许其发放贷款。随后又以 4%～5% 的低利率、总计超过 50 亿塔卡的金额向格莱珉银行提供资金，并提供免税的优惠政策等。

五是孟加拉国非政府组织和非营利组织也提供微型金融服务。非政府组织（Non - Governmental Organizations，NGO）通常不受政治和利益因素影响，从慈善角度出发，探索专为贫困人群服务的微型金融模式，一般有较高的运营效率。孟加拉国非政府组织提供金融服务的典型代表是孟加拉乡村促进委员会（Bangladesh Rural Advancement Committee，BRAC）和孟加拉社会进步协会（Association for Social Advancement，ASA）等。孟加拉乡村促进委员会于 1972 年成立，目前是孟加拉国最大的非政府组织，其目标是减少贫困和提高穷人权利。目前，BRAC 在孟加拉的金融服务覆盖了近 7 万个村庄的 1.1 亿人口，并且已注册成为国际性非政府组织，在斯里兰卡、坦桑尼亚、乌干达等地开展微型金融项目，具有很高的社会影响力。该组织将微型金融模式与教育、医疗、法律服务等公益项目相结合，不仅为贫困人群提供小额贷款，还鼓励贫困人群储蓄，为贫困地区儿童、妇女提供非正规教育，普及医疗卫生知识，进行妇女权益保护的法律咨询等。

三、孟加拉国小额信贷机构典型案例——格莱珉银行

孟加拉国格莱珉银行是全球最早从事小额信贷业务的正规金融机构之一，也是延续时间最长、社会影响最大的小额信贷机构，是各国发展普惠金融的范例。该银行及其创立者穆罕默德·尤努斯凭借对世界贫困人群做出的突出贡献，于 2006 年获得诺贝尔和平奖。

（一）格莱珉银行的发展历程

1976 年起，经济学家穆罕默德·尤努斯开始以个人名义向银行担保大额贷款，将款项分散发给贫困人群，贷款范围超过 100 个村庄。1977 年，尤努斯将这个非正规的信贷项目挂靠于孟加拉国有大型银行，创建了孟加拉农业银行格莱珉分行，正式发放小额贷款。该小额信贷项目有如下特点：将传统信贷的全额一次性还款制度转变为小额分期还款制度，初始时要求贷款人每日还款；每 5 名贷款人形成一个自我管理的贷款小组，每 40 名贷款人形成一个贷款中心，若不能按期还款，组内、中心内所有贷款者承担连带责任；贷款无需抵押物，主要面向妇女发放。1979 年，格莱珉的小额信贷项目得到了孟加拉中央银行的支持，项目扩展到了全国 25 个分行。1983 年，孟加拉国政府批准了《特别格莱珉银行法令》，格莱珉银行由小额信贷项目试点转变成为独立的专门为穷人服务的银行，成为全球第一家小额信贷银行，资金主要来源于私人捐赠。此时，格莱珉银行已经拥有了 36 万名贷款者。20 世纪 80 年代，格莱珉银行先后接受了国际农业发展基金、挪威政府、瑞典政府、加拿大政府和德国政府的低息贷款援助，总数额超过一亿美元。格莱珉银行以每年新增近 100 个分支机构的速度飞速扩张，并在 20 世纪 90 年

代初拥有超过 1000 家分支机构。

1991 年和 1992 年，孟加拉国政局动荡，又遭受飓风灾害袭击，国家面临严峻的经济困难。格莱珉银行主动调整经营策略，实行一些弹性政策，平稳走出困境，形成了第一代小额贷款运营模式。在贷款人群方面，贷款面向贫穷人群，尤其是妇女，而不是普通农民；重点资助生产者、创业者，尤其是可以产生收益家庭手工业或副业，而不是消费项目。在信用风险防控方面，无抵押品，无法律强制还款制度，由贷款小组共担风险；强制贷款人在组内存款，养成储蓄习惯，存款形成小组基金。在具体操作方面，贷款每日或每周分期偿还；贷款利率高于银行同期利率，低于高利贷利率；整个小组实行统一贷款上限；还清上一次贷款后，可申请更大规模的贷款等。1995 年，格莱珉银行由于经营运转情况良好，并且持续获得盈利，正式摆脱外来援助，开始了自收自支的经营方式。20 世纪末，格莱珉银行模式先后被马来西亚、中国，以及非洲、拉丁美洲的一些国家复制。

1998 年，孟加拉国发生特大洪涝灾害，全国三分之二的土地被淹没。贷款人由于遭受重大财产损失，拖欠小额贷款的现象严重，全国不良贷款率迅速上升。格莱珉银行针对原有小额贷款模式无法应对系统性风险的缺陷，改革原有信贷条款，创新金融产品，强化激励机制。2000 年，格莱珉银行形成了第二代小额信贷模式。在信用风险防控方面，要求贷款小组基金保留最低存款额，即形成贷款信用保险；根据借款人经营状况，制定灵活的还款期限和还款额度；贷款上限由小组统一上限转变为根据个人表现确定；每六个月检查贷款质量，进行早期风险预警。在创新方面，根据信贷需求的变化，允许发放大金额的贷款，比如房屋贷款等；允许贷款者持有银行股份、享受分红；推出贷款者保险制度，允许非贷款者储蓄，并推出养老金计划等储蓄金融产品，满足贫困客户的长期储蓄需求，扩充自身的资金来源，逐步进入微型金融领域。

（二）格莱珉银行的成功经验

小额贷款是孟加拉国传统银行业务不愿涉足的领域。一是小额贷款项目运作成本高昂。贫困人群可能将小额贷款投入多种经营项目，如手工编织、修理小家电、种植、加工食用油等。银行工作人员需要花费大量时间成本跟踪贷款项目，为可能低至十几美元的贷款项目做备案统计和还款调查。相比之下，大额有抵押的贷款项目运营成本低、收益高。二是放贷风险大。贫困人群缺少抵押品，银行放贷时无法覆盖贷款者不偿还贷款的风险，运营风险高。孟加拉格莱珉银行通过独特的风险控制措施和合理的利率水平，成功控制了贷款项目风险和银行经营成本，使小额贷款项目可持续发展。

首先，风险防控措施独特和有效。在还款风险方面，格莱珉银行实行了动态激励贷款机制。格莱珉银行小额贷款项目目标客户群与传统银行贷款完全相反，只贷款给极度贫困的人群，要求贷款者在申请贷款时证明其财产不能达到传统银行贷款的最低担保额度，但要在贷款后加入由5名贷款人组成的贷款小组和40名贷款人组成的贷款中心。每个小组成员都对其他成员的还款情况负责，如果所有成员按时还款，则都可以持续不断获得贷款；如果有一人违约，则全组成员都不可以再次贷款。这种小组内互相监督、承担连带责任的方式，促使贷款者认真挑选其他小组成员并自觉还款。利用微型金融人缘熟悉的优势，有效防范了道德风险，还将银行监督审查项目质量的成本转移到了贷款者的身上，有效降低了银行运营成本。在创新风险管理制度方面，格莱珉银行强制所有贷款者在贷款中心存款，在中心成员不能按时还款时，以存款基金偿还贷款，在一定程度上形成了存款保险制度。并且，格莱珉银行严控贷款数额，一般每笔贷款不超过130美元，将坏账风险分散化。

其次，利率标准由市场决定，稳定在高于银行贷款利率、低于高利贷利率的范围内。格莱珉银行坚持小额贷款市场化运作，由市场决定合理的贷款利率价格，在盈利能够覆盖运营成本、呆账损失的基础上，不人为设定极高利率，坚持为穷人服务、增进社会福利的设立初衷。贫困人群由于没有抵押物，没有机会从传统商业银行或其他正规金融机构获得贷款，在小额信贷出现之前，高利贷是贫困人群唯一的借款方式。这些贷款者更关心获得贷款的难易程度、还款方式、贷款使用范围，对贷款利率的要求反而不高，只要低于高利贷利率就可以被接受。格莱珉银行利率虽然高于银行贷款利率，会加大贷款人成本，但是无需财产抵押和信用保证，减少了贷款人的间接成本，还保证了非贫困人群不会来挤占小额贷款市场。同时，格莱珉银行小额贷款业务员工作负担重，格莱珉银行可以用高利息收入支付高工资，培养更高素质的工作人员，还可以将收益集中于开发新的更合理的普惠金融产品。

第二节　墨西哥普惠金融发展

一、墨西哥普惠金融总体情况

墨西哥合众国位于北美洲南部，国土面积 196 万平方公里，是拉丁美洲第三大国，是拉丁美洲重要经济体和世界重要的矿业生产国，银、铜、石墨、油气资源储量居世界前列。2014 年，墨西哥总人口 1.2 亿人，GDP 增长率为 2.1%。[①] 拉丁美洲是全球贫富差距最大的地区，近年来，拉美贫困人口比例大幅下降。但墨西哥受到经济危机影响，家庭收入减少，农产品、能源、服务价格上涨，导致贫困人口数量不断上升，2012 年成为拉美地区贫困人口增长最多的国家。拉美和加勒比经济委员会数据显示，截至 2012 年底，拉丁美洲贫困人口总数 1.67 亿

---

① 数据来源：世界银行网站公开数据（2014 年）。

人，其中墨西哥贫困人口占三分之一。[①] 目前，墨西哥正在制定公共政策以解决国内严峻的贫穷和饥饿问题，并且已经开始加速推进普惠金融发展。通过加大金融服务覆盖范围，为墨西哥边远、贫穷地区的人民提供信贷服务，鼓励其自主创收，提高生活水平。

表 3 - 1   墨西哥贫困人口情况

	2008 年	2010 年	2012 年
贫困人口数量（万人）	4880	5200	5330
占当年总人口比例（%）	44.5	46.2	45.5
赤贫人口数量（万人）	1170	1330	1150

资料来源：笔者根据中国驻墨西哥大使馆经济商务参赞处网站公开数据整理。

目前，墨西哥在金融深度、金融宽度等金融服务能力上与发达国家和其他发展中国家仍存在很大差距。私营部门的国内信贷占 GDP 的比例可作为金融深度的测量指标，据世界银行统计，2014 年墨西哥私营部门的国内信贷总量仅占墨西哥 GDP 的 31.4%[②]，在拉美九个最大经济体（阿根廷、巴西、智利、哥伦比亚、墨西哥、秘鲁、巴拉圭、乌拉圭和委内瑞拉）中排名第六位；在正规金融机构拥有账户人数占总人数比例可作为金融宽度的测量指标，全球普惠金融数据库发布的最新数据显示，2011 年墨西哥这一数据在拉美九个最大经济体中排名第六位。这两个指标显示，墨西哥金融体系服务能力不强。并且，在 2008 年至 2013 年间，墨西哥只有 10% 的中小企业申请到了银行长期贷款，中小型企业的首选融资方式仍是向供应商、金融中介机构和亲友借款。[③] 据墨西哥中央银行统计，超过一半的企业认为银行贷款可获得性低，阻碍了企业的商业经营。普惠金融的核心内容是可获得性，可以看

---

① 数据来源：墨西哥《金融家报》2012 年 11 月 28 日。
② 数据来源：世界银行网站公开数据（2014 年）。
③ 数据来源：墨西哥国力调查局公开数据（2013 年）。

出，目前墨西哥银行体系渗透率低，金融体系并未发挥普惠的作用。墨西哥金融服务仍需拓展其深度和广度，普惠金融潜在市场广阔。

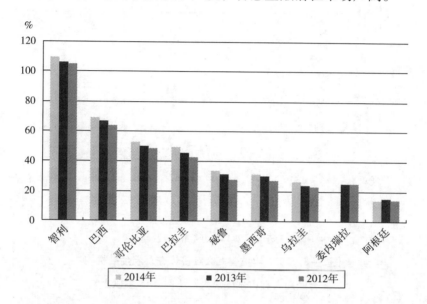

资料来源：笔者根据世界银行网站公开数据整理。

图3－2　拉美九大经济体私营部门国内信贷总量占本国 GDP 的比例

早在 20 世纪 90 年代，墨西哥政府就积极探索普惠金融的实践方式。但 2005 年后，墨西哥普惠金融才在政府的主导下呈现迅猛的发展态势。墨西哥政府由于国内银行类金融机构无法满足低收入人群对金融服务的需求，陆续制定了多项公共政策，并采用了多种创新方式，大力发展普惠金融。德国技术合作公司（GIZ）曾评估了来自 10 个国家的共 35 种普惠金融政策措施，认为代理银行、移动支付、金融服务主体多样化、国有银行改革、消费者保护和金融身份证明 6 类方案最有效，而墨西哥政府已经从这 6 类方式着手，多举措并行，推动国内普惠金融实践。

在选择普惠金融的服务对象方面，在 2014 年的包容性金融国际论

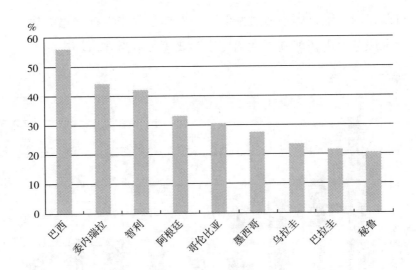

资料来源：笔者根据全球普惠金融数据库公开数据整理。

图 3 – 3   2011 年拉美九大经济体在正规金融机构

拥有账户人数占本国总人数比例（15 岁以上）

坛上，国际货币基金组织总裁拉加德曾指出，墨西哥妇女被排除在金融服务之外的情况日益严重。墨西哥中央银行行长卡斯滕斯认为包容性金融是社会公正问题，是要使被市场经济遗弃的群体享受到金融服务。现在，墨西哥的金融机构尤其是小额信贷机构在政府的大力支持下，正在扩大金融服务范围，力争以无抵押小额贷款服务贫困人口，尤其是服务贫困妇女。墨西哥的一些小额信贷机构目前已经实现财政上收支平衡，并依靠特有的风险控制方式，保证了贷款资产质量和贷款者信用，使普惠金融在墨西哥可以稳定和快速可持续发展。

二、墨西哥推进普惠金融发展的措施

首先，加强了顶层设计，将普惠金融纳入政府计划。2005 年以来，墨西哥政府积极推进政策和法律法规改革。在墨西哥中央银行、墨西哥国家财政和公共信贷部以及证券委员会的配合下，墨西哥政府制定了《2007—2012 年国家发展规划》和《2008—2012 年国家发展融资计划》，从国家金融体系发展的层面，进一步推进银行体系改革，要求银行率先为民众提供多元化的金融服务，并设立了在 2020 年前实现普惠金融的国家目标。2007 年，墨西哥中央银行与证券委员会将建立"健全的普惠银行体系"纳入职能范围，制定并实施了一系列相关措施，例如，通过电子支付来发放社会福利、免费开设移动支付存款账户和办理公司业务等。并且，直接推动了银行法律法规改革，允许非金融机构（如银行代理商等）在农村地区提供金融服务，允许专业型银行实行差别监管，根据目标服务人群的不同，提供多样化服务。还将小型信贷机构纳入正规吸收存款机构管理，保证风险可控，扶持小型金融机构发展。

其次，加强了金融监管，保护消费者权益。在金融风险监管方面，墨西哥实行严格的资本充足率监管，并在《墨西哥银行法》中加入快速修正体系，使银行和监管者可以在银行资本低于最低法定资本时迅速采取应对措施。墨西哥还设立了两个信用注册机构，收集和整理个人、企业的信用状况，帮助金融机构防范和监控风险。在规范市场纪律、加强信息披露方面，墨西哥政府对金融机构金融服务信息的披露格式、披露标准和价格政策提出了明确要求，促使金融市场、金融机构提高透明度，为消费者提供准确、全面的金融产品设计与销售过程，使消费者更理性地评估金融市场和金融产品。例如，要求银行公布每年信贷总成本，方便消费者比较各种金融产品的实际费用。在消费者保护方面，墨西哥对银行存款实行明确的存款保险制度，还设立了国家保护金融服务用户委员会，对各类金融机构和金融服务进行严格的监督和管理。同时，广泛普及金融知识，打造金融教育强国，使贫困地区人民了解并主动接触金融服务，提高其生活水平。墨西哥政府还成立了金融教育委员会，制定国家金融教育战略规划，每年举办"国家金融知识教育周"，并从小学金融教育抓起，由专职教师向小学生普及基本的金融知识。

最后，加强了金融产品和服务创新，提高金融服务便利性。墨西哥通过提升金融基础设施水平来加强金融服务的便利程度，在 2000 年到 2011 年间，墨西哥的银行分支机构数量增长超过 60%，POS 机数量增长四倍，ATM 数量增长一倍。[①] 墨西哥还发展了代理银行业务。墨西哥银行分支机构数量不足，边际成本高，所以将各大城市的便利商店（如沃尔玛、7—11 等）、药房、邮局、手机缴费店和彩票销售点设置为银行代理网点，代替银行分支机构进行存贷业务，成为银行分支机构的补充。目前，墨西哥近一半的代理银行网点设置于便利商店。在互联网金融方面，墨西哥中央银行建立了银行间电子支付系统，获得授权的金融机构之间可以进行任意数额的电子支付。

三、墨西哥小额信贷机构典型案例——康帕图银行

普惠金融使金融服务人人可得、机会平等，是小额信贷和微型金融的衍生和发展。小额贷款起始于 20 世纪 70 年代，主要面向贫困地区、农村地区或边远地区，在发展中国家成长迅速，目前是发展中国家扶贫的重要渠道。但是，小额信贷业务往往存在严重的信息不对称、贷款人财产状况不佳、难以查找信用记录、缺少抵押物和稳定收入、难以评估家庭资产、贷款人群体高度分散等问题，导致传统金融机构不愿进入普惠金融这一潜在市场，不愿服务低收入人群，小额贷款业务发展只能依靠私营小额信贷机构。在墨西哥，政府不直接开办小额信贷机构或开展小额信贷业务，国内小额信贷业务完全由私营部门经营。近几年，墨西哥私营小额信贷机构发展迅速，成为墨西哥普惠金融发展的亮点，目前

---

① 数据来源：中国驻墨西哥大使馆经济商务参赞处网站。

数量已经超过 1000 家，市场竞争激烈。墨西哥政府通过基金和信托机构为私营小额信贷机构注资，鼓励其以商业化形式运作并盈利，从而得到可持续发展。

墨西哥最大的小额贷款机构是康帕图银行（Compartamos Banco，也称为"让我们分享银行"），它在推动墨西哥普惠金融发展进程中发挥了重要作用，现已成功完成小额贷款公司到商业银行的转型并上市融资。康帕图银行是小额贷款公司成功商业化的典型范例，其商业化过程可以为包括我国在内的发展中国家普惠金融实践提供参考和借鉴。

（一）康帕图银行的转型过程

康帕图银行的前身是 1982 年成立的一个青年组织。该组织致力于通过社会行动和卫生、食品计划改善墨西哥贫困地区的生活质量。1990年，该组织试点乡村银行模式，为贫困地区的微型企业和家庭提供资金，帮助贫困人民自主创业，获得收益。随着乡村银行项目不断扩大，该机构的盈利能力逐步提高。1997 年，该机构从青年组织中分离，成为独立的非政府组织性质的小额信贷公司。非政府组织性质的小额贷款公司以扶贫为宗旨和目标，可以便利地接受国内外机构的捐赠，但在融资、业务拓展、盈利能力、服务客户能力方面受到墨西哥法律法规的多方面限制，尤其是不允许吸收公众存款，其经常出现资金短缺。并且，盲目推行低利率，存在较高的道德风险和逆向选择风险。2000 年，康帕图转型为受管制的金融机构。转型后，康帕图可以获得商业银行等商业资本融资，总共取得了来自世界银行国际金融公司（IFC）、安信永小额贷款公司（ACCION）、墨西哥私人投资者的共 600 万美元的股权投资，还获得自由发放农业贷款和其他抵押贷款的资格。转型为金融机构后，康帕图的盈利能力和客户覆盖面大幅提高，2002 年发行了第一只债券，获得 2000 万美元的融资，随后又在主板市场陆续融资 7000 万美元。[①] 其小额信贷业务也迅速扩张，2005 年客户数已达到 45 万户。但康帕图作为受管制的金融机构，不能吸收存款或提供除贷款以外的金融产品。为扩展资金来源渠道，满足客户日益增长的金融产品创新的需求，2006 年，康帕图又申请银行牌照，经墨西哥财政部批准，正式成为商业银行，获得吸收存款、经营保险等金融服务资格。2007 年，康帕图银行成功上市。

经过两次成功转型，康帕图由传统的乡村扶贫项目转变为真正的商业银行，并成长为墨西哥最大的微型金融银行，也是世界上盈利能力最强的小额贷款银行之一。自 2000 年以来，康帕图银行贷款余额年增长率超过 50%，还款率超过 90%。客户数也由 2000 年的 6 万户增长到 2012 年的 258 万户，已为墨西哥约一半家庭提供金融服务。[②] 康帕图银行资金来源也更加合理和多样化，约四成来源于股本和投资人，四成来源于债券，其他部分来源于国内开发银行、普通商业银行和社会存款等。

（二）康帕图银行的运作模式

在细分市场方面，康帕图银行主要为个人尤其是妇女提供小额无担保贷款，客户中超过九成为妇女。康帕图银行认为，妇女流动性差，贷款大多用于家庭生产投资，并且自尊心强，有强烈的还款意愿。在控制小额贷款风险方面，康帕图银行学习孟加拉格莱珉银行的风险控制模式，要求贷款人结为贷款小组，采取风险共担的激励机制，小组内如有成员未能还款，其他成员也将失去贷款机会。这种内化的监督方式大大减少了银行审查和评估信用的工作时间，降低了运营成本，提高了运营效率。还款则采取整贷零还的方式，促使银行紧密追踪贷款，确保贷款人收入来源稳定，约束贷款人日常开支，降低业务风险。康帕图银行凭

---

① 数据来源：康帕图银行网站。
② 数据来源：康帕图银行网站。

借良好的经营方式和多元化的产品服务，得到了墨西哥政府的大力支持和大量信用融资，迅速成为墨西哥市场份额最大的小额信贷机构。

　　但是，康帕图银行的商业模式也引起了社会公众和学术界的广泛争议。康帕图银行储蓄业务占资金来源比例不足5%，将上市作为筹措资金的最重要途径。2007年4月，康帕图银行在美国和墨西哥分别上市，成为全球第一家上市的小额信贷机构和微型金融银行，上市筹资目标约4亿美元，获得了13倍的超额认购回报。康帕图银行为了迎合投资者的资金回报需求，向贷款客户收取超过80%的高利率，引起了社会公众对小额信贷机构经营宗旨的激烈争论。以孟加拉格莱珉银行创始人、诺贝尔和平奖得主尤努斯教授为代表的一些学者认为，小额信贷机构应以增进社会福利、改善民生为目标，贷款利率定价覆盖成本即可，财务自负盈亏，以低利率、低盈利实现机构可持续发展。而康帕图银行严重背离了普惠金融实践的社会目标和扶贫助困的设立初衷，转变为单纯追求盈利的商业机构。也有一些学者认为，随着金融市场深化，小额信贷机构发展不应再依靠政府补贴和私人捐助，其扶贫的方式难以支持小额信贷机构的长久和可持续发展。小额信贷机构应当遵循自主定价的商业原则，自行决定利率水平以覆盖风险，即实现贷款利率市场化，促进资本积累和经济增长。康帕图银行正是由于追求利润最大化，大幅削减运营成本，有效使用动态激励机制，从而占领市场。在小额信贷市场发展初期，应当通过较高的利率和收益回报率，吸引大量的投资者和机构加入市场竞争，在竞争中逐渐降低利率，达到供需平衡。

第三节　巴西普惠金融发展

一、巴西普惠金融总体情况

巴西联邦共和国是世界第六大经济体，是南美洲国土面积和国内生产总值最大的国家。巴西国土面积 854.7 万平方公里，人口超过 2 亿人，是"金砖国家"之一，也是世界上最重要的发展中国家之一。[①]

巴西的金融服务能力可以用该国的金融宽度和金融深度来衡量。以私营部门国内信贷占 GDP 的百分比衡量金融深度（见图 3 - 2），以 15 岁以上在正规金融机构拥有账户人数占 15 岁以上总人数的百分比衡量金融宽度（见图 3 - 3），可以看出，巴西金融服务能力在拉丁美洲九个最大的经济体中位列第一。从每 10 万成年人拥有的商业银行分支机构数量（见图 3 - 4）来看，2011 年巴西每 10 万成年人有超过 47 个银行分支机构提供金融服务，该数值在世界所有国家和地区中占第 14 位，在拉丁美洲九个最大的经济体中仅次于秘鲁。[②] 由此可见，目前，巴西金融体系服务能力和金融可获得性在拉丁美洲居于绝对领先的地位。

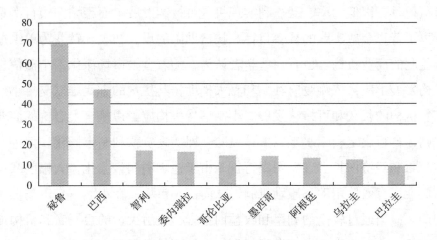

资料来源：笔者根据世界银行网站公开数据整理。

图 3 - 4　拉丁美洲主要国家商业银行分支机构数量（每 10 万成年人）

---

① 数据来源：世界银行网站公开数据（2014 年）。
② 数据来源：世界银行全球普惠金融数据库公开数据（2012 年）。

20 世纪 70 年代至 90 年代，巴西主要依靠国有银行及其分支机构为国民提供金融服务。国有银行资金充裕，但对农村和低收入群体服务不足。加之巴西人口分布极不均衡，东南部沿海地区人口稠密，全国共 26 个州，其中 4 个位于巴西高原的行政州聚集了全国 44% 的人口，而其他亚马孙平原地区行政州则是世界人口密度最小的区域之一，每平方千米人口数量不足一人。[①] 巴西的地理位置、人口分布使巴西国有银行在边远地区设立银行分支机构非常困难，并且边际成本高昂。20 世纪末期，巴西边远、贫困或农村地区金融服务存在大量空白。因此，巴西从金融创新、与其他国家加强合作、大量发放小额信贷等多个方面同步推进普惠金融。

二、巴西推进普惠金融发展的措施

首先，巴西注重利用金融创新，扩大金融覆盖人群，其中最著名的创新举措是创建了代理银行业务模式。20 世纪 70 年代，巴西首创代理银行业务模式。巴西中央银行将其定义为在银行无法设立分支机构的地区为客户提供金融服务的渠道和手段，可以令银行和非银行机构在金融领域达成合作，以扩大金融服务范围。代理银行模式的内容是银行与非银行机构（如药店、零售店、邮局、彩票销售点等）签署协议，将非银行机构发展为银行代理机构，通过分解和外包银行功能，在非银行机构的商业网点为客户进行基础的金融服务，如开立和管理金融账户、调查贷款人信用等。代理银行模式可以以最小成本令大范围人群享受到金融服务，秘鲁银行保险基金监管局研究数据显示，建立 40 家代理银行所需的成本仅相当于建立 1 家银行金融机构的成本。但巴西的代理银行模式在 1999 年巴西政府出台新法规扩大其营业范围后，才进入快速发

---

① 数据来源：中国驻巴西大使馆经济商务参赞处网站。

展阶段。巴西政府同时出台了一系列政策措施，降低代理银行运营成本，鼓励代理银行在更大范围内提供更多元化的服务。进入 21 世纪后，巴西代理银行迅速扩张，2002 年就完成了在巴西共 5560 个城市中每个城市至少设立一个金融服务网点的突破。截至 2010 年，巴西共有约 15 万家代理银行机构，占巴西全部金融机构网点的 62%。① 巴西代理银行模式经过十余年的实践和发展，在提高金融覆盖率、服务低收入人群方面取得了显著成效。拉丁美洲其他国家如墨西哥、秘鲁、哥伦比亚等也开始借鉴巴西的经验，建设代理银行。除创建代理银行模式外，巴西的普惠金融实践还有其他创新举措。例如，推出了一种农业远期融资债券——农业信贷票据（Cedula de Produto Rural，CPR），吸引大量私有资金流入农业融资市场，促使农民和农业企业通过发行债券，提前获得资金，规避农业融资季节性借贷压力，便于企业进行大规模农业生产。

其次，巴西政府引导国内各个部门参与普惠金融发展，并积极与其他国家展开合作。发展普惠金融需要中央银行、金融机构、金融消费者等多个利益相关者共同参与。巴西政府在普惠金融的发展中起到了引导和辅助作用，将推进普惠金融发展纳入国家职能范围，尊重金融市场的发展规律，鼓励并协调各部门间的合作。巴西作为二十国集团（G20）的成员国，积极发起并参与二十国集团成立的普惠金融专家组（Financial Inclusion Experts Group，FIEG）的讨论，还与金融包容联盟（Alliance Financial for Inclusion，AFI）和世界银行扶贫协商小组（Consultative Group to Assist the Poor，CGAP）开展合作，共享信息，研究和实践推行普惠金融的新方法、新观点。2011 年，巴西政府还强制要求商业银行拿出 2% 的银行存款，向小微企业、创业者提供无抵押的小额贷款，贷款年利率为 8%，远低于巴西在 2011 年 43.9% 的市场商业贷款

---

① 数据来源：中国驻巴西大使馆经济商务参赞处网站。

利率，为巴西340万个小型企业和个人提供了生产和投资的周转资金。[①]
巴西中央银行也将发展普惠金融作为战略目标和建立完善、高效金融体
系的重要方式，通过举办普惠金融论坛，引导普惠金融各参与方展开讨
论，共同制定国家普惠金融发展计划，还定期发布普惠金融报告。巴西
中央银行也与巴西财政部、社会发展部在普惠金融制度建设等方面开展
了广泛合作。

　　最后，商业银行秉承"平民银行"的理念，发放低息小额信贷，
帮扶小微企业和创业者。大量发放低息小额信贷是推行普惠金融的核心
渠道，也是弱势群体最急需的金融服务形式，巴西在普惠金融实践中主
要依靠商业银行发放小额信贷。全球商业银行发放小额信贷的方式可以
分为内部业务单元模式和子公司模式，巴西商业银行一般选择前者，即
在商业银行内设立一个专门的微型金融业务部门，用来发放消费信贷等
普惠金融产品，部门接受银行统一管理。近十年来，巴西有越来越多的
商业银行以"平民银行"为发展理念，参与普惠金融建设，为大型银
行分支机构少的城镇居民提供金融服务。一般以社区为单位，为中低收
入的居民和小微企业提供小额现金交易、代收账款、小额贷款发放、刷
卡消费等服务，手续费标准为一般银行标准的一半。既扩大了银行的普
惠金融业务范围，也带动了巴西消费贷款市场繁荣。例如，巴西最大的
平民商业银行——巴西东北银行为贫困地区的企业和个人提供金额低至
几十雷亚尔（1雷亚尔约合0.35美元）的生产性小额贷款，帮助贫困
地区人民创业和再就业。2009年，巴西东北银行与巴西里约热内卢市
政府合作推出国内最大的生产性小额贷款项目，以最低2%的贷款利率
和最长36个月的贷款期限，向信贷市场通常不能覆盖的极低收入者提
供100—10000雷亚尔的贷款，要求贷款用于购买生产资料等，惠及国

---

　　① 数据来源：世界银行网站公开数据（2012年）。

内数百万贫困人口。①

　　巴西普惠金融经过十余年的快速发展，有效降低了巴西贫困人口比例，减少了贫民窟现象，缓解了巨大的城乡差距和贫富差距。巴西贫困人口比例已经从2001年的24.7%降到了2013年的8.9%（见图3－5），基尼系数也呈现下降趋势。总的来说，普惠金融为巴西经济和社会平稳发展坚定了坚实的基础。

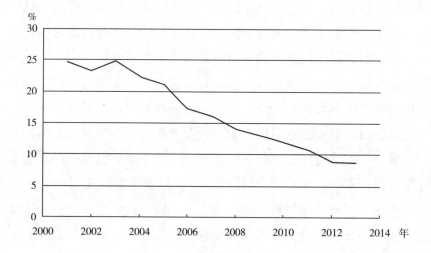

资料来源：笔者根据世界银行网站公开数据整理。

图3－5　巴西贫困人口占总人口比例（以国家贫困线衡量）

三、巴西代理银行模式典型案例——巴西联邦储蓄银行

　　巴西创建了银行业务代理商模式，商业银行通过与代理商签订合约，推进无网点银行业务，利用零售商店、加油站、邮政网点等零售代理点，为缺少传统银行网点的边远、贫困地区居民提供存款、取款、电子资金转账、信息传输等金融服务。这是一种新型普惠金融模式，是目

────────────

①　数据来源：巴西东北银行网站。

前世界各国提升金融可获得性的典型做法之一，能够在控制银行运营成本的基础上，迅速提高银行的金融服务覆盖范围。进入 21 世纪后，该模式在巴西得到快速发展，为其他发展中国家推行普惠金融提供了重要借鉴。相比于传统普惠金融方式，代理银行制度最大的优势是节省了银行的扩张成本，发展一个代理商所需的成本仅是新建一个银行机构网点成本的 0.5%。代理银行制度可以减轻银行的财政负担，使银行将资源、资金集中于发展核心业务或创新金融产品，是银行以最低成本推广金融服务、拓展客户范围的渠道。此外，代理银行机构网点密集，服务速度快，节约了边远地区客户去银行分支机构办理业务的时间成本。

巴西联邦储蓄银行（Caixa Económica Federal）成立于 1861 年，是巴西第二大银行和巴西第三大国有企业，2013 年品牌价值 64 亿美元，吸收储蓄数额全国第一。[①] 巴西联邦储蓄银行代理商超过 15000 万家，主要以彩票销售网点为代理点，利用拨号或高速连接的 POS 机、条形码扫描仪、电脑、ATM 等设备来管理代理点的业务。该银行网点业务遍布巴西 5500 多个行政区，现已做到每个客户与最近的银行网点或代理商距离不超过 3 公里，是巴西代理银行制度的范例。

在金融产品和服务创新方面，巴西联邦储蓄银行创设了一种简化的货币账户——CaixaAqui，客户只凭身份证、纳税档案号、居住证明即可在该银行任一网点或代理商处开设这种账户，无需像开设其他类型账户一样经历繁琐的审批手续。开设账户后，客户可以在代理商处将货币转换为账户中的虚拟数值，或进行提现、转账等。

在风险监管方面，商业银行在选择代理商时要求严格，在代理协议中即列明代理商的服务种类、收费标准、客户信息保密要求、交易记录保存标准和现金持有限额，确保代理商提供金融服务时操作规范，为客

---

① 资料来源：中国商务部网站。

户提供安全、可靠的金融服务。具体措施有：由于代理商通常每日现金流入大于现金流出，单日可能有高达 20000 美元的现金流入余额，银行为确保现金安全，要求代理商不得接受 3000 美元以上的现金付款；当代理商的现金流入达到一定限度时，必须立即到银行分支机构办理结算手续，或通过发放政府福利、支付工资等方式平衡其现金余额；银行还建立了远程交易监控系统，对代理商的服务和交易过程进行严格审查，并提供消费者投诉热线电话，提高代理商服务质量。

在国家监管环境方面，巴西政府对代理银行模式的监管措施比较宽松，银行和代理商在交易中拥有较大的灵活性。比如，巴西对代理商不设置市场准入标准；授权中央银行抽查商业银行选择代理商的工作流程；不需要代理商适时进行交易结算，可在 48 小时之内进行；一家代理商可以为多家银行进行代理服务等。但巴西政府要求商业银行对其代理商的行为负全部责任，增加商业银行监督代理商的自觉性，降低代理业务的风险。

第四节　肯尼亚普惠金融发展

一、肯尼亚普惠金融总体情况

肯尼亚共和国位于非洲东部高原，跨越赤道，国土面积 56.9 万平方公里，总人口 4555 万人，是世界银行评定的低收入国家①。肯尼亚的经济结构以农业为主，咖啡、茶叶、花卉、蔬果等农产品出口和旅游业是收入的重要来源；工业相对较发达，简单工业用品可以自给自足；公路、铁路、港口、水电设施等基础设施落后。肯尼亚结构性矛盾突出，失业问题严重，社会贫困差距大，2013 年人均 GDP 仅 1246 美元，估计

---

① 数据来源：世界银行网站公开数据（2014 年）。

失业率和贫困人口比例均超过40%。① 但是，肯尼亚的经济基础和发展速度在非洲中东部十几个国家中仍处于领先地位，被誉为"东非经济的火车头"。世界银行发布的《2015 全球经济展望》认为，非洲经济虽然面临埃博拉疫情新一轮扩散、暴力冲突、商品价格下跌等不利因素影响，但2015 年和2016 年经济增长前景良好，预计2015 年非洲经济增长率为4.6%，2016 年可达5%，均高于2014 年4.5%的增长水平。其中，肯尼亚经济增长率预计可达到非洲领先水平，2015 年经济增长率有望达到6%，2016 年将继续提高，进入快速发展阶段。②

　　肯尼亚的贫困人口比例约四成；普惠金融发展需求强烈，目前其普惠金融最重要的特色是手机银行的快速发展。肯尼亚受经济发展水平的限制，金融市场、金融机构发达程度均与发达国家存在较大差距。2014 年肯尼亚中央银行金融行业调查数据显示，仅有77%的肯尼亚人口位于金融服务的5 公里覆盖范围内，每10 万人仅拥有162 个金融站点，贫困和偏远成为肯尼亚扩大金融覆盖范围的最大阻碍。③ 由于肯尼亚缺少信息传播技术基础设施，加之宽带使用费用昂贵，众多肯尼亚人民选择通过手机等移动终端访问互联网，互联网公司和手机银行有广阔的发展空间。目前，肯尼亚手机普及率远远高于银行账户普及率，肯尼亚先进的移动金融支付体系弥补了全国基础设施建设落后、金融机构物理网点不足、边远地区人民无法享受银行服务的不足。未来，手机银行和移动支付可能取代银行卡和信用卡，成为非洲最普及的付款方式。

　　手机银行是高风险的金融创新技术，肯尼亚移动金融支付体系的迅速发展得益于金融监管部门允许统一开发手机银行，并授权肯尼亚最大通信运营商 Safaricom 公司于 2007 年推出手机银行系统 M - Pesa。目前，

---

　　① 数据来源：中国驻肯尼亚大使馆经济商务参赞处网站。
　　② 数据来源：世界银行《2015 全球经济展望》。
　　③ 数据来源：中国驻肯尼亚大使馆经济商务参赞处网站。

M – Pesa 已经成为肯尼亚最大的手机转账和支付平台。在肯尼亚的边远、贫穷地区，M – Pesa 用户可以用移动电话将货币保存在虚拟的储存账户中，从账户中进行存取货币业务，也可以通过账户将货币发送给其他移动电话用户。电信运营商将客户储存在虚拟账户的资金汇集到统一的账户，委托商业银行来集中管理。现在，肯尼亚主要移动金融服务平台还包括非洲商业银行与 Safaricom 公司联合推出的可转账和存贷款的 M – Shwari 平台、肯尼亚公平银行向其客户提供的手机银行服务等。移动支付是新的金融监管领域，要求银行业、通信业、电子支付系统等不同行业和部门共同合作，这也对肯尼亚金融业未来的监管水平提出了更高要求。

二、肯尼亚普惠金融发展特点

首先，肯尼亚银行业发展迅速，但是在小额贷款领域贡献不足。2013 年，肯尼亚银行业税前利润总额 14.5 亿美元，同比增长了 15.4%，肯尼亚公平银行和肯尼亚商业银行资产回报率分别为 6.84% 和 5.14%，居非洲银行业资产回报率的第一位和第三位。[①] 肯尼亚银行业的快速发展带动了金融服务的普及，2011 年肯尼亚 15 岁以上成年人中有 42.3% 拥有正规银行账户，每 10 万人有 5.5 个银行分支机构提供服务，在非洲国家和地区中位居前列。[②] 但目前，肯尼亚发放小额信贷的主体不是商业银行，而是信用合作社和非政府组织，银行对普惠金融实践的贡献力度不足，直到最近肯尼亚才有肯尼亚公平银行等几家大型商业银行进入小额信贷领域。近几年，肯尼亚在环境保护和经济发展方面取得了一些成就，预计未来几年，肯尼亚将成为世界小额信贷的焦点

---

① 数据来源：安永公司《全球消费者银行业调查报告》。
② 数据来源：世界银行全球普惠金融数据库公开数据（2012 年）。

地区，将有大量小额信贷资金进入肯尼亚，届时肯尼亚可能涌现出更多的商业银行和小额信贷机构共同竞争普惠金融市场。

其次，肯尼亚手机银行业务正在改变肯尼亚金融业。肯尼亚以非传统方式获得金融服务的能力位于世界先进水平。2013 年，全球手机金融平均人口覆盖率仅为 2%，非洲为 6%。[①] 但早在 2011 年，肯尼亚 15 岁以上成年人中就有 66.7% 通过手机收款，有 60.5% 通过手机发款给他人。[②] 截至 2013 年底，肯尼亚手机银行共有用户 3120 万人，2013 年肯尼亚交通和通信业也成为全国 GDP 增长速度最快的行业，全年通过手机支付的总金额达到 106 亿美元。目前，肯尼亚手机金融服务平台包括 M - Pesa、M - Shwari、Airtel Money 等，其中 M - Pesa 平台的市场份额最大，用户为 1820 万人，占肯尼亚手机金融用户总数的六成。[③] 此外，肯尼亚手机银行运营情况和资产质量优于商业银行。非洲商业银行的报告显示，肯尼亚手机银行贷款坏账率远远低于商业银行发放的贷款。以手机银行平台 M - Shwari 为例，截至 2013 年底，非洲商业银行通过M - Shwari 发放的贷款约 9176 万美元，坏账率仅为 1.7%；而 2013 年肯尼亚全国商业贷款约 333 亿美元，坏账率高达 30.9%。[④]

最后，肯尼亚政府注重普惠金融顶层设计和法律制度建设。与非洲其他大部分国家和地区相比，肯尼亚拥有较成熟和正规的金融体系，并且重视制定法律法规，保障贫困人群的利益，力求实现金融公平。肯尼亚政府于 2009 年颁布了《2030 年远景规划》，正式提出要发展普惠金融，为贫困人口、低收入家庭和中小微企业提供价格合理的金融服务和产品。肯尼亚中央银行也推出多项法案服务低收入人群：2008 年开始

---

① 数据来源：安永公司《全球消费者银行业调查报告》。
② 数据来源：世界银行全球普惠金融数据库公开数据（2012 年）。
③ 数据来源：中国驻肯尼亚大使馆经济商务参赞处网站。
④ 数据来源：中国驻肯尼亚大使馆经济商务参赞处网站。

实施《小微金融法案》，增加了大量金融机构，为不能享受银行服务的人群提供金融产品和服务；2009 年修订《银行法》、2010 年修订《小微金融法案》，允许金融机构设置代理机构，为偏远地区顾客提供基础的金融服务；2009 年开始实施《银行业监管准则》，增加贷款特别是无抵押贷款的可获得性，增强信贷市场、银行间良性竞争，促进信用信息共享。

三、肯尼亚移动金融典型案例——M – Pesa 手机银行

2007 年 3 月，肯尼亚最大移动运营商 Safaricom 首先推出手机支付平台，称为"M – Pesa"，开肯尼亚手机银行服务的先河。由于手机在肯尼亚的普及率高于银行账户，该产品得到迅速推广。M – Pesa 在肯尼亚推出三个月后就拥有了 17.5 万用户和 577 家服务代理商，目前已成为肯尼亚境内市场份额最大的移动金融服务平台。

表 3 – 2 　　　　　　　　肯尼亚 M – Pesa 手机业务用户数量

	2009 年	2010 年	2011 年	2012 年	2013 年	2014 年
M – Pesa 用户数（万人）	618	948	1401	1409	1710	1820
占总人口比例（%）	15.52	23.17	33.34	32.63	38.55	41.03

资料来源：笔者根据 M – Pesa 网站、世界银行网站公开数据整理。

M – Pesa 平台有存取款和转账功能。客户首先需在 M – Pesa 代理商网点录入个人基本信息，免费注册 M – Pesa 电子虚拟账户，并在代理商网点将现金转换为电子货币。客户可以用发送短信和代码的方式交换电子货币或转账给其他账户，收款人则可凭借短信和代码，去附近的代理商网点将电子货币兑换为现金。M – Pesa 平台满足了没有银行账户的汇款人、收款人的转账需求，操作简单，使用方便，在推出后就得到了迅速发展。

代理商是 M – Pesa 的重要组成部分，是 M – Pesa 拓展客户群、进

行存取款等基础金融服务、业务宣传的重要载体。M－Pesa 的代理商一般包括三类：一是有多个实体经营网点的授权经销商；二是分布在肯尼亚各个地区的小型店铺、零售商、加油站等；三是部分银行或小微金融机构。代理商与 Safaricom 公司签约后可成为 M－Pesa 代理机构，负责为客户注册账户、存取现金或提供其他增值服务。为了保证全国众多代理商网点服务统一、及时兑付、风险可控，Safaricom 公司采取以主代理机构为基础的分层级管理架构体系，对全国 3 万多代理网点实施组织管理，架构模式大致可以分为三种：第一种是分组管理模式。将代理网点分为数组，组内机构分布在三个不同区域，每组有一个主机构管理组内其他机构。主机构与 M－Pesa 进行直接交易，其他机构与组内主机构进行电子货币和现金交易，保证货币流动性。第二种是分组合作模式。与第一种模式类似，在组内也有一个主机构，对组内业务进行清算和汇总，保证组内现金和电子货币平衡，但组内其他机构与主机构非隶属关系，而是合作关系。第三种是与银行网点合作形成的超级代理模式，也是目前 M－Pesa 平台运营的主要模式。将一个银行网点作为超级代理商，在普通代理商和 Safaricom 运营商之间进行现金和电子货币的交易结算，是货币交易的中转站，不能直接服务于 M－Pesa 终端的用户。

M－Pesa 的业务范围正在不断扩大。M－Pesa 在推出时只有存取款、汇款、手机充值等基本金融服务功能。2010 年，M－Pesa 增加了超市付款的功能，用户可以用 M－Pesa 账户中的虚拟货币在超市付款结账。2011 年，M－Pesa 与西联汇款（Western Union）合作，用户可以用 M－Pesa 账户接受来自美国、加拿大、英国等 45 个国家和地区的国际汇款，还可以从 M－Pesa 账户向国际预付费 Visa 卡转账。2012 年，M－Pesa 与肯尼亚公平银行和肯尼亚钻石信托银行合作，用户可以凭借 M－Pesa 账户，在两个银行的 ATM 上取款。目前，M－Pesa 的业务范围还在围绕居民日常生活的基础上逐步扩大。

M－Pesa 手机银行业务的普及为肯尼亚带来了许多积极影响。首先，为用户提供了便捷的支付方式，提高了社会的支付效率。用户在支付时只需使用手机，避免了携带现金的不便。其次，M－Pesa 账户有类似银行账户的储蓄功能，为附近无银行网点覆盖的低收入群体提供了相对安全的储蓄资金的方式。再次，M－Pesa 还有价格便宜的远程转账业务，汇款方式便捷使得偏远地区的劳动力愿意离开家乡寻找就业机会，促进了社会人力资源的分配。最后，M－Pesa 手机银行在发展中国家的成功经验，也为各国移动金融服务普惠金融提供了可行的方案。

第五节 秘鲁普惠金融发展

一、秘鲁普惠金融总体情况

秘鲁共和国位于南美洲西部，国土面积 128 万平方公里，人口 3076.9 万人。[①] 秘鲁是传统的农矿业国，矿产资源丰富，是世界 12 大矿产国之一，其中铜储量居世界第三位。农业尤其是渔业发达，农业人口占总人口的三分之一。秘鲁 GDP 连续 15 年持续增长，2013 年贫困人口占全部人口的 23.9%，是世界银行评定的中高等收入国家。

秘鲁被认为是过去十年间拉丁美洲经济增长速度最快的国家之一，也是降低贫困人口比例最有成绩的国家之一（见图 3－6）。秘鲁贫困人口比例在 2005 年时超过 55%，2013 年降低至 23.9%；GDP 增长率除 2009 年受经济危机影响大幅下降外，十年来保持着平均 6% 的高速增长。秘鲁虽然在发展经济和消除贫困方面取得了很大成绩，但目前仍面临着严重的贫富差距和城乡差距问题，2013 年仍有 4.7% 的居民处于极

---

① 数据来源：世界银行网站公开数据（2014 年）。

度贫困状态。① 在平等享受社会服务机会方面,秘鲁在拉丁美洲的 17 个国家中仅排名第 13 位。② 秘鲁经济迅速发展并没有缓解严重的区域差异、贫富差距等不公平现象,仍然需要在基础设施建设、教育和卫生方面加大公共投资,实施有效的公共管理措施,保障全国居民享受同样的机遇和经济增长带来的福利。

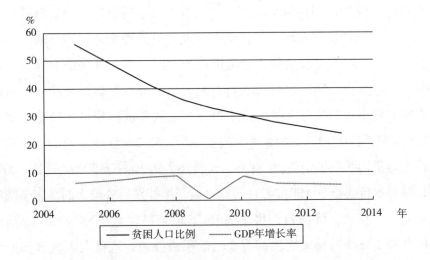

资料来源:笔者根据世界银行网站公开数据整理。

图 3−6　秘鲁贫困人口占总人口的比例和 GDP 增长率

发展普惠金融是增加贫困人群收入、实现金融公平的重要途径。近年来,秘鲁政府不断改革金融体系,金融市场环境不断优化,国内金融机构运营稳定,目前已经形成以秘鲁中央银行宏观引导、私人金融机构及外资金融机构自主经营、进行市场公平竞争的金融业格局。世界经济论坛发布的《2014 年全球国家竞争力研究报告》显示,秘鲁金融发展指标排名全球第 40 位,比 2013 年上升 5 位,贷款可获得性和金融系统

---

① 数据来源:世界银行网站公开数据(2014 年)。
② 数据来源:中国驻秘鲁大使馆经济商务参赞处网站。

稳定性等指标均有提升。其中，可以判断普惠金融情况的贷款可获得性指标位于拉丁美洲第 4 位。

最近几年，秘鲁大力发展普惠金融，尤其重视普及金融知识和平等保护金融消费者权益。秘鲁银行保险和养老金监管局（SBS）是秘鲁国家金融监管机构，它倡导增加金融信息公开透明程度，促使偏远、贫困或农村地区较少使用传统金融服务的人群更加信任金融机构，鼓励金融机构开展金融知识普及服务，使低收入人群更加理智地使用金融产品和服务。秘鲁政府不仅鼓励各类金融机构为贫困人群尤其是妇女提供小额贷款等金融支持，还重视盘活农村、偏远地区资本存量，鼓励居民借助自有资本和小微贷款自主创业，仅 2013 年，秘鲁新注册的小微企业就有 171.3 万家，其中 33.8% 的企业由妇女领导，58.2% 注册企业的女性从非银行金融机构获取了贷款。① 此外，秘鲁还大力开拓移动金融领域。2014 年，秘鲁银行协会（ASBANC）与爱立信合作开发秘鲁最大的普惠金融私人计划——移动支付项目，将于 2015 年起在秘鲁金融市场推广。预计 2019 年将有 210 万秘鲁居民拥有自己的手机钱包，这将大大改善偏远地区居民没有银行账户、不能享受或有效利用金融服务的情况。

二、秘鲁注重保护金融消费者

（一）设立多个机构保护金融消费者权益

秘鲁有较为完善的金融监管框架和消费者保护体系。在机构设置方面，具体设有四个机构（见图 3 - 7）。

一是设有银行保险和养老金监管局（Superintendercia de Banca, Seguros YAFP, SBS）。秘鲁国家金融监管当局是 SBS，负责监管银行业、保险业、微型金融机构、养老金机构等金融部门，执行银行业、保险

---

① 数据来源：秘鲁国家统计和信息局（INEI）网站。

业、养老基金的各项法律法规。SBS 下设金融消费者保护部和养老金监管部，金融消费者保护部负责保护银行业金融消费者、监管金融市场、披露金融机构信息、普及金融知识和制定普惠金融措施等事项，养老金监管部负责保护养老金和保险业的金融消费者。

二是设有国家保护竞争与知识产权机构（Instituto Nacional de Defensa de la Cometencia y de la Proteccion de la Propiedad Intelectual，INDE-COPI）。INDECOPI 专门负责执行 1992 年颁布的《国家保护竞争与知识产权机构法》和 2010 年颁布的《消费者保护法》，处理消费者投诉，对所有经济部门有无拘束的行政处罚权力。

SBS 和 INDECOPI 的机构监管职责有重叠之处，但具体职责被严格区分，二者间建立了良好的沟通合作和信息共享机制。SBS 的消费者保护机制有事前预警性，只监督金融机构的信息透明程度、服务公平程度等，不具体处理消费者和金融机构的争议。INDECOPI 则有事后纠错性，负责具体处理金融机构竞争问题和知识产权争议，保护消费者权益。

三是设有全国储贷信用社联合会（Peruvian National Federation of Saving and Credit Cooperative）和证券业监管局（Superintendency of Securities Market）。前者负责监管所有信用社，后者负责监管证券业机构。

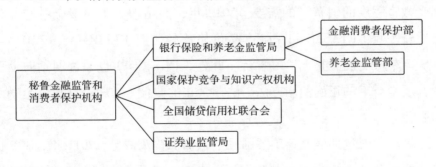

资料来源：作者根据相关资料整理。

图 3－7　秘鲁金融监管和消费者保护机构

表 3 - 3　　　　　　　秘鲁金融消费者保护的相关法律法规

颁布时间	法律法规名称
1992 年	《国家保护竞争与知识产权机构法 (25868 号)》
2005 年	《涉及金融服务问题的消费者保护法实施细则 (28587 号)》
2009 年	《SBS 用户服务公告》
2010 年	《消费者保护法 (29571 号)》
2012 年	《信息透明度和金融体系用户合同订立规定 (SBS 8181 号)》
	《信用卡最低费用计算方法 (SBS 公告 B - 2206)》
2013 年	《收费分类与名称 (SBS 公告 B - 2213)》
	《信用卡与借记卡规定 (SBS 6523 号)》

资料来源：作者根据相关资料整理。

（二）加强金融消费者教育

首先，重视在校园内普及金融知识。2006—2013 年，秘鲁 SBS 与秘鲁教育部合作，对约 5000 名学校教师进行金融知识培训，要求教师教授给学生，并于 2012 年开展针对校园金融教育效果的调查。

其次，通过网站普及金融知识。秘鲁 SBS 下设的金融消费者保护部创建了综合性的金融教育网站，为金融消费者提供金融知识普及材料，材料设有文字材料、录像、连环画等不同形式，以迎合各个年龄段和不同受教育程度的消费者的需要。2012 年，网站增添了一般金融产品价格比较工具 RETASAS 和保险产品价格比较工具 REPRIMAS。2013 年，SBS 又专门设置了电子学习平台。此外，INDECOPI 也通过网站向消费者普及银行卡的正确使用方法、法律禁止的收债方法等，并提供金融咨询服务。

最后，通过抽样调查了解国民金融知识普及情况。2011 年，SBS 在一些地区开展了消费者金融知识素养调查，并于 2013 年扩大了样本地区。2014 年，SBS 开展了全国性问卷调查，全面了解金融可获得性和使用情况，掌握国内不同地区的普惠金融水平，对金融服务中的障碍和困难，有针对性地提出解决措施，改善秘鲁金融教育情况。

（三）要求金融机构遵循两个原则

秘鲁要求金融机构增加透明度和信息披露程度。秘鲁不设置金融机构利率和其他费用上限，但法律要求详尽披露利率和收费项目。例如，秘鲁《银行法（26702 号）》要求金融机构必须向消费者披露年化利率、年化实际利率和年化实际收益率，鼓励民众监督金融费用，加速金融价格公平。随着信息披露逐步充分，秘鲁消费信贷利率正在下降。秘鲁 SBS 也要求金融机构对其产品和服务的主要特点进行清晰和公正的披露。金融机构必须在网站公布所有收费项目目录清单，并每季度向 SBS 报送价格等基本信息，再由 SBS 定期在网站或报纸上公开，方便消费者进行价格比较。SBS 还特别要求存款保险基金（Fondo de Seguros de Depósit，FSD）的成员机构在门户网站列明成员标识，以便金融消费者了解其存款是否被存款保险覆盖。

禁止合同条款滥用。合同条款滥用是指金融机构违反相关法律法规的规定，将未与客户协商的条款强加于客户，并对客户造成实质性伤害的行为。例如，未经客户同意，单方面中止或终止合同、增收费用等。SBS 要求金融机构只可使用经过 SBS 批准的格式合同，合同中需列明与贷款有关的重要信息，包括贷款数额、实际利率、总还款金额和相关权益等。SBS 还设立了专门的机构审查和处理合同条款滥用问题，一经发现，即确认合同无效，并责令金融机构整改。

三、秘鲁小微金融监管体制较为完善

近年来，秘鲁小微金融业务蓬勃发展。秘鲁小微金融业务的信贷总量不断扩大，资产质量逐步稳定，贷款利率在市场化操作下开始下降，服务面覆盖了国家大部分城市和农村地区，惠及了偏远地区不能获得传统金融服务的人群，成为秘鲁普惠金融的重要组成部分。

（一）秘鲁小微金融业务特征

兼顾福利性与商业性。20世纪90年代，秘鲁允许小额信贷机构和正规金融机构经营小微金融业务，服务于不同的客户群体。其中，小额信贷机构可以跨地区经营，客户目标群体最广泛。秘鲁的小微金融机构兼顾增进社会福利的公益性与增加盈利的商业性，既具有孟加拉乡村银行坚持服务贫困人群的特征，也有墨西哥康帕图银行注重贷款投资回报率的特征。

小微金融机构通过两种方式开展普惠金融业务。一方面，秘鲁的商业银行开展小额贷款业务有多种可行模式，其中比较普遍的是商业银行等正规金融机构设立独立于机构母体的子公司，专门经营小额贷款业务。例如，秘鲁最大的民间银行——秘鲁信贷银行（Banco de Credito）设立了信用解决方案子公司（Solucion Finaniera de Credito），专门发放小额贷款。另一方面，秘鲁一些发放小额贷款的非营利组织转型升级为正规商业银行，从事小微金融业务。例如，秘鲁的秘必罗银行（MiBanco）前身是一个非营利组织，现已成为专门提供小微金融服务的商业银行。

政府放宽资金来源，保障小微金融机构可持续发展。小微金融机构的放贷资金来源一般为公众存款、外部援助和第三方贷款。但秘鲁法律规定，小额信贷公司不能吸纳公众存款，其资金来源只有商业银行和国家开发银行的贷款，资金来源渠道受限。于是，秘鲁政府将小额贷款公司外部融资上限放宽至自有资本的10倍，保障了小型金融机构的可持续发展，还允许小额信贷公司申请成为可吸纳存款的正规金融机构，鼓励小额贷款公司提升金融服务的核心竞争力。

（二）秘鲁小微金融审慎监管

SBS是秘鲁小微金融领域的监管机构，负责监督小微金融机构间市场竞争及小微金融产品和服务，并督促各机构及时披露产品信息。SBS

对秘鲁小微金融领域实施审慎监管，监管内容主要有四个方面。一是最低资本和资本充足率。小微金融机构的最低资本要求为 27 万美元，远低于商业银行的 520 万美元、其他金融机构的 260 万美元的最低资本要求。小微金融机构的资本充足率要求为 9%，与商业银行一致。二是不良贷款。秘鲁将不良贷款按照逾期天数划分为五个等级，分别是小于 8 天、9 至 30 天、31 至 60 天、61 至 120 天和 120 天以上。要求小微金融机构在客户不能按期偿还全部或部分贷款的当天，就将该笔贷款的全部余额而非拖欠额度认定为不良贷款，不再计算利息收入，并计提拨备金。三是贷款损失准备金。按照不良贷款的五级分类，贷款损失准备金比例分别为 1%、5%、25%、60% 和 100%。在不良贷款被确认为最高级别并计提 100% 损失准备金后，贷款全额冲销。小微金融机构需每个月进行贷款冲销核准，冲销后及时将客户情况反馈至征信机构系统。四是关联贷款。小微金融机构不得向董事、主要股东、管理层成员及其亲属提供贷款。对雇员和小股东，小微金融机构单一客户关联贷款额不得超过机构净资产的 0.35%，关联贷款总额不得超过机构净资产的 37%，关联方获得贷款的难易程度不得与其他客户有区别。

秘鲁还建立了较为完善的征信体系，帮助小微金融机构防范贷款风险。秘鲁共有 4 家征信机构，包括 SBS 下设的 1 家国有征信机构和 3 家私有征信机构。国有征信机构的信用信息系统可以连接秘鲁身份证系统和税务管理系统，其信用信息主要来源于小微金融机构的债务信息。该系统将债务人分为一般债务人和特定债务人（非零售信用组合占总信用组合 25% 以上的债务人）两类。针对一般债务人，记录其信用额度、债务余额、贷款转让情况和担保情况；针对特殊债务人，更加细致地记录其信用设立、退出、风险模式、担保和转让情况。

第六节　国际普惠金融发展的比较分析与历史借鉴

　　普惠金融发展在促进金融改革、维护金融体系平稳发展、减少贫困现象等方面均有积极作用。亚洲的孟加拉国、印度，美洲的墨西哥、巴西、秘鲁，非洲的肯尼亚、南非等国家和地区的普惠金融实践经验都对我国推进普惠金融发展有重要的借鉴意义。我国需要客观评估国内金融服务的可获得性和普惠金融的发展现状，与国际经验开展比较研究，寻找差距和不足，进而有针对性地提出改进方法和政策措施。

一、各国普惠金融发展的成功经验和比较分析

（一）孟加拉国以发放小额信贷为途径的普惠金融实践经验

　　孟加拉国是无抵押小额贷款的发源地，其普惠金融实践的成功之处是提出了小额信贷机构要秉承福利性和财务可持续发展的理念，并实施了贷款小组制的风险控制措施。

　　无抵押小额贷款模式的创始人尤努斯提出了新的普惠金融理念，即小额信贷项目应是福利主义的，以消除贫困和促进社会进步为最终目的，兼顾信贷机构自身可持续发展。他认为穷人和富人信用平等，反对"富人比穷人更讲信用"的传统借贷观点。基于这一理念，尤努斯设立了孟加拉乡村银行（Grameen Bank，又称格莱珉银行），向孟加拉最贫困的人群提供无抵押的小额贷款。孟加拉乡村银行经过 30 余年的发展，取得了巨大的社会效益和经济效益，其小额贷款模式已成为国际社会公认最成功的信贷扶贫模式之一。孟加拉乡村银行证明了小额贷款的制度设计可以提高贫困人群的还款率，实行略低于高利贷的较高贷款利率，以覆盖运营成本，不依靠外部援助，维持机构自身可持续发展。孟加拉乡村银行使金融机构对穷人和小微企业惜贷的现象得到缓解，改变了社会底层群体的命运，提高了贫困人群尤其是贫困妇女的社会地位。该银

行还通过设立教育基金、对贷款人进行技能培训等方式为贷款人提供持续的多方面的支持，避免了贷款脱贫后再返贫的恶性循环。

孟加拉国无抵押小额信贷模式的成功还在于独特、有效的风险控制方法。孟加拉乡村银行将稳健作为发展原则，在设立最初阶段，当每家分行客户超过 100 人并且运营情况均良好时，才可以设立下一家分行，以将银行整体风险置于可控范围内，避免因追求商业利润而出现的盲目扩张情况。孟加拉乡村银行在发放无抵押小额贷款时，针对孟加拉国贫穷地区的现实情况，建立了有共同利益的贷款小组制度，使贷款人在熟人环境中相互制约和监督。将有相似经济和社会背景的贷款人分为 5 人一组，每组选出 1 个组长，采用 "2 - 2 - 1" 的贷款方式，即最初只有 2 名组员可以贷款，在 2 名组员开始还款以及全部组员均按规定每周存款满一个月后，小组另外 2 名组员可以贷款，组长需最晚贷款。只要有 1 名组员不能按时还款，整组成员均取消贷款资格。连带责任制度促使组员互相帮助和监督，将小额信贷机构的贷款项目追踪成本转嫁于各贷款小组，降低金融机构运营成本，大大降低了由于信息不对称和抵押担保不足带来的贷款项目风险，孟加拉乡村银行也因此保持了 95% 以上的还款率。

（二）墨西哥以政府为主导的普惠金融实践经验

墨西哥普惠金融的迅速发展源于墨西哥政府的重视和积极推动，具体措施可以归纳为以下三个方面。

一是墨西哥政府将普惠金融纳入政府和中央银行的职能范围。墨西哥政府确立了 2020 年全面实现普惠金融的目标，制定了一系列普惠金融量化监测指标，建立公共数据库，定期发布普惠金融报告。二是墨西哥政府为普惠金融发展提供了全面的政策扶持，在国家层面制定政策，监督各利益相关者将目标具体化并及时实施，强调部门间协作。墨西哥政府根据本国国情有针对性地制定政策措施，并对政策效果进行持续监测、评估，调整监管政策，鼓励金融市场开放竞争。加强了顶层设计，由国家财政和公共信贷部发起，中央银行和证券业委员会配合，共同制定了多个"国家发展计划"，推动银行体系改革，要求商业银行率先提供小微金融服务，提高贫困地区金融服务的可得性。尤其注重金融基础设施建设，鼓励偏远地区的零售商成为代理银行，弥补银行分支机构不足的缺陷，并建立了安全、高效的银行间电子支付系统。三是墨西哥政府允许普惠金融机构以商业化形式运作。墨西哥允许和鼓励小额信贷机构以上市的方式筹资，通过商业运作模式实现可持续发展。因此，墨西哥小额信贷机构迅速扩张，在金融市场自由竞争，但也造成了小额贷款利率高企，部分小额信贷机构如康帕图银行贷款利率甚至高于高利贷，严重偏离了帮助弱势群体的社会目标。

（三）巴西以代理银行为核心模式的普惠金融实践经验

21世纪以来，巴西代理银行制度成为巴西普惠金融发展的重要推动力，在以低成本拓展金融覆盖率、提高偏远地区资金可获得性方面取得显著成效。

巴西充分利用各类零售商业网点作为代理银行，弥补农村和边远贫穷地区金融服务空白。巴西是处于发展中的新兴市场经济体，存在边远或农村地区金融覆盖率低、贫困人口金融服务不足的问题。近年来，随着巴西经济持续快速发展，社会对金融服务的需求大幅增长，原有银行分支机构网络不能满足边远地区客户基本金融服务的需要。但开办银行分支机构的成本过高，商业银行无法负担拓展全国分支机构网络的费用。代理银行模式有效弥补了边远或农村地区的金融服务空白，将银行基础金融服务与遍布全国的各零售商业网点结合，节约了营业场所和人工成本支出，将大量小额账户的存贷款、交易业务分担给各地零售商，在降低金融服务成本、解决银行柜台业务量过于集中问题的同时，增强了低收入群体的金融服务可得性。

推行代理银行模式需要政府的政策支持、适宜的法律环境和完善的监管措施，这对巴西原有的金融监管体系提出了挑战。巴西金融监管部门在代理银行模式出现的初期，为控制支付结算风险和代理银行运营风险，禁止非银行金融机构经营部分银行业务。随着金融机构和代理银行间合同不断完善，业务运作不断熟练，巴西金融监管部门放开了对非银行金融机构、代理银行不能从事部分金融业务的管制，对不同类别的代理金融服务实行差别化监管，推动代理银行模式在宽松的监管环境下健康有序地发展。

（四）肯尼亚以手机银行为重要媒介的普惠金融实践经验

肯尼亚利用国内手机普及率远高于银行账户普及率的优势，借助手机银行这一现代创新技术，为边远、农村地区人群提供效率高、成本低、操作简单的移动金融服务。

肯尼亚移动金融的成功之处在于肯尼亚的企业抓住了国内移动支付的需求，适时创设了手机银行业务。进入 21 世纪后，肯尼亚政府大力推动城市化进程，农村地区的劳动力进入城市寻找就业机会，这些外出务工人员需要向家乡汇款，因此肯尼亚在金融服务不发达地区存在巨大的移动支付需求。同时，肯尼亚移动电话用户迅速增长，移动金融业务已经有了广泛的受众基础，移动金融市场空间广阔。肯尼亚最大的移动运营商 Safaricom 率先推出手机银行平台——M - Pesa，将移动技术和家庭汇款需求紧密结合起来，充分整合利用现有资源，开发了原有移动业务的零售商如手机充值网点作为手机银行的代理网点，使手机银行账户里的货币可以在代理点提现，优化了用户体验，也为移动支付业务在全国的快速扩张提供了有效、经济上可行的发展思路。

肯尼亚政府制定了宽松、自主性强的监管政策，推动移动支付业发展。移动金融的支付风险问题是制约其推广的重要因素，肯尼亚的移动运营商 Safaricom 虽然有肯尼亚最高的手机市场占有率和运营良好的电子货币渠道，但在金融风险防范和管理方面的经验不足。手机银行的风险监管仍需要运营商、银行和金融监管部门相互协调，共同完善市场准入标准、技术标准和业务规则。Safaricom 推出的移动金融平台采用 SIM 卡做安全认证和加密，辅以手机银行金融服务记录和追踪，目前还未出现大规模信息泄露等高风险事件，这从侧面证明了全面、科学的监管方式可以控制移动金融风险。肯尼亚政府也为移动金融业务发展提供了较为宽松的外部环境，允许手机银行业务不受肯尼亚商业银行业务代理监管规定的约束，移动运营商可以自行选择代理商，为业务发展提供有效支撑。

（五）秘鲁以保护金融消费者为主要目标的普惠金融实践经验

秘鲁重视建立全面、统一的小微金融监管制度，规范小微金融发展，保护普惠金融中的众多消费者。

秘鲁从国家层面制定了法律法规和监管标准。秘鲁金融监管部门建立了统一的小微金融监管标准，避免监管套利，促进公平竞争。监管形式由机构监管逐步转变为行为监管，根据小微信贷业务特征，构建了相适应的法律法规框架。并且，放开小微金融机构利率管制，通过市场竞争使利率稳定在合理范围内，发挥市场在资源配置中的决定性作用。同时，培育民间评级中介机构，完善小微金融机构的设立和监测程序，建立了系统性的小微金融机构评级标准，便于监管部门直接通过评级结果实施差异化监管，提升监管效率，降低监管成本。

秘鲁还通过建立多个监管机构、制定部门规章制度及监管指引，逐步细化金融消费者权益保护的框架。除国家金融监管部门外，秘鲁设立了保护竞争与知识产权机构等多个部门，互相合作和监督，共同保障消费者利益。建立多个规章制度，要求金融机构定期披露产品和服务信息，提高金融产品透明度，使消费者更加理智地选择金融产品和服务，减少信息不对称引起的消费者权益受损。加大合同的审查和监管力度，严格禁止小微金融机构滥用合同条款，损害客户利益。并且，加大国民金融知识教育力度，通过校园、金融监管部门网站等多种渠道为国民普及金融知识，定期利用调查问卷检查金融教育情况并做出改进。

二、国际经验对我国的借鉴意义

（一）真正做到以穷人为主体，为弱势群体服务

我国可以学习孟加拉乡村银行的经验，将小额贷款真正用于支持弱势群体，扶贫济困，建立福利性兼顾可持续发展的小额贷款机构。小额贷款要发放给真正贫困的人群，不以是否能够提供抵押物为贷款发放标准，可以由小额信贷机构指导贷款者投资和理财，要求其定期、少量储蓄，树立金融观念。小额信贷机构可以逐步开展吸收存款、发放保险、进行金融教育和技术咨询等综合业务，在提高贷款者还款意识和能力的同时，扩大小额信贷机构的资金来源。贫困妇女是弱势群体中最难得到信贷支持的群体，我国要重视贫困妇女的贷款可得性，利用小额信贷解决其在金融服务中被边缘化的问题，使其成为小额信贷的重点支持对象。

（二）建立市场化经营的小额信贷机构

国际经验表明，小额信贷机构的运作和管理应遵循市场化原则，不由政府或国有商业银行通过行政手段控制，不应模糊小额信贷项目与政府扶贫措施的界限。孟加拉国、墨西哥等国的经验表明，目前小额信贷的最优模式是由非政府组织发起小额信贷项目或成立小额信贷机构，通过市场化运营和政府支持，共同组成商业化可持续发展的普惠金融运行体系。国际经验表明，小额信贷机构具备盈利的能力，资金来源可以不完全依靠外部援助。市场决定的小额信贷机构贷款利率一般高于商业银行利率，可以保证一定的盈利性，也有助于机构实现财务的可持续发展。我国可以继续推进利率市场化改革，逐步取消贷款利率定价机制，

允许小额信贷机构在法律监管下自主确定利率，充分激发小额信贷机构的市场竞争意识和贷款人的生产积极性，提高还款率。

（三）政府充分发挥职能作用，为普惠金融发展提供更多支持

我国政府可以借鉴墨西哥、秘鲁的实践经验，在普惠金融发展过程中充分发挥引导和支持作用。我国应该引导和鼓励小额贷款机构积极参与市场竞争，在竞争中创新业务模式，细分客户市场。并积极制定和调整坏账准备金率、资本充足率等防控小额贷款风险的监管标准，维护国家金融运行安全。政府可以从法律法规、税收优惠和资金支持等多方面着手，为小额信贷机构稳定和可持续发展创造外部条件，中央银行也要积极为小额信贷机构设计可行的发展计划。例如，通过免税和贴息贷款为小额信贷机构提供资金支持，逐步放开对小额信贷机构从事吸收存款等金融活动的限制等。但是，政府要明确区分扶贫与小额信贷的功能，避免过多干预，不过度保护小额信贷机构，充分发挥金融市场的资源配置作用，实现政府扶贫与小额信贷机构分工协作，共同推进普惠金融服务低收入人群。小额贷款机构也要与政府保持良好的沟通和密切的合作，主动争取政府的各方面支持，并通过市场竞争，加速产品和服务创新，培育机构核心竞争力。

（四）以需求为中心，进行普惠金融产品设计

国际社会上成功的普惠金融发展模式（如大力发展小额信贷项目、代理银行模式、移动金融模式等）普遍避开了竞争激烈的传统金融市场，在分析本国低收入人群的需求特点和偏好的基础上，进行金融创新，设计出新型普惠金融产品和服务。世界各国在推行普惠金融时没有固定的模式，我国可以借鉴巴西代理银行模式、肯尼亚移动金融服务等新金融服务形式的发展经验，深入调查和把握低收入人群独特的金融需求特点和偏好，在适应我国普惠金融发展现状的基础上，允许民间金融机构、非政府组织开发低收入人群需要的新产品与服务。

第四章
中国普惠金融发展进程、现状
及其发展瓶颈

第一节　中国普惠金融的发展历程概览

根据发展理念、服务对象及种类、金融产品、所依托平台的广度和深度等方面的差异，大致可以把我国普惠金融实践的发展历程划分为三个阶段：公益性小额信贷阶段、发展性微型金融阶段以及综合性普惠金融阶段。

一、公益性小额信贷阶段

我国小额信贷从 20 世纪 90 年代初期开始发展，最初目的是扶贫，具有公益性质。从提供主体方面来看，除国内 NGO 组织发起成立的小额信贷机构之外，国际机构也参与了公益性小额信贷机构的建设。从资金来源方面来看，主要集中于个人与国际机构的捐助及软贷款，例如，孟加拉乡村银行为扶贫经济合作社提供了低息贷款，同时福特基金会与我国台湾企业家杨麟也对其进行了慈善资助。

1994 年，国务院印发《国家八七扶贫攻坚计划》，此后公益性小额信贷开始在政府解决农村贫困问题中扮演重要角色。1996 年，国务院颁布《中共中央国务院关于尽快解决农村人口温饱问题的决定》，倡导利用信贷支持扶贫工作。1998 年，《中共中央关于农业和农村工作若干重大问题的决定》要求"总结推广小额信贷等扶贫资金到户的有效做法"，充分肯定小额信贷作为一种公益性扶贫工具所发挥的作用。1999 年，中央扶贫开发工作会议提出，"积极稳妥推广小额信贷办法"，大力推广公益性小额信贷支持扶贫工作。可以看出，公益性小额信贷致力于减缓农村贫困，契合了普惠金融的发展理念，是对扶贫方式及途径的重大创新。

二、发展性微型金融阶段

20 世纪 90 年代末，国有企业改革开始进入攻坚阶段，城市下岗职工再就业问题变得越来越突出，在这个过程中产生了大规模的资金需求。伴随经济的快速发展，90 年代末我国绝对贫困状况已有所缓解，小康社会初步建成，而我国对金融服务的需求也日趋多元化与精细化。发展到这个阶段，公益性小额信贷模式已无法满足这些需求，旨在全面促进经济社会协调发展的发展性微型金融阶段随之到来。在发展性微型金融服务阶段，小额信贷不再以支持扶贫工作为主，还需要兼顾提高居民生活质量和促进城市就业的双重任务；从主体方面来看，正规金融机构开始全面介入小额信贷。和公益性小额信贷阶段相比，在该阶段，公益已不再是关注的重点，小额信贷也不再是国家扶贫的主要工具，而是提高农民收入与促进城市就业的重要手段；参与对象不再集中于非政府组织、半政府组织的小额信贷试点，正规金融机构也同样参与进来。发展性微型金融一方面有效缓解了农民及城市下岗职工等低收入群体的资金困难，另一方面还有力地促进了农村居民与城市失业人员收入及生活水平的提高。

三、综合性普惠金融阶段

2005 年，中央一号文件提出"有条件的地方，可以探索建立更加贴近农民和农村需要、由自然人或企业发起的小额信贷组织"，意味着我国小额信贷开始进入综合性普惠金融阶段。

从小额贷款公司的发展来看，2005 年 4 月，中国人民银行决定进行"只贷不存"的商业性小额信贷组织试点工作，提供了政策空间以鼓励私人资本进入小额信贷市场。2006 年，中央一号文件指出，应"大力培育由自然人、企业法人或社团法人发起的小额贷款组织"，自此更多的省份纷纷开启设立小额贷款公司的试点。2008 年 5 月，中国银监会、中国人民银行联合发布《关于小额贷款公司试点的指导意见》，小额贷款公司的试点工作全面开启。此后，我国小额信贷公司快速发展，小额信贷公司的数量由 2008 年的不到 500 家猛增到 2009 年的 1334 家，再到 2012 年底的 6080 家。截至 2013 年 2 月，我国小额贷款公司数量达到 6416 家，从业人员 74470 人，注册资本金 5442.11 亿元，贷款余额 6160.55 亿元。

在商业银行方面，2005 年 7 月，为促进与指导银行进一步改善对小企业的金融服务，银监会发布《银行开展小企业贷款业务指导意见》，要求城市商业银行、城市信用社、农村商业银行和农村合作银行设立"专门部门负责小企业贷款工作"，为小型企业和个体经营户提供金融产品和服务。随后，许多银行业金融机构成立了专门的小微企业金融业务管理部门，有些银行甚至将小额信贷作为自己的战略定位之一。随着银行小额信贷的不断发展，商业银行不断创新针对小微客户的金融产品和服务，比如结算、汇款、支付、手机银行、网上银行等。

在村镇银行方面，2007 年 3 月，四川省仪陇惠民村镇银行开始营业，标志着我国村镇银行开始登上历史舞台。2009 年 6 月，银监会出台《关于小额贷款公司改制设立村镇银行暂行规定》，规定了小额贷款公司改制成为村镇银行的条件，这实际上表明设立村镇银行成为农村金融机构改革的核心内容之一。2011 年一季度末，全国已经开业村镇银行 400 家，村镇银行机构发展初具规模。2013 年 10 月，随着永登新华村镇银行挂牌成立，村镇银行数量达到 1000 家，截至 2013 年 8 月，已开业村镇银行资产为 5204 亿元，累计向 111.9 万农户发放贷款 3097.5 亿元，向 28.9 万户小微企业发放贷款 5329.5 亿元。村镇银行已经成为服务"三农"、支持"小微"的生力军。

综上所述，在综合性普惠金融阶段，从资金的提供方角度，小额信贷组织不断设立，为民营资本进入金融市场创造了条件，村镇银行也随之迅速兴起。从资金需求方角度来看，在农村农民和城市低收入者资金需求问题依然没有根本缓解的同时，小微企业的资金需求不断引起社会的关注，银行的金融服务体系逐步将小微企业纳入服务范围之中。从金融产品创新角度来看，综合普惠金融已经不再停留在提供慈善性小额信贷或发展性小额贷款的阶段，而是进入了提供综合金融服务的阶段。与此同时，从所依托的工具来看，综合性普惠金融服务不断有网络化、移动化趋势。

四、创新性互联网金融

截至 2013 年 12 月 31 日，我国的互联网网民数量达 6.18 亿人，手机网民数量达 5 亿人，我国互联网网民超过了世界上任何一个国家，稳居世界第一。随着我国互联网和移动互联网络以及使用人群的快速发展，互联网和移动互联网催生了人们对金融服务的大量新需求，我国传统金融领域正在发生一场由互联网技术催生的革命。

创新性互联网金融是综合性普惠金融阶段的重要内容，通过利用互联网平台，使更多的人享受到支付、借贷以及财富管理的便利。互联网金融平台显著地降低了信息不对称和交易成本，使得更多的人自主参与到网上支付中来，从而使更多的人获得金融服务；使得更多的借贷交易顺利发生，从而使传统上不能获得借贷资金的低收入者以及急需借贷资金者获得资金；使更多的人参与到财富管理中，降低了财富管理门槛，提高了财富管理的服务质量。以网上支付为例，截至 2013 年 12 月底，我国网上支付的网民规模达到 2.60 亿人，较上年增加了 17.9%，其中手机网络购物用户规模高达 1.44 亿人。

第二节　现阶段中国普惠金融的发展

一、中国普惠金融体系的供给方

零售金融服务的提供者是普惠金融体系的支柱。在普惠金融体系下，各种金融机构都应参与进来并提供不同的金融服务，以满足客户多样化的需求。根据机构性质，可以将普惠金融提供商划分为以下几个类别：银行类金融机构、非银行金融机构、合作性金融机构、非正规金融机构以及非政府组织。

（一）银行类金融机构

越来越多的银行与其他传统金融机构开始注意到普惠金融的巨大前景及潜力，尤其是受到政府一些扶贫政策与优惠措施的引导，开始转变向中低收入客户提供普惠金融服务。这类金融机构包括政策性银行、国有商业银行、股份制银行、邮政储蓄银行、小额信贷银行以及农村银行等。

政策性银行经常需要贯彻与配合政府的经济政策和意图，同时力争保本微利。在我国，国家开发银行、进出口银行与农业发展银行三家政策性银行在 1994 年先后成立，其经营方式既不同于商业银行追求利润最大化，又不同于财政无偿拨付，而是需要服务于政府的宏观经济发展目标，在财政补贴或政府担保下，通过金融扶持支持落后地区、农村地区与弱势群体的发展，对商业性金融机构进行了有效补充。目前，中国政策性银行虽然已向普惠金融业务领域拓展，但由于资金来源不足，功能定位单一，业务范围较窄，对经济发展、普惠金融融资的贡献比较小，政策性金融的作用还没有发挥出来。

国有商业银行的客户群体众多且分支机构广泛，提供储蓄存款、国际与国内货币转账等收费或贷款业务，例如，印度尼西亚人民银行（BRI）。BRI 于 1968 年成立，是印度尼西亚规模最大的小额信贷服务机构，设立了数量众多的村行（UNIT），被政府指定向农村地区提供"绿色革命"贴息贷款，一直致力于开发服务于中低收入人群的金融产品。BRI 取得了重大的商业成功，向世界证实了：正规银行完全可以很好地从事小额信贷活动，但应该设立独立的小额信贷部门，采用完全不同的管理技术。为了满足普惠金融的需求，国有商业银行应加快转型，放开基层机构的审批权限，简化业务流程，完善与创新担保方式，完善信用评级体系，探寻商业运作的有效途径，加强内部资源配置等体制机制的保障作用，加强风险控制管理，改进激励约束机制，不断完善各种金融服务，逐步建立一套与普惠金融相适应的信贷政策制度体系。

邮政储蓄体系也是普惠金融体系的一个非常重要的组成部分。在很多国家或地区，国有邮政储蓄体系能够利用全球最大的分配网络向农村与城镇地区提供小额账户管理及普惠金融服务。2007 年 3 月，我国进行了邮政储蓄管理体制改革，在此基础上又组建中国邮政储蓄银行股份有限公司，目前已经建成覆盖全国城乡，网点面最广、交易额最多的个人金融服务网络，普遍开展小额信贷与小企业贷款等普惠金融业务。

专业小额信贷银行可由非政府小额信贷组织通过升级而来，也可由综合性商业银行专门设立，例如，孟加拉乡村银行与玻利维亚团结银行。乡村银行通过提供持续信贷的方式比较成功地解决了贫困问题，实现了社会发展与盈利的"双重目标"，因此很多国家都对其进行仿效，目前已成为国际上小额信贷、微型金融与普惠金融的主要模式之一。

农村银行规模较小，分支机构也比较少，但它是提供普惠金融服务的正规金融机构之一。农村银行与社区银行利用补贴资金与商业资金，为那些无法获得储蓄、典当、贷款等服务的个人及企业提供可持续的金融服务，例如，菲律宾拥有近1000家这类银行，其中最大的是绿色银行，其宗旨是为那些不能提供担保的农村地区的农民、国有或私人部门的雇员、小商业者提供零售金融服务。

（二）非银行金融机构

提供普惠金融服务的非银行金融机构具体包括抵押贷款者、租赁公司、消费者信贷协会及保险公司等，这类金融机构属于正规金融体系，需要接受监管当局的监管。从法律与管理角度来看，普惠金融提供商采取非银行金融机构的形式更易于得到政府与监管当局的许可，但其产品与服务范围也将受到比较严格的限制。具体来说：特许非银行金融中介机构如小额信贷公司与金融公司提供非抵押的信贷产品及服务，为低端市场及小型企业提供服务；保险公司往往作为其他机构的再保险者提供微型保险服务，还可以通过零售机构以代理的方式为低收入客户提供服务；转账支付公司为中低收入群体提供国内或国际快捷的转账服务；非银行私人零售商如典当行、放贷者等，向中低收入人群提供金融服务，规模与数量也比较庞大。

在国际上，印度的SHARE是比较成功的非银行金融机构的代表。SHARE基于自我雇用项目为中低收入者发放小额贷款，并提供咨询与培训服务，自创立以来，其资产收益率与利润率由负转正并不断提高。

（三）合作性金融机构

合作性金融机构作为合作经济的一个分支，以合作为形式，以金融为内容，以货币这种特殊商品为经营对象，具有合作组织与金融组织的双重属性，实现了劳动者间的金融合作，而与以生产联合为主的生产合作、以供求双方生产及生活物资交换为主的供销合作、以消费品的购买为主的消费合作等有所不同。另外，合作性金融机构还是金融企业的一个分支，由个人或团体出资入股组建，主要为入股者提供服务，实行民主化管理，不同于股份制银行的股份制商业化运作模式，也不同于提供国家政策性金融服务的政策性银行，以及国家全资所有并实行商业化运作的国有商业银行。合作性金融组织按照现代金融企业制度的要求，不断完善"三会"议事规则，初步构建了决策、执行、监督三者相互制衡的法人治理体系，资产质量得到提高，盈利能力也显著增强，但仍存在一些问题需要解决，例如，股权结构不合理，产权主体虚置，法人治理结构不完善，内部人控制问题比较严重，经营机制与管理体制需要进一步提升；在产品与服务方面，信贷品种比较少，担保方式较为单一，信贷投向调整比较迟缓，投放力度不够，中间业务发展缓慢，信息科技建设落后，结算渠道不通畅，支付结算方式仍以传统结算为主，现金结算居于主导地位，信用卡、票据等先进工具的应用覆盖率比较低，一般没有国际结算与贸易融资业务，外向型企业的金融服务需求无法得到满足；在利率定价方面，还没有建立起有效、灵活、科学的贷款定价机制，虽然部分地区实行了差别化利率管理，但缺乏市场意识，贷款定价主观随意性比较大；在资产质量方面，资产质量较差、财务包袱较重等问题仍然比较突出。

（四）非正规金融机构

由于普惠金融的风险性，资金收益率较低，而且大量需求资金用于无收益用途，难以承担过高的资金成本，相对于市场性金融，许多普惠金融需求成为一种无市场支撑力的无效金融需求，无法从正规金融组织获得足够的金融支持，而民间金融可以成为满足普惠金融需求的重要来源与途径。

非正规金融机构融资可以分为两种：个人（或企业）之间和个人与企业之间的直接融资、非正规金融机构提供的间接融资。非正规金融机构具体包括民间借贷、互助会、代办人等多种形式。

民间借贷是指自然人（或企业）之间、自然人与企业之间，按照事先约定，贷方将一定数额的资金转移给借方，借贷到期后，借方需要返还借款并支付一定利息的民事行为。民间借贷的特点是：往往发生在熟人之间，比如朋友或者家庭成员之间，逐渐形成了一个联系紧密的信贷关系网络，在很大程度上降低了信息不对称的风险；民间借贷通常是短期借贷；民间借贷比较灵活，利率、期限均由借贷双方商定；申请民间借贷比较方便，所需时间较短。在我国，民间借贷是较为普遍的一种非正规金融组织形式，包括亲友间的借贷与民间合会、联合会等形式。资金需求主要来自亲友的借款，同时借款以微利为主，具有一定的互助性质。

合会是在我国历史较为悠久的一种民间金融形式。合会具有合作互助性质，依靠血缘、地缘等关系为纽带，在团体内部，每隔一定时间，团体的成员需要捐献一定数额的资金，交给团体中的某个成员，再轮流将汇集的基金交给每个团体成员，全部成员得到基金之后，合会宣告解散，这种民间金融组织规模比较小。目前，合会已发展成为规模大、涉及面广、月息高、以会养会的盈利性合会。随着经济的快速发展，金融需求呈现多样化且规模扩大，合会发展很快。入会目的已不单是纯互助应急，更趋向于获取高额利息收入。

钱庄在浙江、福建等商品经济比较发达的地区比较常见，主要经营存款与贷款业务，与一般的分散民间借贷形式相比，无论在规模上还是信誉上都更具有优势。在组织形式方面，钱庄以家族成员为主，大多数实行家族式经营，单线联系，交易方式简单、快捷，成本比较低，采取以熟带新的方法发展业务，服务对象比较稳定。现阶段，虽然在地下活动的私人钱庄的数量较少、活动范围比较有限，但融资规模却很大。

集资属于一种直接融资，通常是为了组织生产经营活动，根据自愿互惠原则，集中社会闲散资金，搭建资金借贷双方的直接信用关系，资金所有者直接承担项目失败或借款者违约的风险。集资活动多数发生在一些乡镇企业与民营企业，向企业内部职工筹资，资金主要用于弥补企业购置设备所需的固定资金与流动资金的缺口。按照集资利率的高低，集资可以分为无息集资、低息集资与高息集资；按照集资目的的不同，集资可以分为非生产性集资与生产经营性集资；按照集资发起人的不同，集资也有多种表现形式。

其他民间借贷形式还有代办人、信贷代理机构、互助会与储金会。代办人、信贷代理机构是指在农村地区，当正式金融机构没有设立分支机构时，受托提供信贷业务的个人或机构。互助会、储金会一般无需经过官方认可，主要分为个人（或企业）之间和个人与企业之间的，发挥类似于农村基金会的作用。

从整体情况看，民间金融与区域状况和民营经济的发达程度有紧密联系。在经济欠发达地区与经济水平中等的传统农村地区，民间金融主要表现为自由借贷与民间集资，主要目的是为了满足日常生产生活的需要；而在经济比较发达的地区，对资金的需求水平比较高并且比较普遍，这种情况下民间金融的形式更趋组织化与规模化，朝着合会、钱庄这种更具有现代金融特点的形式发展。民间金融的这种区域性差异与不同地区经济主体金融需求的差异紧密相关。因此，民间金融是为解决一定区域内经济主体对生产、生活的资金需要而自发形成的一种"内生金融"。从县域经济发展情况看，县域经济中的民间融资是民间金融活动的主体，民间金融行为有地域上的集中性与时间上的连续性，除了部分私人钱庄融资与民营企业内部集资，大部分民间金融活动还是比较分散的，组织化、市场化程度都比较低。随着金融改革的进一步推进，直接融资规模不断扩大，利率管制逐渐放松，市场配置金融资源的作用不断增强。在此背景下，民间金融生存、发展的外部环境得到了一定程度的改善，整个经济社会对民间金融接受及认可的程度也有所提高。

（五）非政府组织

非政府组织（NGO）是现代小额信贷领域的先行者，提供信贷等金融服务以及与健康、教育相关的基本金融服务，主要是为了改进低收入群体的社会福利。非政府组织在很大程度上弥补了银行无法为穷人提供有效服务的不足。

为了推动小额信贷在全球拓展，非政府组织开始在全球建立网络，并呈现商业化趋势，来为更多的低收入者服务。2003 年对 146 家 NGO 的调查数据显示，53% 的机构是可持续的，但拥有 90% 以上的客户群体。同时，非政府组织试图覆盖更贫穷、偏远的客户，这种拓展趋势虽然与商业化或可持续的目标不一定发生冲突，但 NGO 需要付出更加高昂的成本与更多的时间来实现其可持续发展。

另外，一些非政府组织正在改制成为正规金融机构，虽然这种改制需要付出比较高的成本，但可以提供更好的金融服务，从而增加客户规模与覆盖率。

二、中国普惠金融体系的需求方

发展中国家的低收入人群很少使用金融服务，可以说被传统金融拒之门外，而普惠金融则主要为那些被传统金融市场排除在外的人群提供服务，他们有着共同的特点：贫困、收入较低、居住在偏远地区等。普惠金融的客户被正规金融体系拒之门外的原因包括以下几个方面：一是信息不对称、缺乏抵押品等使信用风险较大、居住偏远、交易额较小等导致交易成本比较高。但这些得不到正规金融服务的绝大多数企业与个人都具有信用，可以按时偿还贷款，但最终却无法获得贷款；二是有收入，可以支付保险金，但却得不到保险服务；三是希望有安全的地方储蓄资金与积累财产，通过可靠方式从事汇兑与收款，但却被正规金融机构拒之门外。因此，这些人需要普惠金融机构向其提供便利、可以承受、可持续以及安全可靠的金融服务，一般应通过正规金融与微型金融途径来获得。一方面，随着利率市场化的逐步推进，更多的正规金融机构为了适应日益激烈的竞争，开始扩大客户范围，面向低收入者与小微企业，从事零售银行业务；另一方面，微型金融机构（如村镇银行、小额贷款公司等）也为贫困、低收入人群提供必要的金融服务：包括金额小、期限短、可重复的小额信贷服务；安全、便利的储蓄服务，以使他们更好地应对重大生活事件的支出；安全快捷、费用低廉的支付服务，如国际劳工汇款等；微型保险以帮助贫困、低收入人群抵御经济危机，为其生命、财产与家畜等提供必要的保险服务。因此，普惠金融体系的客户涵盖了所有阶层，特别是那些被排除在正规金融体系之外的贫困与低收入人群，具体包括三部分：一是农村、农户；二是城镇中的中小企业和小微企业；三是城乡贫困群体。

普惠金融的需求大致可划分为资金融出需求、资金融入需求与其他金融中介服务。其中，资金融出需求主要包括存款需求与投资需求，资金融入需求主要指贷款需求，而投资需求主要是购买国债、股票等金融投资的需求。普惠金融的存款需求主要从三个目的出发：一是保障资金安全性；二是维持资金灵活性，存取自由，以满足长期性或突发性资金使用需求；三是获得资金盈利，得到一定的利息收入。普惠金融的存款动机分为两类：一类是谨慎存款，这种存款在某种意义上可被视为保险代替，目的在于保障应付天灾人祸、事故、疾病等应急之需，实际上等同于自动保险，是现阶段中小企业应对风险能力低、相关保险服务欠缺、农民与低收入群体社会保障不足的反映；另一类是积累存款，一般有明确的指向与目的，如扩大生产、固定资产更新换代、农民建房、婚丧嫁娶、穷人购置耐用消费品、子女教育等，由于这些短期开支远大于收入支付能力，因此有必要进行长期存款积累，才有可能应付高额开支。

现阶段，由于金融机构分布广泛，普惠金融的存款需求通常可由正规金融机构满足。其他金融中介服务需求也基本可以得到满足，但是贷款需求的缺口却比较大。在资金融入需求方面，有个人积累、职工入股、财政投入、农村政府积累投入、政府向民间集资、正规金融贷款、民间金融融资、外资投入等，形式多种多样。但一般来说，都面临巨大的资金需求压力，资金要素往往成为发展瓶颈，融资渠道狭窄，融资成本较高，外部融资渠道不畅，内源性融资内部积累发展缓慢。

普惠金融的经济主体规模往往比较小，风险一般比较大，同时缺乏有效的抵押担保，负债率比较高，非规范直接融资占比较高，资金来源呈现多样性。普惠金融的融资渠道可以分为两种：从正规金融机构贷款与从非正规渠道借款。从非正规渠道借款即向民间金融组织借贷。在一般情况下，生活性借款普遍来自非正规渠道，生产性借款大多来自正规金融渠道。目前，非正规金融渠道在满足普惠金融借贷需求方面占有重要地位。

和传统金融需求相比，中国普惠金融的需求有自身的特点：

低利性。受土地与资源等自然禀赋、生产力发展水平、分散生产以及消费方式等因素制约，普惠金融贷款金额有零散性、低利性的特点，往往规模比较小，资金积累速度比较慢，偿债能力比较低。

波动性。普惠金融的生产与消费活动，由于受到规模、季节等因素影响，资金收入支出波动比较大。

额度小。由于受规模与生产技术限制，经济发展水平落后，借款额度比较小且分散。借款主要用于生产、生活等方面，大多数的生活借款主要为满足生活支出需要，弥补短期收入以及储蓄余额不足的融资行为，生产借款主要用于生产周转的短期融资与扩大生产的长期融资。

频繁性。一般而言，普惠金融资金需求每笔金额较小，时间较短，借贷活动频繁，现有贷款品种很难满足这种融资需求，因此，有必要根据普惠金融需求的特点对贷款品种与期限进行调整。

风险性。由于普惠金融的资金需求规模比较小且波动频繁，可供抵押担保的资产比较有限；另外，借贷知识缺乏，难以应付复杂的贷款手续，贷款风险比较高。因此，需要简化、灵活调整贷款手续，减少抵押甚至无抵押贷款，以期比较方便、快捷地取得贷款，改变民间借贷高利贷比重较高、借款金额较大、操作方式不规范以及贷款质量低等现状。

种类少。由于中国社会保障水平较低，普惠金融对资金汇兑、农业保险、结算与咨询服务的需求比较少，金融机构的交易媒介功能没有得到充分发挥，对金融服务的需求主要局限于存贷两个方面。

多样化。经济主体发展水平的多样化决定了普惠金融需求的多样化与层次性。有的普惠金融需求由于规模比较小，自我积累能力有限，借贷风险比较大，担保能力无法满足其金融需求，能够获得的一般商业性信贷数量不多，资金需求主要通过政府担保性商业信贷、政策性金融信贷、民间融资和自我积累来解决。有的普惠金融需求有一定规模，资金需求量比较大，盈利能力较强，一般商业性信贷很难满足其需要。

三、中国普惠金融体系的服务形式

普惠金融绝不仅限于小额信贷，除此之外，还表现为各类抵押和担保、产业链融资，及其最近炙手可热的互联网金融等形式，各种创新产品层出不穷。

（一）各类抵押、担保形式

提供有效的抵押或者担保，是解决金融机构与小微金融需求主体信息不对称的根本途径。在普惠金融的发展过程中，各类抵押、担保形式逐渐丰富起来。创新的抵押品种有"三权"抵押融资、大型农机具抵押贷款、农业科技专利质押融资、个人保单质押、应收账款抵押等。担保形式有政策性担保、商业性担保、互助性担保三类，其中政策性担保的代表是小额担保贷款，互助性担保形式多样，有联保、农村有威信人的担保、农村信用共同体、核心企业担保等形式。

1. "三权"抵押融资

"三权"包括林权、土地承包经营权和宅基地使用权，是农民为数不多的能够抵押的资产。一旦"三权"能够抵押，将激活金融市场。目前土地承包经营权和宅基地使用权的抵押还存在法律上的限制，但是在金融服务改革创新政策的推导下，重庆于 2010 年 11 月、云南于 2012 年、贵州铜仁于 2013 年 6 月开始实施"三权"抵押融资试点。

2008 年，在党的十七届三中全会上提出：加强土地承包经营权流转管理和服务，建立健全土地承包经营权流转市场，按照依法自愿有偿原则，允许农民以转包、出租、互换、转让、股份合作等形式流转土地承包经营权。2009 年 3 月，中国人民银行、银监会印发《关于加快推进农村金融产品和服务方式创新的意见》，只要没有违背现行法律、财产权益归属明晰、风险能被管控的各类动产和不动产，都可以尝试作为贷款担保，因此，农村土地承包经营权、宅基地使用权等在实践中都开始试点进行抵押贷款，虽然法律还未明确进行规定。

林权抵押是指为担保债务的履行，林权人按照有关规定，将林业行政管理部门颁发的林权证载明的拥有或有权依法处分的林地承包经营权抵押给债权人，当债务人不履行到期债务或者发生当事人约定的实现抵押权的情形，债权人有权就该财产优先受偿。林权抵押在法律上并未受到限制。2013 年 7 月 18 日，中国银监会、国家林业局发布《关于林权抵押贷款的实施意见》，为市场各方办理开展"林权抵押贷款"提供了政策上的依据和支持。

2. 小额担保贷款

小额担保贷款是指为了促进就业，对于那些符合贷款条件的创业人员在就业过程中，由各级政府设立小额担保贷款基金，经指定担保机构进行担保，通过银行等金融机构发放政策性贷款，并由政府给予一定贴息扶持，贷款常用于自谋职业、自主创业或合伙经营等。小额担保贷款采取市场化运作，由商业银行完全按照信贷原则，自主决定贷与不贷。

截至 2013 年，在小额担保贷款制度发展的这 10 多年间，早期发展比较缓慢，但是最近一两年发展迅速。原因可能如下：过去政府工作人员对小额担保贷款可能存在认识不足，政府包括银行可能认为从事这项业务会产生较多的坏账。这一方面是因为工作人员对金融业务缺乏了解；另一方面是因为从事金融业务的银行部门不愿意从事小额担保贷款业务，都愿意做大额贷款。而随着信用环境的好转，金融机构的技能和观念也在不断改变，这些因素推动了小额担保贷款的快速发展；此外，各地政府对小额担保贷款的关注程度也直接影响着小额担保贷款的发展速度。总体来看，小额担保贷款政策得到越来越多的认可和欢迎。2005—2013 年，中央财政累计投入资金 151 亿元，发放小额担保贷款 2528 亿元，扶持了 500 万或更多的人口实现了创业就业。

3. 信用共同体

信用共同体是一种将大量的农户、个体工商户和中小企业等的贷款需求集中起来，以团体形式完成与金融机构借贷活动的互助性担保组织，其作用是通过银企关系形成一个更具激励和约束力的制度安排，从而降低了个体抵抗市场风险的能力，在一定程度上降低了信用风险。信用共同体成员之间互相监督，有利于维护农村金融秩序，改善了信用环境，弱化了信用贷款风险，有效满足了农村地区旺盛的金融需求。

4. 应收账款质押融资

应收账款质押融资在我国银行业中大量存在，但是直到 2007 年

《物权法》实施以来，应收账款质押融资才获得法律依据。同时，中国人民银行应收账款质押登记公示系统在 2007 年 10 月 1 日开始上线运行。应收账款质押要以"公示系统"的登记为生效要件。截至 2012 年底，累计发生登记超过 75 万笔，平均每月登记量超过 1 万笔；累计发生查询约 99 万笔，提供查询证明 34 万笔。据统计，中国小企业资产价值 70% 以上是应收账款和存货，因此允许应收账款担保融资，对解决中小企业融资难问题意义重大。

（二）产业链融资

产业链融资是将视角从一个企业转向一个产业链。不单看单个企业的资质和财务报表，而是更加关注交易对手和合作货币，关注产业链是否稳固。根据产业链的性质，产业链融资也可以称作商圈融资、供应链融资等，产业链融资弱化对单个企业的信用状况的要求，同时可以批量进行，非常适合大中型银行开展小微企业信贷。产业链融资的具体形式多种多样，例如，中国农业银行以"惠农卡 + 小额农户贷款 + 企业担保"为主要方式，对产业链条上的农户进行批量授信，具体来说，农业银行与农业产业化龙头企业合作，对龙头企业的订单农户发放贷款，由龙头企业提供担保。除此之外，还有"仓单融资"、"回购协议"、"银行 + 合作组织 + 农户"、"银行 + 专业市场 + 农户"等多种方式。

（三）场外交易资本市场

交易所市场设有特定的门槛，只有规模较大的企业才能在交易所上市，目前，深、沪两个交易所只有 2500 多家上市公司，即便在成熟市场，上市公司也就 5000 多家，这对于我国庞大的中小企业群体来说显然是不够的。那些处于起步阶段的小企业尤其是科技型成长企业，由于规模小，风险大，难以被市场投资者接受，要想获得资本市场服务只能借助于场外市场。

2003 年，在党的十六届三中全会上通过的《中共中央关于完善社会主义市场经济体制若干问题的决定》首次明确提出建立多层次的资本市场体系，完善资本市场结构。目前，我国的资本市场包括主板、中小企业板、创业板、全国中小企业股份转让系统以及区域性股权交易市场。主板、中小企业板、创业板为场内交易，全国中小企业股份转让系统（俗称"新三板"）以及区域性股权交易市场为场外市场（俗称"四板"），全国中小企业股份转让系统为全国性的场外交易市场。截至2013年6月，"新三板"累计挂牌企业达到212家，债券市场存量也已达到27万亿元的规模。截至2013年6月，国内10家地方股权交易市场正式营业，累计挂牌企业达到2195家。

（四）中小企业私募债

中小企业私募债是我国中小微企业在境内市场以非公开方式发行的，发行利率不超过同期银行贷款基准利率的3倍，期限在1年（含）以上，对发行人没有净资产和盈利能力的门槛要求，完全市场化的公司债券。中小企业私募债的发行审核采取备案制，审批周期更快；中小企业私募债募集资金用途相对灵活，期限较银行贷款长，一般为两年；中小企业私募债综合融资成本比信托资金和民间借贷低，部分地区还能获得政策贴息。2012年6月8日，上海证券交易所中小企业私募债第一单成功发行，由东吴证券承销的苏州华东镀膜玻璃有限公司5000万元中小企业私募债当天上午发行完毕。随后6月共有24只中小企业私募债完成发行，发行总额为21.83亿元。此后，发行速度逐渐放缓。截至2013年1月，中小企业私募债共计发行97只，募集资金达到103.87亿元，发行的票面利率最低为5.5%，最高为13.5%。

与刚开始的火热相比，目前企业发债热情不高。原因如下：第一，发债的成本较高。企业发债的综合成本一般在12%左右，其中包括8%~10%的票面利率，2%~3%的担保费用，中介费1%，成本较高、资质好的企业可以选择成本更低的方式融资。第二，私募债的发行周期本来就短，但是随着市场持债热度大幅度降低，对发债人而言，若成功发行，需要等几个月后才能获得资金。

从投资者的角度看，很多投资者并不信任中小企业，这类小企业本身的实力就弱，再加上高成本融资，进一步恶化了其经营状况，也导致了部分投资者并不热衷于此类私募债。

从承销商的角度看，热情也冷却不少。中小企业给承销商的费用相对较低，但是承销商却面临着企业债券销售不出去的较高风险。

（五）农业产业投资基金

农业产业投资基金是一种新的金融合约安排，坚持"共同投资、共同受益、共担风险"的基本原则，为农业现代化过程中成长性企业提供股权融资，各交易主体经多次讨价还价之后达成一致。农业产业投资基金一般基于现代信托关系，通过发行基金券方式将投资者分散的资金集中在一起，并以股权形式直接投资于农业产业化龙头企业或者具有市场潜力的项目，目的是促进企业的专业化、规模化、集约化和商品化程度，从而给投资者以丰厚回报。

（六）互联网金融

近年来，P2P网贷平台、阿里金融等新兴互联网金融机构，通过互联网、云计算、大数据等技术，降低了交易成本和信息不对称程度，让那些无法享受传统金融体系服务的人群获取金融服务，从而提高了金融的普惠程度。互联网金融通过以下几种渠道，促进普惠金融体系的发展和创新。

第一，创新信贷技术，降低信息不对称程度。传统的信贷技术包括财务报表类信贷技术、抵押担保类信贷技术、信用评分技术和关系类信贷技术等。对于小微企业、农民等社会弱势群体，大多缺乏人民银行征信系统的信用记录，缺乏房地产等有效抵质押物，难以采用传统的信贷技术。而互联网企业的优势是"大数据"，通过技术手段分析客户交易历史数据，了解客户需求和交易行为，从而降低了信息不对称程度。比如阿里金融的小微信贷技术，通过在自己平台上所掌握的贷款客户过去的商品和货物的交易记录、账户数量、还款情况、行为习惯等进行内部信用评级和风险计算，这样就解决了传统银行很难解决的小微企业的信用评估问题。又比如，P2P 网络借贷平台，帮助资金的供需双方在平台上通过数据筛选实现直接交易，供需双方信息几乎完全对称，从而提高了交易成功的概率。

第二，降低交易成本。在互联网金融模式下，交易整个过程都在网络上完成，边际交易成本极低，从而创新了成本低廉的融资模式。早在2000 年，欧洲银行业测算其单笔业务的成本，营业点为 1.07 美元，电话银行为 0.54 美元，ATM 为 0.27 美元，而通过互联网则只需 0.1 美元。阿里金融小额贷款的申贷、支用、还贷等在网上进行，单笔操作成本仅有 2.3 元，远远低于银行的操作成本。由于交易成本的降低，互联网金融获得了较快的发展。

第三，扩大覆盖范围。互联网金融依托全天候覆盖全球的虚拟网点网络，可突破时空局限，覆盖到因偏远分散、信息太少而很难得到金融服务的弱势群体。根据中国互联网络信息中心（CNNIC）数据，截至2013 年 6 月底，我国网民数量 5.99 亿人，手机网民 4.64 亿人，互联网在农村地区普及速度较快，这就为移动支付等互联网金融提供了新的市场空间和发展机遇。以农业银行为例，截至 2013 年 3 月底该行通过"惠农通"方式在农村地区投放电子器具 113.7 万台，极大地满足了农村转账、消费、小额取款等金融服务需求。

第四，拓展金融服务边界。互联网金融机构通过信息技术进行金融产品创新，将网民的"碎片化资金"以某种方式整合起来，形成巨大的长尾市场，降低了服务门槛，为更多的人提供金融服务。2013 年 6月 13 日，支付宝和天弘基金合作推出余额宝，规定最低投资额仅为 1

元，降低了理财产品的门槛，普通老百姓也可以参与，仅仅 17 天就吸引用户 251.56 万人，累计存量转入资金规模达 57 亿元，人均投资额仅 1912.67 元，远远低于传统基金户均 7 万～8 万元。之后活期宝、现金宝等产品不断推出，满足了普通老百姓的碎片化理财需求，拓展了金融服务的边界。

四、中国普惠金融体系的基础设施建设情况

金融基础设施涵盖一系列由公共部门、私人部门提供的金融业支持机制，即金融业（包括信用机构、评级机构、审计部门等）可以获得的信息基础设施，支付、清算与结算系统和公认的标准体系，还可以延伸至法律系统、规章制度以及强调创新的国际金融体系与基础设施。加强普惠金融体系的金融基础设施建设，目的在于提高透明度、实现信息共享、增加行业内竞争，使零售金融机构能以较低成本提供更为优质的普惠金融服务。

（一）普惠金融法律制度建设

党的十六大之后，围绕"三农"展开的各项问题是政府工作的着力点。为了改善农村金融服务，国家加大政策引导与扶持力度，加快我国农村金融法律制度改革步伐。2003 年 6 月，国务院下发了《深化农村信用社改革试点实施方案》，8 月，在江苏等 8 省（市）正式启动改革试点工作，2004 年 8 月，试点范围已扩大到北京等 29 个省（自治区、直辖市），此次农村信用社改革取得了显著成果，农村商业银行与农村合作银行在全国各地兴起。银监会在 2006 年 12 月出台了《关于调整放宽农村地区银行业金融机构准入政策，更好支持社会主义新农村建设的若干意见》，指出我国需要大幅度放宽农村金融机构准入政策，积极鼓励各类资本到农村特别是金融空白地区设立村镇银行、小额贷款公司以及农村资金互助社等新型农村金融机构。2007 年 3 月中国邮政储蓄银行有限责任公司正式成立，提出了"引导邮政储蓄资金返还农村"的口号。中国人民银行在 2009 年 12 月发布了《金融机构编码规范》，将小额信贷公司纳入金融机构范围，承认其金融机构的地位。2011 年，中国人民银行计划在"十二五"期间，进一步降低农村金融市场的准入门槛，拓宽社会资金流向农村金融市场的渠道，提高民间资本在农村金融市场的投资比例。随着我国放开民间私人贷款，目前中国农村金融已形成了包括政策性金融、合作性金融、商业性金融以及其他金融组织在内的所有金融组织形式共同发展的农村金融新体系。

我国金融监管法律制度的框架基于金融分业经营制度的基础之上，比如我国当前金融监管体系实行"一行三会"的分业监管模式。中国人民银行的主要职责是制定与执行货币政策，保障国内金融稳定与提供相关金融服务，而具体行业监管机构主要包括银监会、证监会与保监会，这三个监督机构彼此保持独立且分别对我国的银行业、信托业、证券业以及保险业运行情况进行监管，形成了"一行三会"的分业监管格局。2004 年 2 月 1 日，我国实施了《银行业监督管理法》，虽然该法规涉及银行业经营业务范围，但却没有做出具体规定，仅仅指出了"银行类金融监管机构业务范围内的品种，应当按照规定由国务院银行业监督管理机构审批或备案。需要审批或者备案的业务品种，由国务院银行业监督管理机构按照相关法律和行政法规做出规定并予以公布"。这种模糊的规定加剧了监管法律体系无法监管到部分业务领域与金融机构信息披露问题，从而对银行业监管的有效性造成了直接影响。

（二）普惠金融监管结构

自改革开放以来，我国农村经济社会飞速发展，城乡差别也越来越大，但是农村金融仍然是整个金融体系中最薄弱的环节。由于缺乏农村金融供给，国内许多农业企业与农民得不到所需贷款，落后的农村金融体系已对我国农村地区经济社会的进一步发展造成了严重制约。为了促进我国金融业的均衡发展，2004 年 1 月《中共中央国务院关于促进农民增加收入若干政策的意见》（2004）中明确指出，在进行严格监管的基础上，应在有条件的地区积极建立服务"三农"的多种所有制形式的各种金融组织。我国于 2005 年开始在部分地区进行小额信贷组织的试点工作。2006 年银监会出台了放宽农村金融机构准入限制的政策，鼓励与支持境内外资金增加对农村金融机构的投资，增设农村金融机构网点，在全国范围内陆续建立一些新型农村金融机构。同年，国家开始鼓励在县域内设立社区型金融机构，允许外资参股，自此我国民间金融也得到了进一步发展。2007 年，中国银监会先后颁布了《贷款公司管理暂行规定》、《杓镇银行管理暂行条例》等，允许国内商业银行与农村合作银行在农村地区成立贷款公司与建立村镇银行，建立服务于"三农"的银行类与非银行类金融机构，继续增加农村地区发展的资金支持力度。2008 年 5 月 4 日，中国人民银行与银监会联合发布了《关于小额贷款公司试点的指导意见》，赋予民间金融进入金融领域的合法地位，同时极大地降低了准入门槛。

伴随准入政策的放宽，各类金融机构纷纷进入我国农村金融市场，这种局面将对我国农村信用社的垄断地位造成直接冲击，从而为我国农村金融服务体系引入竞争机制，进而增强农村金融的活力，但同时也会增加农村金融的监管难度，主要体现在市场准入监管与市场退出监管上。现阶段我国涉及金融机构市场准入监管的规定主要包括：中国人民银行《农村信用合作社管理规定》（1997）；中国银行业监督管理委员会《合作金融机构行政许可事项实施办法》（2003）；《关于调整放宽农村地区银行业金融机构准入政策，更好支持社会主义新农村建设的若干意见》（2006）；《2010 中国小额信贷蓝皮书》（2011）等，这些规定集中在设立条件、发起人资格、持股比例限制以及期限规定等方面。例如，我国小额信贷是在基层的，业务量较少，若采用集中统一的监管形式并不一定合适，但可考虑中央与省级政府双层监管方式，适当分权给地方，对于县或县以下的法人金融机构与小额贷款公司，更多地发挥地方政府金融监管的作用。另外，还要鼓励普惠金融机构监管的创新与多样化。国际上对贷款机构的监管包括三种模式：对于不吸收存款、外部效应放大比较小的机构，一般采取非审慎性监管；对于只能吸收大额存款的金融机构，采取有限监管；对于能够吸收公众存款的商业银行采取审慎监管。对于我国普惠金融中的小额信贷可考虑采取非审慎性监管，这样旨在避免普惠制金融机构中的个别金融机构出现经营困难，而储户主要是贫困人群，由此产生"羊群效应"，发生挤兑现象，造成一系列的连锁反应，对整个社会造成影响。

（三）普惠制金融机构支付结算体系建设

为改善我国农村金融服务体系有必要先解决农村金融机构支付结算问题，这也是从根本上改善我国农村金融服务体系的需要。近年来，中国人民银行设计多样化的接入方式以方便农村信用社、农村商业银行等农村金融机构接入大额、小额支付系统与支票影像交换系统，使农村金融机构资金汇划渠道更加顺畅。截至2010年末，我国的农村信用社网点已达到28886家，农村商业银行网点达到1164家，农村合作银行网点达到1238家，同时有261家村镇银行网点接入中国人民银行跨行支付系统，使农村地区异地汇划渠道更加顺畅。同时，中国人民银行指导农村信用社加快电子化建设，提高农村信用社与上级联社之间的网络建设速度，逐步建立农村信用社内部支付结算网络，进而改善支付结算渠道。另外，农村支付服务环境示范县建设顺利推进，已取得初步成果。2009年，中国人民银行在全国各地组织开展改善农村支付服务环境示范县的工作。各省（自治区、直辖市）人民银行分支机构依据辖内经济发展水平，划分较高、一般与较差三个层次，选取一两个县作为改善农村支付服务环境示范县，探索发展路径，以点带面，逐步推进全国农村支付服务环境的改善。

改善农村地区支付服务环境，使农村支付结算渠道更加顺畅，提高资金周转速度，对于促进农村金融服务改善与创新，刺激农村消费有着积极的推动作用。中国人民银行十分关注农村支付服务环境建设，相继制定与实施了一系列支农惠农以及改善农村支付服务环境的政策措施。近年来，中国人民银行各分支行从实际出发，以点带面，从各方面推进农村支付服务环境改善，探索出很多特色的经验做法与建设模式，如山东寿光自 2009 年以来，大力开展农村支付服务环境建设工作，逐步形成"央行推动、政府支持、银行创新、市场带动、社会参与"的农村金融支付服务推广模式；内蒙古阿荣旗结合本地实际，以政府为依托，将银行卡推广应用与粮食收购的非现金结算作为发展重点，大力推进辖区内农村支付服务环境建设等模式。

现阶段，虽然农村金融支付结算体系建设已有很大进步，但随着农村经济多元化、新农村建设深化与农民生产生活方式的不断改变，农村金融机构支付结算体系建设正面临新形势，体现在：一是结算网点比较少、结算环节较多以及清算滞后等问题的存在，无法保证建设与生产性资金可以及时到位，导致资金的使用效率下降。二是部分地区消费结算产品供给相对不足。由于农村第三产业的快速发展，诸如银行卡与电话银行等新兴结算业务需求量显著增加，但是目前部分农村地区的消费支付结算产品供给相对不足，从而导致农村地区的资金流转速度明显下降。

（四）普惠制金融机构信用体系建设

农村信用体系建设作为发展农村金融的一项基础性工作，有助于增强农民的信用意识、提高农村金融服务水平以及改善农村信用环境和融资环境。中国人民银行以信用信息服务建设为基础，推动农村信用体系工作与改善农村信用环境。通过组建一个全国统一性的企业与个人信用信息数据库，同时为全国 1300 多万户企业与 6 亿左右自然人建立了信用档案，而且逐步扩大信用体系在农村地区的覆盖范围。截至 2008 年底，全国范围内已累计组织 12.7 万余次的中小企业金融知识培训和宣传，9.6 万余户中小企业取得了银行授信意向，贷款余额达到 7496.6 亿元，占全国新增贷款的 12.5%。与此同时，为推动小额信贷业务开展，我国农村地区已开始不断加强信用户、信用村以及信用乡镇的建设步伐；截至 2010 年底，全国大部分县市已建立农户信用档案与农户信用评价体系，共计 1.34 亿个农户信用档案，评定了 8300 多万个信用农户，7400 多万个农户得到了小额信贷支持，将建立农户电子信用档案作为重点，不断完善农户信用评价体系。特别是在近期，中国人民银行各分支机构根据总行《关于推进农村信用体系建设工作的指导意见》的要求，从地方实际出发，探索建立农户信用评价体系，已取得积极进展，各地也出现了一批极具特色的工作方法及模式。如浙江省丽水市按照"政府领导、人行主导、多方参与、共同受益"的原则，以农村信用等级评价工作为切入点，统一规划、统一标准、统一行动，全方面推进农村信用体系建设，成为全国第一个所有行政村完成农户信用等级评价的地级市；广东省茂名市从当地实际出发，构建起"政府领导、人行牵头、部门配合、金融机构参与"的农户征信管理模式；青海省则以农村信用体系建设作为金融支持"三农"的切入点，通过创建"五位一体"的农村信用体系建设工作模式，改善了青海省农村金融生态环境。

目前，在中国人民银行的积极推动之下，我国农村信用体系建设虽然已取得了显著成果，但当前国内许多农村地区仍然存在信用意识淡薄以及金融机构缺乏有效控制信用风险手段的情况。因此，我国农村信用环境的改善是一项系统工程，继续推进农村信用体系建设，探索与建立我国农村信用环境改善的长效机制，对整个农村金融的发展意义重大。

五、中国普惠金融体系的法律体系现状

普惠金融体系即是要构建一个可以为广大中低收入群体提供多样化、均等化金融服务的系统性的微型金融服务网络体系。因而政策的支持和法律的保障就成为普惠金融体系建设的根本，只有构建完备的法律制度体系才能推进普惠金融实现商业可持续性、广泛包容性以及在资金提供者与需求者之间实现信贷的特定化配比，推动普惠金融体系的建立和不断完善。

（一）我国普惠金融体系的立法现状

我国在促进普惠金融发展的法律制度建设方面一直进行着积极的探索和努力，由于普惠金融的理念在 2005 年才首次提出，因而在法律建设层面，我国目前还没有专门的法律对普惠金融领域进行总体性的规范和支持，只出台了一些行政法规、部门规章和地方性政策对普惠金融涉及的部分领域进行了指导与规定，且这些法规政策更多地集中在农村金融领域。而在制度建设层面，目前我国已针对一些特定领域和群体以及新式金融组织制定了专门的指导意见和规范，但层次较低，效力也不够稳定。由于普惠金融体系的法律、法规主要用于保障和支持经济弱势群体享有多元化、均等化和完善化的金融服务，其中经济弱势群体主要由中小企业、农民和城市中低收入者构成。

1. 对中小企业提供金融支持的相关政策法规

中小企业融资难问题并不只在我国出现，而是一个历史性和世界性的难题。有效解决这一问题，不仅可以促使资源分配更加公平，促进就业，使发展机遇更多地向弱势群体倾斜，而且也是通过建立中小企业全方位金融服务体系促进普惠金融体系发展的重要方面。因而国家很重视这一领域相关法律、法规的建设，先后出台了一系列扶持政策和措施以推动中小企业金融服务体系的构建。

　　1999 年，中国人民银行首先出台了《中小企业贷款担保办法》，原国家经贸委发布了《关于建立中小企业信用担保体系试点的指导意见》，2001 年，财政部出台了《中小企业融资担保机构风险管理暂行办法》，三个政策性文件都试图从贷款担保的角度为中小企业融资提供可能性和便利。而后，中国人民银行于 2002 年出台了《关于进一步加强对有市场、有效益、有信用中小企业信贷支持的指导意见》，进一步加强了对中小企业的贷款融资支持。

　　在此基础上，2002 年颁布的《中小企业促进法》则是我国第一次以法律形式设专章确立了国家对中小企业资金的支持，并且要求各级政府积极推动中小企业担保体系的建立，同时鼓励企业建立互助性的融资体系。2009 年 9 月，国务院又颁布了《国务院关于进一步促进中小企业发展的若干意见》，该意见提出了解决中小企业融资难的具体措施，包括建立中小企业不良贷款风险的补偿基金制度，对正规金融机构从事中小企业贷款按照增量给予补助，并组建多层次的中小企业融资担保机构等。

　　2010 年 3 月，由中国银监会牵头，发改委等多个部门联合发布了《融资性担保公司管理暂行办法》，该办法综合了发改委等机构以前对于担保机构的管理规定，形成了相对统一的担保行业监管制度，进一步对为中小企业融资提供担保进行了有效的规范。

　　由于上述法律、规范和制度文件并没有相应的配套措施和具体实施办法，因而缺乏一定的实际可操作性。《中小企业促进法》则由于缺乏法律责任的规定，在一定程度上减弱了法律应有的权威性，使中小企业融资依然面对政策随意性过大，且缺乏有效法律支持和规范的问题。

　　2. 对农村金融发展提供支持的政策法规

　　在农村小额信用贷款方面，1999 年 7 月中国人民银行首先出台了《农村信用社小额信用贷款管理办法》，并于 2001 年又出台了《农村信用社农户小额信用贷款管理指导意见》，要求全面积极推行农村小额信贷。

在上述文件推出之后，银监会又在农村合作银行、商业银行及农村信用社管理方面制定了一系列暂行规定，如 2003 年 9 月颁布了《农村商业银行管理暂行规定》、《农村合作银行管理暂行规定》和《农村信用社省级（自治区、直辖市）联合社管理暂行规定》。随后又制定了相关配套政策，如《关于农村信用社以县（市）为单位统一法人工作的指导意见》。

2004 年至 2010 年，中央一号文件连续 7 年都涉及农村金融问题，国家也在宏观政策层面上清晰地确立了在农村金融领域发展普惠金融的路线并提出了切实可行的具体措施，即通过培育竞争性的农村金融机构体系，使农村金融走地方化、小型化路线，从而促进其多元化发展。其中要求金融机构积极扩大和加强对农业和农村服务的范围和力度，提升金融服务的深度与包容度，与此同时，要求金融机构将从县域地区吸收的存款拿出一定比例以贷款的方式投放到该县域，实现信贷的特定化配比。

中央一号文件虽然不是法律，但作为政府开展工作的首要指引，其明确了国家在农村金融领域每一阶段的工作重点。根据一号文件的相关精神，中国人民银行、银监会等部门也相继通过立法和出台相关政策推动农村金融工作的开展，尤其是针对我国普惠金融的重要实践——小额信贷项目，国家和地方都先后出台了一系列政策法规。

我国于 2006 年通过了《农民专业合作社法》，该法成为我国在农村信用合作方面的专门性法律，为农民成立专业化的合作组织提供了法律支持和规范，但该法未对农民成立信贷类专业化组织作出明确规定和指导。在管理规范新型放贷机构方面，银监会于 2007 年先后颁布了《村镇银行管理暂行规定》、《贷款公司管理暂行规定》、《农村资金互助社管理暂行规定》。2008 年中国人民银行与银监会联合出台了《关于小额贷款公司试点的指导意见》，之后各地根据上述指导意见纷纷制定颁布了本省（自治区）与小额贷款公司相关的政策法规，如内蒙古自治区 2008 年 8 月出台的《内蒙古自治区小额贷款公司融资监管暂行办法》，浙江省 2012 年 2 月颁布的《浙江省小额贷款公司融资监管暂行办法》，山东省 2012 年 4 月出台的《山东省关于促进小额贷款公司规范健康发展的意见》，等等。

然而，在农村政策性金融方面，如农业保险、信用保险等方面，我国的法律体系还不完善，一些相关的法规和规范性文件或缺失，或立法层次较低，导致在这些领域中的经营、管理和权利维护都存在法律空白。如对农村政策性银行的职能定位、资金来源、运作管理及利益补偿机制至今还未以立法形式予以明确。

3. 对城市中低收入群体提供金融支持的相关政策法规

这方面的相关政策法规主要是为城市低收入群体中的下岗失业人员提供相应的金融支持，但目前这些支持都只停留在政策层面，并没有以立法的形式予以明确。相关政策主要是：2003 年 1 月，中国人民银行会同财政部、劳动与社会保障部等部门联合下发的《下岗失业人员小额担保贷款管理办法》；2004 年 3 月与 2006 年 1 月相继颁布的《关于进一步推进下岗失业人员小额担保贷款工作的通知》和《关于改进和完善小额担保贷款政策的通知》；2008 年中国人民银行与财政部、人力资源和社会保障部又联合下发的《关于进一步改进小额担保贷款管理积极推动创业促就业的通知》。

（二）我国普惠金融体系相关法律法规存在的问题

1. 缺乏对经济弱势群体的金融权利的法律保障

普惠金融以贫困和中低收入者等经济弱势群体为核心的服务对象，因而要使金融资源更多地向这一群体倾斜必须要有政策法律予以推动，并保障其享有接受金融服务的权利。然而我国目前并没有类似于美国的《社区再投资法》、《平等信贷机会法》等专门法律来实现信贷的特定化配比及金融服务的均等化以规避传统金融服务对经济弱势群体的歧视，尤其是对经济弱势群体金融权利中最基本和最重要的信贷权缺乏法律上的明确保护。

2. 纲领性及专门性法律的缺失

现有与普惠金融相关的政策法规多是一些行政法规、部门规章或地方性法规，整体而言，立法层次较低，法律效力较弱。缺少纲领性的基本法律对普惠金融的基本含义、基本原则、指导思想及发展方向等内容进行详细的规定和阐述。而且在普惠金融的各个分支领域也缺少专门性的法律予以规范，多是指导性、示范性的政策文件，采取一种金融组织形式对应一个指导意见或暂行办法的方式进行规范，如《关于小额贷款公司试点指导意见》，导致其在法律层次中没有稳定的位置。

3. 立法初衷与实际操作差异较大

一些普惠金融分支领域的相关行政法规，其立法初衷与实际操作差异较大，难以进行有效的约束和规范。如《村镇银行管理暂行规定》制定的初衷是鼓励设立村镇银行支持当地的"三农"建设与发展，然而在实际经营中，若严格按照该暂行规定，村镇银行难以盈利，因而上述暂行规定对村镇银行的指导和约束并没有发挥实际效力。又如在制定《关于小额贷款公司试点指导意见》的过程中，也是从促进小额贷款公司更好地为"三农"提供金融服务的角度出发，并规定了其对"三农"的最低贷款比率。然而在实际操作中，由于盈利的驱动，小额贷款公司则将更多的资金提供给了盈利多的企业，对指导意见中规定的相关比率也有所突破，偏离了以"三农"为核心提供服务的初衷。

（三）我国普惠金融体系法律制度建设的完善方向

1. 民间金融领域

民间金融作为普惠金融体系的重要组成部分，凭借其在区域范围内具备的信息优势，为民间资本提供了灵活有效的投融资渠道，然而目前并没有相关法律、法规对民间借贷与民间金融机构的地位和性质予以规定，对其发展进行指导和规范，因而亟需立法机构制定民间金融管理法规，以立法的形式赋予民间金融相应的法律地位。如可通过制定《民间金融机构管理条例》、《民间融资法》等法律、法规，明确各类民间金融机构的法律地位，使其走上正轨，同时给予民间借贷合理的法律空间，以满足中小企业和弱势群体多层次的融资需求，并为有效化解民间金融风险创造良好的法律支持。

2. 农村金融领域

在农村金融领域，我国目前虽然出台了一些针对新式金融组织的法规政策，如针对村镇银行、农村资金互助社、小额贷款公司的相关暂行办法和指导意见，但这些法规政策的法律层次较低，其效力和权威性都不足。因而，首先需要制定我国的《县域金融促进法》，以鼓励并约束村镇银行等新式金融机构以普惠金融为原则，确立自身的市场定位和服务对象；制定《社区再投资法》，实现农村金融领域的信贷特定化配比。其次，在对现有法规政策清理完善的基础上，分别制定《农村信用合作社法》及《小额贷款公司法》，前者用于明确农村信用合作社的合法地位，并对其发展提供金融支持。后者用于确立小额贷款公司只存不贷的非银行金融机构属性。

在此基础上，还应对农村政策性金融领域缺失的法律、法规予以完善。首先，制定《农村政策性金融法》，将农村政策性金融体系以法律形式确立起来。其次，颁布如《中国农业发展银行条例》等，用以规范和管理农村政策性金融机构。此外，还应颁布相关法律、法规对农村政策性金融的特定业务领域予以指导和规范。

3. 相关配套制度的建立与完善

有效发挥法律的效力与权威，离不开如指导意见、实施细则等相关配套制度。根据普惠金融体系的内涵，要让大规模、具有商业可持续性的金融服务惠及贫困和中低收入者。因而从供给角度出发，要使普惠金融服务的提供者在法律框架内实现商业可持续性，必然需要相关配套制度予以支持，如针对农村政策性金融机构、信用合作社、村镇银行等建立贷款风险补偿机制，出台相应的《征信管理条例》，完善《担保法》及《融资性担保公司管理暂行办法》等，在新型放贷机构范围内建立相应的信息公布制度及行业自律性监管条例等。

六、政府在中国普惠金融服务体系构建过程中的地位

在过去的几年里，政府开始对面向穷人的普惠金融产生浓厚的兴趣。事实上，政府对普惠金融的关注，既带来了机遇也带来了风险。一方面，信息充分的政府能够实施积极而有效的政策，以鼓励那些服务于贫困人群的可持续的金融机构，通过制定政策来消除那些阻碍普惠金融发展的障碍。另一方面，这种关注也带来了一定的政治风险。有些政府将小额信贷、微型金融等同于向穷人分发钱财，而且对微型金融的理解很大程度上停留在贷款发放中，而不是贫困人群所需要的全部金融服务。这反而损害了微型金融市场的建设，阻碍了普惠金融体系建设的步伐。

政府能够在为贫困人口建立金融体系的过程中发挥建设性作用，主要体现在制定良好的政策框架和促进具有竞争活力的微型金融市场两个方面，而不是简单地向穷人直接提供金融服务。国家和地方政府应该为微型金融业的市场准入和竞争的引入提供法律和监管环境。要做到这一点，主管金融行业的国家部委、中央银行和其他政府机构应该承认微型金融作为整个金融体系一部分的合法地位，而不是将其视为边缘产业或者一种资源转移机制。

政府对普惠金融体系建设的最大作用就是通过制定适当的货币和财政政策以保持宏观经济的稳定。此外，明确的政策立场、配套的规章制度以及完善的法律体系，都是政府在鼓励面向贫困人口和低收入家庭以及微型、小型和中型企业提供金融服务方面所应发挥的积极作用。

另外，如果条件和时机成熟，政府应通过调整监管框架允许所有形式的金融机构向贫困人口提供金融服务。过早或过于严厉的监管会阻碍微型金融业的创新，从而限制贫困人口获得金融服务的选择范围和便利性。只有当微型金融机构发展到一定规模，并且能够获得政府所发放的允许它们向公众吸储的资格证书时，审慎的金融监管措施才能够发挥作用。相反，政府干预也会损害微型金融市场、阻碍普惠金融体系的构建，比如设置利率上限和在零售层次提供信贷。

利率上限的规定降低了微型金融机构覆盖其经营成本的能力，这将阻碍新的机构进入这个服务于穷人的金融市场，同时，现有的微型金融机构也会因此而陷入窘境，从而最终损害的是贫困人口的利益。由于利率上限的存在，很多微型金融机构要么退出市场，要么增长缓慢、降低其贷款所收取费用的透明度，或缩减其在偏远农村和成本较高市场的业务。

政府在零售层次提供金融服务必须非常谨慎，因为政府各部门及项目管理单位通常都不具备管理小额信贷项目的技能和政治上的独立性。而补贴型贷款项目通常会与高拖欠率联系在一起。补贴型贷款吸收稀缺的公共资源，需要政府不断地补贴，这样最终会扭曲市场，阻碍微型金融机构的健康发展，并助长寻租行为的出现。

第三节　中国普惠金融体系面临的问题

一、整体普惠程度较低

新技术、新需求等因素促使近年来我国基于互联网的金融机构与业务飞速发展，针对弱势群体的金融支持政策也相继推出，普惠金融取得了巨大发展。但从整体上看，我国普惠金融体系在金融服务的覆盖率及渗透率等方面仍然有很大的发展空间，金融体系的普惠程度仍然不够。例如，农村金融基础薄弱的现状并没有得到根本性改善，小型社区类金融机构等网点比较少，小微企业与农户融资难、融资贵的问题仍然存在，金融消费者合法权益保护与金融宣传教育还需加强等。

二、农村金融仍是金融服务的薄弱环节

一是农村金融业务效益低、风险高，金融机构服务农村的内生动力不足。农业比较效益较低导致农村金融资本回报率也比较低，另外，在农村地区提供金融服务的成本比较高，一些地区在不同程度上存在资金外流的现象。农村金融相关的配套政策措施不完善，投资环境、信用环境、司法环境以及公共基础设施等建设还没有完全到位，担保公司、资产评估公司、信用评级公司等中介服务型机构比较缺乏，在一定程度上制约了农村金融的改革与创新。二是农村抵押担保品比较少，农村地区"贷款难"和"难贷款"的问题并存。在当前土地管理制度下，金融机构只可以将法律法规不禁止、产权归属清晰的资产作为抵押物。农村产权改革、农村资源信息登记、资产评估以及市场流转等相关配套条件仍不完善，制约了农村金融的发展规模与发展速度。三是农村基础金融服务广度与深度不够，无法完全满足农村居民的需求。农村金融机构的网点布局不够合理，支付结算品种与渠道比较单一，农村居民很难享受与

城市居民同等便利的存取款与支付结算等基础金融服务。

三、小微企业融资仍面临诸多困境和约束

一是小微企业融资面临信息不透明、交易不经济与风险不确定因素的制约。我国现阶段仍处于转轨期，经济结构不断改变，小微企业自身也承担着结构转型压力，银行对大企业、大项目的偏好，使信贷市场对小微企业资金供给的挤出效应更加突出。特别是在宏观环境变化与政策偏紧时期，小微企业信贷供求矛盾也变得更加突出，获得资金的难度进一步增加，此时会更加依赖于高风险的非正规金融，而利率也会进一步提高。二是面向小微企业的金融机构仍然比较缺乏，资本市场、风险投资等直接融资渠道不够通畅。银行对小微企业提供金融服务的动力仍然不足，与此同时，直接为小微企业服务的场外市场建设缓慢，直接债务融资渠道仍比较狭窄。三是政策配套措施还需完善。相关法律法规体系、财税扶持政策、风险分担机制与信用体系建设等配套政策方面仍存在不足。缺乏与《中小企业促进法》相对应的高层次协调机制，财税扶持政策与风险分担机制需要进一步落实，中小企业信用信息分散，很难进行全面归集。抵押担保手续较繁琐、费用较高。

四、普惠金融产品与服务的供给不足

一方面，金融机构数量仍无法满足普惠金融需求。在为普惠金融服务的机构体系中，近年来农业银行在县域与广大农村的机构网点数量相对正在减少，农业发展银行业务范围单一的问题仍没有得到改善，作为服务"三农"主力军的部分农村信用社也纷纷改制"弃农从商"。尽管近年来小额贷款公司、村镇银行和农村资金互助合作社等机构发展较快，机构数量增加，但总体金融供给量和快速增长的金融需求间的矛盾仍比较突出。另一方面，金融机构提供金融产品与服务的能力严重不

足。涉农金融机构资金外流比较严重，很难为当地提供成本低廉的信贷支持；从业人员业务素养与创新能力不高，无法提供满足普惠金融需求的金融产品与服务。

五、普惠金融监管面临更大挑战

随着金融创新飞速发展，普惠金融新模式也层出不穷，而基于互联网的普惠金融服务有着和传统金融服务不同的风险特征，这对金融监管提出了新的挑战。现阶段，我国还没有与普惠金融相关的全面规划设计及实施方案，政策导向不够清晰，政策框架没有形成体系，相关政策落实不到位。国家层面针对普惠金融业务的专项监管法规仍然缺位。由于缺乏制度保障，互联网金融有可能导致市场风险失控或投资者保护缺失，在全球互联网金融模式还未定型之时，如何加强监管亟待研究与探索。

第五章
中国普惠金融体系构建的主要路径

  李克强总理在第十二届全国人民代表大会第三次会议上作政府工作报告时指出，2015 年将加强多层次资本市场体系建设，大力发展普惠金融。李克强总理表示，2015 年将加强多层次资本市场体系建设，实施股票发行注册制改革，发展服务中小企业的区域性股权市场，推进信贷资产证券化，扩大企业债券发行规模，发展金融衍生品市场。推出巨灾保险、个人税收递延型商业养老保险。创新金融监管，防范和化解金融风险。大力发展普惠金融，让所有市场主体都能分享金融服务的雨露甘霖。同时政府工作报告中首次提出"制定'互联网＋'行动计划，推动移动互联网、云计算、大数据、物联网等与现代制造业结合，促进电子商务、工业互联网和互联网金融健康发展"。

  普惠金融从小额信贷和微型金融发展而来，今天，普惠金融包含了满足支付、融资、投资、保险等金融需求的综合性金融服务。不仅有利于改善低收入者的生活质量，而且有利于满足中小企业的融资需求，最终能够实现资源配置效率的提高和社会福利的增进。在新的历史条件下，普惠金融不仅仅局限于小额信贷和农村金融等范畴，互联网金融的发展使得普惠金融的概念在新的环境下有了新的意义。

  20 世纪 70 年代，以引入孟加拉国模式的小额信贷为标志，我国开始了普惠金融发展路径的第一个阶段——公益性的小额信贷阶段。20

世纪 90 年代，随着小额信贷客户范围、业务范围的扩大，金融业务提供者的增加，我国进入了普惠金融发展路径的第二个阶段——发展性的微型金融阶段。小额信贷和微型金融发展的主要目的是为低收入者和中小企业提供支持性的金融服务，目的是消除贫困，多具有公益性质，多依赖于政府和福利事业机构的支持，并不注重金融服务的营利性和可持续性，因此并不是具有现代意义的普惠金融。进入 21 世纪，普惠金融突破了前两个阶段金融服务发展的扶贫和福利性质，开始注重金融服务的营利性和可持续性，符合社会经济发展的趋势，是中国真正意义上普惠金融的开始。在现代科技和互联网快速发展的形势下，互联网金融模式下产生更加丰富的金融产品和服务，成为普惠金融体系的重要组成部分。"互联网＋普惠金融"成为普惠金融丰富其内涵，以及更好地服务于社会经济的发展和社会福利的提高的重要路径，有利于中小企业和个体工商户获得资金支持，提高社会经济运行效率，推动社会进步。

参照国际研究成果和经验，将我国普惠金融体系实践发展路径一共分为四个阶段：一是公益性小额信贷阶段，二是发展性微型金融阶段，三是综合性普惠金融阶段，四是创新性互联网金融阶段。这四个阶段反映了在宏观政策导向、基础设施与服务的深度和广度、金融产品与服务种类、金融机构的数量与密度以及客户的范围和业务需求上的差异，是普惠金融概念不断发展、边界扩大、对象增加的过程。

第一节　普惠金融体系的萌芽阶段——公益性的小额信贷阶段（20 世纪 90 年代至 21 世纪初）

1986 年以来，我国开始实行开发式扶贫，即通过发展区域经济来帮助区域贫困人口脱贫。但在这个过程中，由于监管措施不到位等诸多原因，我国出现了一系列扶贫资金漏出和挪用的问题，导致我国扶贫攻坚的历史任务完成不到位，扶贫目标出现偏离和弱化，扶贫工作效果受到一定程度的影响。小额信贷是指在特定的区域内，通过向特定的低收入群体主要是农户发放小额度的持续性的信用贷款，与扶贫贷款性质不同。20 世纪 60 年代，孟加拉国小额信贷模式取得了实践上的成功，不仅可以直接为贫困人口提供信贷资金，而且具有较高的还贷率。在该模式的影响下，我国开始尝试开展小额信贷工作。1993 年，中国社科院农村发展研究所的杜晓山将孟加拉国农村银行小额贷款模式正式引入国内，在河北易县率先建立了中国第一家小额信贷机构——扶贫经济合作社，随后以 6 个县为试点在国内成立了"扶贫经济合作社"，从此中国开启了针对扶贫的小额信贷实践。1995 年，天津、河南等地开始开展中国国际经济技术交流中心小额信贷服务项目，四川、云南、陕西等地开始开展国际组织和地方政府发起的扶贫社项目，更多的县市开展小额信贷扶贫试点，进展顺利。1996 年，政府认识到小额信贷对贫困者和农民的重要作用，开始制定政策致力于推动小额信贷的发展。

我国小额信贷在 1993 年之前的资金基本来自国际援华项目或者国家对农民的补贴性贷款。虽然此前的农村信用社有类似针对贫困者和农民的初级金融服务，但具有公益性质的小额信贷在中国开始于 20 世纪 90 年代初期，大致与中国市场经济体制建设同步。1993 年，中国社科院农村发展研究所的杜晓山借鉴孟加拉国农村银行模式，在河北易县率先建立了中国第一家小额信贷机构——扶贫经济合作社，中国针对农村贫困人口的小额信贷实践探索由此拉开了序幕。到了 1995 年，更多的县（市）加入到试点队伍中来，主要以天津、河南等地为主要中心开展了中国国际经济技术交流中心小额信贷扶贫项目，由国际组织或地方政府发起的在四川、云南、陕西等地的扶贫社项目进展顺利。从 1996 年起，政府逐渐重视小额信贷在扶贫中的作用，开始通过制定政策支持小额信贷的发展。

杜晓山在扶贫经济合作社的宗旨中指出，"通过提供小额信贷服务改善贫困农户，特别是贫困妇女的经济状况和社会地位"。在这个阶段，小额信贷主要以信贷扶贫为主，在小范围进行试点，依靠政府和国际组织的资金支持，具有公益性质，因此被称为公益性的小额信贷。公益性的小额信贷具有创新性质，有助于减缓农村地区的贫困状况，是我国普惠金融进入萌芽阶段的开端，具有重大意义。

第二节　普惠金融体系的发育阶段——发展性的微型金融阶段（21 世纪初到 2005 年）

在前期公益性小额信贷的试点阶段之后，小额信贷的扶贫效果日益显现，逐渐吸引了政府部门的关注和支持，发展性的微型金融阶段开启了。在这个阶段，小额信贷不仅仅满足扶贫的目的，更加注重提高农民收入促进就业的作用，服务对象不断丰富和扩大。农村信用社、城市商业银行等金融机构也参与投向小额信贷领域，参与的机构也不断增多。中国人民银行对小额信贷的执行办法和指导意见逐步落实，开启了我国小额信贷规范化进程。

发展性的微型金融阶段分为扩展阶段与正规化和制度化阶段。扩展阶段（1996—2000 年）不同于上一阶段，在本阶段的小额信贷已经有了政府的参与，我国政府将国家财政资金和扶贫贴息贷款作为资金的来源，加上来自国际的资金援助，联合政府机构和少数金融机构维持着我国的小额信贷项目。1999 年以前，政府提供扶贫项目的小额信贷资金是通过扶贫社来代理农业发展银行发放扶贫贴息贷款，1999 年以后，直接由农业发展银行发放扶贫贴息贷款。正规化和制度化阶段（2000—2005 年），其主要特征为农村信用社开始开展农户的小额信用贷款。此时农村信用社的资金来源于中央银行的再贷款。

随着中国国有企业在 20 世纪 90 年代末期进入改革攻坚阶段，中国城市下岗职工再就业问题变得越来越突出，再就业和创业过程产生了大量的资金需求。在农村小额信贷方面，中国人民银行先后多次出台指导意见，提出采取"一次核定、随用随贷、余额控制、周转使用"的管理办法，开展"基于农户的信誉，在核定的额度和期限内向农户发放不需要抵押、担保的贷款"，并"建立完善的农户贷款档案"，使得农户小额信贷得以全面展开。在针对城市下岗职工的微型金融产品和服务方面，2002年12月，为落实《中共中央国务院关于进一步做好下岗失业人员再就业工作的通知》，中国人民银行、财政部、国家经贸委、劳动和社会保障部共同印发了《下岗失业人员小额担保贷款管理办法》，对城市下岗职工获得微型金融担保贷款进行了详细的规定。

在发展性的微型金融阶段，小额信贷需求的目的不再只是以扶贫为主，而是在农村提高农村信用合作社信贷服务水平，加大支农信贷投入，更好地发挥农村信用社在支持农民、农业和农村经济发展中的作用。在城市解决下岗职工再就业问题，提高居民生活质量。从提供金融产品和服务的主体来看，在发展性的微型金融阶段，正规金融机构开始全面介入小额信贷。总体上，微型金融是小额信贷的广义范畴，是一种以小额信贷为主的金融形态，是小额信贷多样化和持续化的结果。但是，微型金融又不仅仅是小额信贷，还包括存款、保险等其他金融服务。微型金融是一个非常宽泛的概念，它既包括正规金融机构（如一些商业银行）开展的微型金融服务，也包括那些非正规金融机构和个人开展的微型金融服务。

第三节　普惠金融体系的成熟阶段（2005 年至今）

2005年，联合国大会提出"构建普惠金融体系"的主张，将这一年指定为"国际小额信贷年"，标志着"普惠金融"概念的开始和广泛应用。同年在中国，中央一号文件明确提出，"有条件的地方，可以探索建立更加贴近农民和农村需要、由自然人或企业发起的小额信贷组织",标志着中国的小额信贷进入综合性普惠金融阶段。

普惠金融体系也称包容性金融体系,其基本含义是:能有效、全方位地为社会所有阶层和群体提供服务的金融体系。

普惠金融继承了小额信贷和微型金融作为"最有效扶贫"金融机构的美称,同时它又超越了小额信贷和微型金融。目前,全球仍有众多人群并未真正享受到便利的可持续的金融服务,说明小额信贷和微型金融仍不同程度地被边缘化,目前的金融体系并没有为社会所有人群提供有效的服务。因此,只有将服务于贫困人口的金融服务纳入国家的整体金融服务体系中来,小额信贷和微型金融才有可能得到大规模可持续发展,这种融合过程即是建立普惠金融体系的过程。普惠制金融的理念是在借鉴小额信贷和微型金融发展经验的基础上,促进当前的金融体系满足所有对金融服务有需求的人群,包括穷人也包括富人,使得所有对金融有需求的人都可以平等地享受金融服务,其实质是信贷获得权的公平,金融融资和投资权的公平。2006 年诺贝尔和平奖得主、孟加拉乡村银行总裁尤努斯教授说:"信贷权是人权"。就是说,每个人都应该有获得金融服务机会的权利。只有每个人拥有金融服务的机会,才能让每个人有机会参与经济的发展,才能实现社会的共同富裕,建立和谐社会与和谐世界。

国内最早引进这个概念的是中国小额信贷联盟(原名中国小额信贷发展促进网络)。2004 年 11 月,中国小额信贷联盟的主页标题下明确写出网络宗旨:"促进普惠金融体系,全面建设小康社会"。中国人民银行研究局副局长焦瑾璞于 2006 年 3 月在北京召开的亚洲小额信贷论坛上,正式使用了这个概念。从 2005 年开始,联合国开发计划署与商务部国际经济技术交流中心和中国人民银行、国家开发银行、哈尔滨银行、包商银行合作,开展了"建设中国普惠金融体系"项目。中国人民银行项目内容为普惠金融政策研究。2012 年 6 月 19 日,国家主席胡锦涛在二十国集团峰会上指出："普惠金融问题本质上是发展问题，希望各国加强沟通和合作，提高各国消费者保护水平，共同建立一个惠及所有国家和民众的金融体系，确保各国特别是发展中国家民众享有现代、安全、便捷的金融服务。"这是中国国家领导人第一次在公开场合正式使用普惠金融的概念。在 2013 年 11 月 12 日中国共产党第十八届中央委员会第三次全体会议通过的《中共中央关于全面深化改革若干重大问题的决定》正式提出"发展普惠金融。鼓励金融创新，丰富金融市场层次和产品"（第三部分第十二条）。

2006 年联合国公布的《建设普惠金融体系蓝皮书》中明确指出，建立普惠金融的基本目标是：在健全的政策、法律和监管框架下，每一个发展中国家都应有一整套金融机构体系，共同为所有层面的人口提供合适的金融产品和服务。这一整套金融体系应具备的特征是：（1）所有家庭和企业都能够以合理的价格获得一系列金融服务，比如储蓄、短期和长期贷款、本地汇款及国际汇款等，享受金融服务再也不是那些"银行可接受的"人所专有的特权；（2）拥有健全的机构、完善的行业标准和市场监管体系，建立具有持续盈利能力和风险控制能力的微型金融组织，这类微型金融服务机构主要靠自身能力在市场获得生存和可持续发展的机会；（4）鼓励金融机构提供多样化的金融产品和服务，努力为各阶层客户提供能够满足他们基本需求的金融产品和服务。

普惠金融体系的成熟阶段共分为两个阶段，一是综合性普惠金融阶段，二是创新性互联网金融阶段。在综合性普惠金融阶段，普惠金融仍然以小额信贷为主体。2005 年，中国人民银行在四川、贵州等西部省份进行小额信贷组织试点工作，探索民间资本进入小额信贷市场的可行性。以市场为主体的商业性市场化小额信贷组织成立，以商业投资资本为主的小额贷款公司，遵循"只贷不存"的原则，在市场中自主经营。2006 年，中央一号文件明确鼓励民间资本可以参股微型金融机构，培育以民间资本为主体的小额贷款组织。经过几十年的发展，我国小额信贷取得了很大的进步，小额信贷组织和规模迅速扩张，在帮助农业生产方面和促进当地经济发展方面，发挥了特别突出的作用。为了适应小额信贷市场的发展，许多商业银行成立了专门的微型金融部门，将微型金融作为新的发展契机，并针对小微客户提供多元的金融服务创新，不再局限于简单的信贷业务。同时，民营资本进入金融业逐渐放开，村镇银行获准设立。

在创新性互联网金融阶段，互联网技术在我国的普及为互联网金融的爆炸式发展提供了可能。中国互联网络信息中心（CNNIC）发布的《第 35 次中国互联网络发展状况统计报告》指出，截至 2014 年 12 月，我国网民规模达 6.49 亿人，全年共计新增网民 3117 万人。互联网普及率为 47.9%，较 2013 年底提升了 2.1 个百分点。2014 年互联网金融被首度写入政府工作报告，目前中国已是全球最大的互联网金融市场。截至 2014 年底，余额宝资产规模达到 5789.36 亿元，在余额宝身后，还有它带动的庞大的基金队伍。中国互联网络信息中心数据显示，截至 2014 年底，互联网理财产品用户规模为 7849 万人。另一种互联网金融的形式 P2P 在国内也是方兴未艾，目前中国 P2P 行业规模也已是全球最大。易观智库的研究显示，2014 年国内 P2P 行业规模达 2012.6 亿元人民币，新上线的网贷平台超过 900 家。互联网金融在中国迅猛增长。互联网金融不断冲击传统金融体系，以其便捷支付、产品创新、可得性强、参与度高的特点迅速成为我国普惠金融的一个重要组成形式。

现代普惠金融的发展阶段，呈现供给主体正规化、覆盖对象扩大化、金融服务多元化、交易方式网络化等特点，标志着全面普惠金融体系正在构建。

一、综合性普惠金融阶段（2005—2010 年）

从资金的提供方来看，小额信贷组织不断设立，为民营资本进入金融市场创造了条件，村镇银行也随之迅速兴起。从资金需求方来看，在农村农民和城市低收入者需求资金依然没有根本缓解的同时，小微企业的资金需求不断引起社会的关注，银行的金融服务体系逐步将小微企业纳入服务范围。从金融产品创新来看，综合性普惠金融已不仅仅停留在提供慈善性小额信贷或发展性小额贷款的阶段，而是进入了提供综合金融服务阶段，这些金融服务包括支付、汇款、保险、典当等。与此同时，从金融体系依托的工具来看，综合性普惠金融服务不断有网络化、移动化的趋势。

（一）综合性普惠金融发展路径（微观和客户层面）

普惠金融来源于小额信贷和微型金融，传统金融转型和民间金融创新成为小额信贷和微型金融向综合性普惠金融阶段发展的两种路径。

1. 传统金融转型

传统提供信贷服务的金融机构主要包括国有商业银行、股份制商业银行、政策性银行和信用合作社。传统金融向普惠金融的转型主要包括地区城乡之间机构网点的设置、发起设立新机构、金融产品和服务方式的创新、增加对小微企业资金需求的关注、提高技术能力等方面。

（1）大型商业银行的转型。1998—2006 年，包括农业银行在内的四大国有商业银行，一直在撤离农村市场，在四家大型商业银行收缩县域营业网点的同时，其他县域金融机构的网点也在减少。2006 年，为解决农村地区银行业金融机构网点覆盖率低、金融供给不足、竞争不充分等问题，银监会发布了《关于调整放宽农村地区银行业金融机构准入政策更好支持社会主义新农村建设的若干意见》，按照商业可持续原则，适度调整和放宽农村地区银行业金融机构准入政策，降低准入门槛，强化监管约束，加大政策支持，促进农村地区形成投资多元、种类多样、覆盖全面、治理灵活、服务高效的银行业金融服务体系。各大商业银行也都积极参与到农村金融领域中来，尤其是在微型金融领域都进行了积极的探索。

为积极支持当地经济发展，更好地发挥在农村金融体系中的骨干和支柱作用，在湖北汉川被确定为银监会调整放宽准入政策的试点地区后，农业银行积极争得湖北省政府和监管部门的支持，将农业银行确定为湖北汉川村镇银行的主发起人。2007年农业银行明确提出"面向三农、整体改制、商业运作、择机上市"的股改方针，积极探索和参与农村、牧区新型金融机构组建。湖北汉川农银村镇银行正是在这一背景下设立的。湖北汉川农银村镇银行自2008年8月18日挂牌开业以来，为履行把村镇银行打造成为具有"农"字特色、机制灵活、竞争力强、可持续发展的农村精品银行的承诺，湖北汉川农银村镇银行充分发挥地处农村乡镇、直面农民的优势，抓住国家服务"三农"、扩大内需、提振经济的机遇，不遗余力地服务"三农"。设立村镇银行是对服务"三农"新型组织模式和运行机制的尝试。与农业银行网点不同，村镇银行作为一级法人，董事会、监事会、管理层各司其职，管理链条短，能自行决定是否放贷、放贷给谁，能更加高效地为当地农民提供服务。

2008年9月26日，由交通银行股份有限公司发起并控股的大邑交银兴民村镇银行在四川省大邑县正式开业，这是国内首家由大型股份制商业银行参股设立的村镇银行，注册资本6000万元人民币，交通银行持股61%。大邑交银兴民村镇银行的成立，开国内大型股份制银行发起设立村镇银行的先河，是交通银行在新型农村金融机构的设立、经营、管理模式等方面的有益探索。大邑地处成都平原西部，隶属成都市，县城距成都市区约50公里，属成都半小时经济圈，经济发展潜力较大，农业与民营经济发展尤为迅速。大邑交银兴民村镇银行的设立在满足地方金融需求的同时也弥补了交通银行在当地的网点空缺，使交通银行有机会分享地方经济高速发展的成果，并在农村金融机构管理与进一步发展农村经济方面积累了宝贵经验。

交通银行为村镇银行提供资金、人员、技术、管理等方面的一系列支持，包括派遣高管及专家团队，提供专业的人员技能培训，构建先进的银行业务系统，设计科学严密的内控制度及操作流程，提供决策支持和信息技术、审计监督等后台支撑。通过各种措施，使大邑交银兴民村镇银行在开业伊始就在资金实力、技术水平、经营能力、风险管理等方面都处于较高的水平。在交通银行的大力支持下，该行还获得中国银联批准发行"兴民卡"，成为国内首家发行银行卡的村镇银行，该卡可以在全国（包括港澳地区）使用。并成为国内首家全国城市商业银行资金清算中心的村镇银行会员，开办了可以在全国 26000 个网点通兑的银行汇票业务。交通银行与大邑交银兴民村镇银行以业务联动的方式，全面开展业务合作，提高农村地区金融产品的丰富程度和金融服务水平。以支持大邑本地经济建设和新农村建设为己任，为大邑人民和各企事业单位提供更加多元化、更加优质的金融服务。

2007 年 12 月 13 日，国内第一家外资村镇银行——湖北随州曾都汇丰村镇银行有限责任公司在随州三里岗镇正式开业。曾都汇丰村镇银行是香港上海汇丰银行公司的全资子公司，开业初期提供企业和个人存款服务，并向农业相关企业提供融资服务，向出口型企业提供贸易服务和结算业务服务。2008 年 4 月，渣打银行与中国扶贫基金会签署了贷款及合作协议。这是外资银行第一次为中国扶贫机构的农村小额信贷项目提供信用贷款。

三农金融事业部制是农业银行根据股份制改革要求，为实施"三农"和县域金融服务专业化经营而采取的一种内部组织管理模式，以县域金融业务为主体，在治理机制、经营决策、财务核算、风险管理、激励约束等方面具有一定的独立性。从 2008 年 3 月起，农业银行在推进股份制改革的同时，选择部分省市分行，开始了三农金融事业部改革试点。从 2010 年 5 月起，在前期试点的基础上，农业银行选择四川、重庆、湖北、山东等 8 家省级分行下辖的 561 个县域支行，开展深化三农金融事业部改革试点。2012 年以来，按照监管部门要求，农业银行三农金融事业部改革试点范围扩大至黑龙江、河南、河北、安徽等 12 家一级分行，深入推进三农金融事业部改革体制机制建设。截至目前，农业银行三农金融事业部改革试点工作已取得了初步成效，体制机制和资源保障都更加有力。总行建立和完善了"四部五中心"的管理架构，事业部"六个单独"的运行机制进一步做实。试点范围扩大后，试点县支行的业务量及利润额占全行县支行业务量及利润额的比例从 40%提升至 80%左右，农村金融服务水平得到有效改善。

（2）邮政储蓄银行的转型。在承继邮政储蓄 20 多年发展的基础上，邮储银行已经形成了自身独特的比较优势：一是网络优势明显；二是资产优势雄厚；三是信誉优势突出。结合各地区的地域特点，在扩大邮储资金自主运用范围加快建立完善的邮政储蓄资金有序回流的机制，并承担相应风险。具体措施有：第一，拓宽资金返还渠道，加速资金回流。县级以下邮政储蓄银行筹集的资金直接拆放给或通过人民银行再贷款返还给农村信用社、小额贷款公司、社区银行或村镇银行，确保落后地区资金供应；县级邮政储蓄银行可以在企业自愿或行业协会参与的基础上，组织小企业建立贷款联保机制；与政策性银行合作，将邮政储蓄资金间接回流；通过购买投入国债、政策性金融债券或其他金融债券，使资金回流。第二，加大小额信贷投放，满足落后地区资金需求，并在贷款额度、利率、审批等方面，加强产品与服务创新，加大对普惠金融发展的信贷支持和倾斜。第三，在加大小额信贷投放的基础上，依托稳定的资金优势，邮储银行还将通过银团贷款等批发类资产业务，拓宽资金回流渠道，着力解决中小企业、农业农村的产业化经营、配套基础设施建设和综合开发等大项目的融资需求。第四，充分发挥网络优势，致力于基础服务。继续做好存取款、汇款等基础金融服务，做好财政补贴资金和水电等公共事业费的代收代发工作，进一步发挥个人结算主渠道的作用。第四，积极加大投入，改善网点服务环境，推进 ATM 等现代服务手段，不断提高基础金融服务的水平和质量，满足现代金融发展的需要。

在各级政府、金融监管部门以及社会各界的关心和支持下，中国邮政储蓄银行坚持普惠金融理念，自觉承担"普之城乡，惠之于民"的社会责任，走出了一条服务"三农"、服务中小企业、服务社区的特色发展之路。2007 年 6 月 22 日，中国邮政储蓄银行小额贷款业务在河南正式启动。同月开始在河南、陕西、湖北、福建、山东、浙江、北京等七省（市）展开试点，并逐渐在全国范围内进行推广。小额贷款业务试点的启动，标志着邮储银行的贷款业务从质押贷款到无质押贷款的推进。目前，中国邮政储蓄银行已成为全国网点规模最大、覆盖面最广、服务客户数量最多的商业银行。截至 2015 年 6 月末，邮储银行拥有营业网点超过 4 万个，打造了包括网上银行、手机银行、电话银行、电视银行、微博银行、微信银行和易信银行在内的电子金融服务网络，服务触角遍及广袤城乡，服务客户近 4.9 亿人；累计发放小微企业贷款超过 2.3 万亿元，帮助约 1200 万户小微企业解决了融资难题。

（3）农村信用社的转型。我国在四大国有控股商业银行陆续退出农村金融市场以后，农村金融市场所留下来的空白主要由农村信用社来填补。农村信用合作社指经中国人民银行批准设立、由社员入股组成、实行民主管理、主要为社员提供金融服务的农村合作金融机构。

目前，国有商业银行在县域的机构呈收缩之势、在县域的信贷投放增长也不大，股份制商业银行大部分在县域没有机构、信贷投放有限。

服务农村经济、支持农村发展的金融主体力量，在今后相当长的一段时间内仍将是农村信用社系统，农村信用社作为金融支农主力军的地位和作用不可替代。农村信用社在县域具有极大的优势，其在我国广大农村服务网点众多，网点之间联系紧密、实行通存通兑，方便资金流动。农村信用社与村委会合作成立信用评定小组开展小额信贷业务，对农户来说简化了贷款手续，降低了贷款成本；对农村信用社来说，避免了因信息不对称而产生的"逆向选择"和"道德风险"，提高了贷款的安全性。

2003 年以来，农村信用社改革试点全面启动，以此为标志的新一轮农村金融改革创新全面推进。2003 年 6 月 27 日，国务院下发了《深化农村信用社改革试点方案》，这个方案再次启动了农村信用社改革的新一轮创新，试点工作在浙江等 8 个省进行，该方案主要有三方面内容，即改革农村信用社产权制度，改革农村信用社管理体制以及国家帮扶信用社。2004 年 8 月底，将试点地区进一步扩大到了 21 个省、自治区、直辖市。2007 年 8 月，随着最后一家省级合作社的正式挂牌，我国新的农村信用社经营管理体制框架已经在全国范围内建立起来。农村信用社坚持服务"三农"的市场定位，按照建立现代农村金融制度的要求，不断推进涉农金融机构改革和创新，坚持下沉服务重心，切实做到不脱农、多惠农。

经过十年改革探索，人民银行等部门提供的 2600 多亿元政策支持资金全部落实到位，基本实现了"花钱买机制"的政策目标，农村信用社（含农村商业银行、农村合作银行）的支农能力不断增强，涉农贷款和农户贷款分别占全部金融机构的三分之一和近七成，金融支持"三农"的主力军作用得到持续发挥，在丰富县域金融体系，解决农村地区银行业金融机构网点覆盖率低、金融服务不足、竞争不充分等方面发挥了重要作用。

（4）政策性金融转型。政策性金融的目的在于补充和完善市场融资机制，在社会发展需要而商业性金融机构又不愿意提供资金的项目上，政策性金融参与弥补商业性融资的缺陷，起到完善金融体系的作用。同时政策性金融能够诱导和牵制商业性资金的流向。一是政策性银行通过自身的先行投资行为，给商业性金融机构指示了国家经济政策的导向和支持重心，从而消除商业性金融机构的疑虑，带动商业性资金参与；二是政策性银行通过提供低息或贴息贷款可以部分弥补项目投资利润低而又无保证的不足，从而吸引商业性资金的参与；三是政策性银行通过对基础行业或新兴行业的投入，可以打开经济发展的瓶颈或开辟新的市场，促使商业性资金的后续跟进。政策性金融鼓励支持商业性金融积极参与普惠金融项目，支持"三农"和小额信贷，创造条件使商业性金融参与进来，促进市场效益和社会效益双重实现。

我国建立了包括政策性银行、政策性担保机构和政策性农业保险机构等在内的完整的农村政策性金融支持体系。在政策性银行机构中，有中国农业发展银行、国家开发银行和中国进出口银行，中国农业发展银行是主力军。中国农业发展银行的主要任务是：按照国家的法律、法规和方针、政策，以国家信用为基础，筹集农业政策性信贷资金，承担国家规定的农业政策性和经批准开办的涉农商业性金融业务，代理财政性支农资金的拨付，为农业和农村经济发展服务。2010 年，中国农业发展银行已形成了以粮棉油收购信贷为主体，以农业产业化信贷为一翼，以农业和农村中长期信贷为另一翼的"一体两翼"业务发展格局。2011 年初，农业发展银行从探索多元化经营、实现长期可持续发展的战略角度考虑，决定开展投资业务，成立投资部筹备组，并将投资业务定位为农业政策性的投资业务。2012 年中国农业发展银行正式成立投资部，拟进军直接投资和资产证券化等领域，这不仅意味着该行商业化程度的进一步提升，还昭示着其在综合金融的道路上大步迈进。2014

年 9 月 24 日，国务院第 63 次常务会议审议通过了《中国农业发展银行改革实施总体方案》。农业发展银行认真贯彻落实党中央、国务院的大政方针，顺应我国城乡关系深刻调整的历史趋势，制定并实施了"两轮驱动"业务发展战略，重点支持粮棉油收储和农业农村基础设施建设，为维护国家粮食安全、促进城乡发展一体化作出了不可替代的重要贡献。《中国农业发展银行改革实施总体方案》于 2014 年 11 月正式完成，未来将进一步强化政策性职能，在农村金融体系中切实发挥主体和骨干作用。

（5）大力发展开发性农村金融。开发性金融是实现政府发展目标，弥补体制落后和市场失灵，维护国家经济金融安全，增强竞争力的一种金融形式。它是政策性金融的深化和发展。早在 2004 年国家开发银行已经出台了扶持中小企业发展的政策，2005 年重点投向中小企业、"三农"等政府关注的优先发展行业。但总的来讲，国家开发银行对农村经济的支持力度仍较弱。因此，在社会主义新农村建设中，国家开发银行对农村经济的支持还有较大的拓展空间，应加强对县域及农村基础设施建设的支持力度。国家开发银行发挥开发性金融支农作用，在促进农村和县域社会建设、积极稳妥地支持农业"走出去"方面持续发挥积极作用。

信贷产品和服务方式创新。许多传统金融机构也为迅速抢占农村市场，针对不同的农村金融需求积极开展信贷产品创新。

为了解决农业生产组织化程度极低，小生产与大市场矛盾突出、贷款成本高等问题，部分地将以前的"点"式服务逐渐转变为群链开发，立足于产业集群、总部集群、商业集群、产业链、销售链和供应链，推进商圈开发、连锁贷、小企业综合金融服务等创新模式，以优质零售撬动批发，以优质批发带动零售。推进"企业 + 农户"的模式，农户从企业得到生产原料，经过加工将产品卖给企业，这样企业可以用自己雄厚的资金为农户担保，从而使农户获得生产所需要的资金，而农户生产之后可以将部分利润用于还贷，形成农户、金融机构、企业的"三赢"模式。

订单农业质押贷款是农村信用社向农户发放的以订单农业购销合同的收款权为质押担保的贷款。为破解农民贷款难题，通过政府和企业共同出资设立担保基金，让"农业订单"可以作为农民质押贷款的凭证，帮助农民走出融资困境。

信用共同体是指由农村信用社、政府部门、行业协会、市场管理机构等共同组织，同一辖区内信用程度高、经营管理好的小企业、个体工商户自愿申请加入组成的，具有融资担保互助职能的组织或联合体。信用共同体信贷业务是指农村信用社为信用共同体成员办理的贷款、票据承兑和贴现等本外币授信业务。信用共同体将农户个人信用变为集体信用，降低了信贷业务的成本，提高了安全性。

金穗惠农卡是中国农业银行基于金穗借记卡业务平台研发的，面向全体农户发行的综合性银行卡产品。在借记卡的基本功能以外，金穗惠农卡还可作为农户小额贷款的发放载体、财政补贴的直拨通道、社会保险的参保凭证、资金汇兑的安全通路，在农业生产、社会保障、个人理财等多方面为农户提供方便、快捷和周到的金融服务。为更好地实现服务"三农"的工作目标，切实减轻农户办卡、用卡的成本，农业银行对惠农卡金融服务收费实施免收小额账户服务费、免收主卡和交易明细折工本费、减半收取主卡年费、在农村信用社办理取款按人民银行农民工银行卡特色服务费标准实施交易手续费的优惠。

2012年3月1日，中国银联联合多家金融机构在北京首次推出"福农"主题系列银联卡，以特色产品整合相关涉农社会服务，打造金融服务"三农"的新平台。"福农"主题系列银联卡是中国银联响应中央服务"三农"的号召，为解决农村地区长期存在的融资难、贷款难和支付不便的问题，在吸收农业银行发行的惠农卡和多家中小商业银行发行的涉农卡经验基础上，联合金融机构和国内知名涉农机构，结合农村市场实际推出的新型涉农银行卡产品。福农卡以小额循环贷款和涉农产业联盟两个特色资源，满足农村群众灵活便利取得贷款的需求和放心、安全、便利的支付需求。福农卡的发卡对象主要是从事农业生产的农民、种植养殖大户和涉农个体工商户、中小企业主等，为其提供小额循环贷款，代发国家和地方各项涉农补贴，化肥、种子、农药、农机等农业生产资料直销，农产品收购，涉农保险，"万村千乡"工程等各种支付服务。中国银联还携手金融机构、商业联盟伙伴，打造"信用 + 价值"双效评估体系，培育农村群众的信用意识，并积极推广 POS 机助农取款、手机支付等创新业务，拓展"福农卡"的应用范围。

2014 年《中国农村金融服务报告》指出，人民银行等部门努力提高农村金融服务满意度和便利性，不断推出农村金融产品和服务的创新政策，使金融产品和服务创新不断适应现代农业的发展要求。一是贯彻落实党的十八届三中全会精神，为农村资金需求"量体裁衣"地推出新的产品和服务，满足低成本和可持续的要求。二是按照党的十八届三中全会、中央农村工作会议"赋予农民更多财产权利"改革部署贯彻落实工作，按照中央对农村集体土地所有权、承包权、经营权三权分置、经营权流转的要求，慎重稳妥地推进农村承包土地的经营权和农民住房财产权抵押贷款试点工作，探索实现农民对农村集体资产股份的抵押、担保权能，促进农业生产规模化、农业现代化、农民增收和城乡统筹发展。

2. 民间金融创新

为了加强对民间金融的监管，一些关于开展小额贷款公司试点工作的实施意见和暂行管理办法也相继出台，这样那些原来游走在政策和法律外的民间借贷渐渐走出了"灰色地带"，从而增强了对普惠金融的扶持力度。开放普惠金融市场，积极支持和引导社会各类资本进入普惠金融市场，成立村镇银行、小额贷款公司和农村资金互助社等新型农村金融机构。村镇银行、小额贷款公司和农村资金互助社等新型金融机构的出现在促进农村金融市场不断发展和完善方面做了有益的尝试。

（1）小额贷款公司。小额贷款公司是由自然人、企业法人与其他社会组织投资设立，不吸收公众存款，经营小额贷款业务的有限责任公司或股份有限公司。与银行相比，小额贷款公司更为便捷、迅速，适合中小企业、个体工商户的资金需求；与民间借贷相比，小额贷款更加规范、贷款利息可双方协商。小额贷款公司经营地贷款业务（包括工薪阶层的个人贷款服务）提供高达 15 万元人民币甚至更高的贷款额度，贷款期限分 12 个月或 18 个月，一般能在申请的当天放款。对于小企业，小额贷款公司提供免抵押、免担保的贷款服务。只要经营时间超过 6 个月，都可以申请高达 30 万元人民币的贷款，一般能在两到三天内放款。同时，客户可以在预定的限额内还款或重贷，无需支付违约金，方便时常需要额外现金的客户以及需要灵活还款、随时取现的客户。贷款利率高于金融机构的贷款利率，但低于民间贷款利率的平均水平。许多省、市规定：小额贷款公司按照市场化原则经营，贷款利率上限放开，但不得超过中国人民银行公布的贷款基准利率的 4 倍；下限为贷款基准利率的 0.9 倍；具体浮动幅度按照市场原则自主确定。在贷款方式上，《关于小额贷款公司试点的指导意见》中规定：有关贷款期限和贷款偿还条款等合同内容，均由借贷双方在公平自愿的原则下依法协商确定。小额贷款公司在贷款方式上多采取信用贷款，也可采取担保贷款、抵押贷款和质押贷款。在贷款对象上，小额贷款公司发放贷款坚持"小额、分散"的原则，鼓励小额贷款公司面向农户和小企业提供信贷服务，着力扩大客户数量和服务覆盖面。同一借款人的贷款余额不得超过小额贷款公司资本净额的 5%。在此标准内，可以参考小额贷款公司所在地经济状况和人均地方生产总值水平，制定最高贷款额度限制。

2005 年 10 月，山西、四川、贵州、内蒙古、陕西五省区决定各选择一个县（区）进行小额贷款公司试点，而且要求小额贷款组织的贷款业务严禁跨行政区域经营。2005 年 12 月至 2006 年 8 月底，在试点的山西省平遥县、四川省广元市市中区、贵州省江口县三个试点县（区）分别成立了四家小额贷款公司，即晋源泰小额贷款有限公司、日升隆小额贷款有限公司、全力小额贷款有限公司、华地小额贷款有限公司。这些小额贷款公司实行市场化运作，自主经营、自负盈亏、依法经营，明确规定"只贷不存"。其基本原则是，试点成立的小额贷款公司只能以股东合法的自有资金发放贷款，不得以任何形式吸收存款；小额贷款公司发放的贷款，要坚持立足农村、服务"三农"的原则和方向，以完善农村金融服务为目标，在具体政策和管理制度设计方面坚持商业可持续经营；力争使试点模式可复制、可推广。2006 年 9 月 18 日，西安市大洋汇鑫小额贷款公司、西安信昌小额贷款公司开业。2006 年 10 月 12 日，内蒙古自治区第一家小额贷款公司——融丰小额贷款公司在鄂尔多斯市东胜区正式挂牌成立。至此，中国人民银行批准的"五省试点"均成立了小额贷款公司。

（2）村镇银行。村镇银行是指经中国银行业监督管理委员会依据有关法律、法规批准，由境内外金融机构、境内非金融机构企业法人、境内自然人出资，在农村地区设立的主要为当地农民、农业和农村经济发展提供金融服务的银行业金融机构。村镇银行的建立，有效地填补了农村地区金融服务的空白，加大了农村地区的金融支持力度。村镇银行与一般商业银行不同，它具有注册资本"低门槛"、公司治理结构灵活、可跨区域兴办、融资结构多元化、坚持小额分散和努力防范信贷集中风险的审慎监管要求等特点。村镇银行的第一个重要特点就是机构设置在县、乡镇，准入门槛较低。根据《村镇银行管理暂行规定》，在地

（市）设立的村镇银行，其注册资本不低于人民币 5000 万元人民币；在县（市）设立的村镇银行，其注册资本不得低于 300 万元人民币；在乡（镇）设立的村镇银行，其注册资本不得低于 100 万元人民币。村镇银行的市场定位主要在于两个方面：一是满足农户的小额贷款需求，二是服务当地中小型企业。村镇银行的第二个特点是为中小企业和农户服务的市场定位。为有效满足当地"三农"发展需要，确保村镇银行服务"三农"政策的贯彻实施，在《村镇银行管理暂行规定》中明确要求村镇银行不得发放异地贷款，在缴纳存款准备金后其可用资金应全部投入当地农村发展建设，然后才可将富余资金投入其他方面。村镇银行的第三个特点是灵活的公司治理结构。作为独立的企业法人，村镇银行根据现代企业的组织标准建立和设置组织构架，同时按照科学运行、有效治理的原则经营，村镇银行的管理结构是扁平化的，管理层次少、中间不易断开或产生时滞，决策链条短、反应速度相对较快，业务流程结构与农业产业的资金要求较为贴合。村镇银行还有创新的发起人制度和多元化的产权结构。"发起人制度"是指银监会规定，必须有一家符合监管条件，管理规范、经营效益好的商业银行作为主要发起银行并且单一金融机构的股东持股比例不得低于 20%，此外，单一非金融机构企业法人及其关联方持股比例不得超过 10%。后为了鼓励民间资本投资村镇银行，银监会于 2012 年 5 月出台《关于鼓励和引导民间资本进入银行业的实施意见》，将主发起行的最低持股比例降至 15%，进一步促进了村镇银行多元化的产权结构。

2006 年 12 月 20 日，中国银监会出台了《关于调整放宽农村地区银行业金融机构准入政策，更好支持社会主义新农村建设的若干意见》，提出在湖北、四川、吉林等 6 个省（自治区）的农村地区设立村镇银行试点，全国的村镇银行试点工作式正启动。2007 年当年，新设立村镇银行 19 家，2008 年末，共建立村镇银行 91 家，比 2007 年增加

72 家，2009 年村镇银行开设的速度减慢，新设 57 家，共建立 148 家。截至 2013 年末，全国共组建村镇银行 1071 家，其中开业 987 家，筹建 84 家。村镇银行遍及全国 31 个省份，覆盖 1083 个县（市），占县（市）总数的 57.6%。截至 2014 年 12 月，全国共有村镇银行 1547 家。

村镇银行主要为当地农民、农业和农村经济发展提供金融服务。以往，在中国农村只有农村信用社和邮政储蓄两种金融主体，金融服务的水平越来越无法满足农民的需求，因此建设村镇银行成为监管层大力推动的工作。村镇银行作为新型银行业金融机构的主要试点机构，拥有机制灵活、依托现有银行金融机构等优势，自 2007 年以来取得了快速的发展，对我国农村金融市场供给不足、竞争不充分的局面起到了很大的改善作用。

（3）社区银行。社区银行是指在一定的社区范围内，按照市场化的原则自主设立，独立地按照市场化原则运营，主要面向当地家庭、中小企业和农户提供金融服务的中小银行。与大型商业银行相比，社区银行具有以下优势：一是定位不同。社区银行的目标客户群是中小型企业（特别是小企业）和社区居民这些中小客户，大商业银行则是以服务大中型企业客户为主。尽管可能存在重叠，但彼此在对方领域不会形成激烈冲突。因而，社区银行能够在准入、占领和保持巨大的中小企业和社区居民客户市场方面赢得独特优势。二是信息优势。社区银行的员工通常十分熟悉本地市场，这对开展高风险的中小企业贷款十分重要。信息不对称程度相对大银行而言较小，风险识别能力较强，这使社区银行在对中小企业贷款中获得比大银行更大的安全盈利空间。三是地区不同。大银行通常将其在一个地区吸收的存款转移到另外一个地区使用，而社区银行则主要将一个地区吸收的存款继续投入到该地区，从而推动当地经济的发展，因此将比大银行更能获得当地政府和居民的支持。经营运作都在本地，熟悉本地市场，因此贷款条件灵活，手续简化，速度较快，大大降低了运营成本，这种来自地域的优势是社区银行经营发展的最大无形资产。

我国第一家社区银行是龙江银行"小龙人"社区银行，它根据社区银行网点周边社区特点、居民特征，为社区居民提供特色化、差异化的社区银行服务。2010年4月，宁波银行启动社区银行战略；5月，上海农商银行首家金融便利店在上海市徐汇区天平街道开业。自2013年6月以来，商业银行对社区银行的热情被瞬间点燃。继6月兴业银行获批在福建省开出第一家社区银行之后，民生银行也开始在全国"跑马圈地"，并提出要在三年内在全国设立超过1万家金融便利店，光大银行则计划2013年内推出200家社区银行网点。此外，浦发、中信、平安、华夏等股份制银行均已采取积极态度。而拥有地域优势的地方银行，如北京农商行、南京银行等也开设了社区银行网点，而长沙银行宣布将设立100家社区银行。

当前，建设和发展社区银行具有重大的现实意义。首先，这是完善银行体系的必要措施。在我国现行的银行体系中，大型的商业银行发展较好，而小型的商业银行比重过低，银行体系结构不够合理，大、中、小比例不得当。因此，要建设和发展社区银行能够完善银行体系，全方位地满足资金融通需求，提供全面金融服务；同时使得银行体系多样化，增加竞争，提高服务质量。其次，这是缓解小微企业融资难的根本措施。小微企业数量众多、群体庞大、效益总体良好，但是存在基础资料缺乏、信息不透明、财务数据不准确等问题，这使得传统的大型商业银行向其发放贷款存在一定的困难，一般不愿意涉足。社区银行符合客观经济发展需求，熟悉当地小微企业的具体情况，能够有效缓解小微企业信贷难的问题。最后，这也是完善金融宏观调控的具体需要。建设和发展社区银行，能够使县域资金留在当地，并促进和引导民间资本流入当地金融体系，规范民间借贷向正规金融转化；有助于信贷资金流入当地实业，助推当地经济发展，增强实体经济发展动力。

（4）农村资金互助社。根据《农村资金互助社管理暂行规定》的定义，农村资金互助社是指经银行业监督管理机构批准，由乡（镇）、行政村农民和农村小企业自愿入股组成，为社员提供存款、贷款、结算等业务的社区互助性银行业金融机构。农村资金互助社实行社员民主管理，谋求社员共同利益。农村资金互助社是独立的法人，对社员股金、积累及合法取得的其他资产所形成的法人财产，享有占有、使用、收益和处分的权利，并以上述财产对债务承担责任；农村资金互助社的合法权益和依法开展经营活动受法律保护，任何单位和个人不得侵犯；农村资金互助社社员以其社员股金和在本社的社员积累为限对该社承担责任。

闫家村位于吉林省梨树县榆树台镇。2006 年，闫家村贷款需求量为 680 万元左右，而当地农村信用社只能提供贷款余额 370 万元，45.59% 的资金需求通过民间借贷或商业赊销来解决。2007 年 3 月 9 日，全国首家全部由农民自愿入股组建的农村合作金融机构——吉林省梨树县闫家村百信农村资金互助社挂牌营业，这是全国首家被中国银监会确定试点的农村资金互助社。经中国银监会批准，可办理社员存款、贷款和结算业务；买卖政府债券和金融债券等。

资金互助组织以各种形式在全国乡村发展、演变，资金互助制度也经历了由民间试点到国家政策认可的转变。2014 年，党的十八届三中全会提出"允许合作社开展信用合作"，建立新型农村合作金融组织。2014 年中央一号文件提出：发展新型农村合作金融组织。在管理民主、运行规范、带动力强的农民合作社和供销合作社基础上，培育发展农村合作金融，不断丰富农村地区金融机构类型。坚持社员制、封闭性原则，在不对外吸储放贷、不支付固定回报的前提下，推动社区性农村资金互助组织发展。完善地方农村金融管理体制，明确地方政府对新型农村合作金融监管职责，鼓励地方建立风险补偿基金，有效防范金融风险。适时制定农村合作金融发展管理办法。

第一，坚持民主管理的原则。资金互助组织的管理民主首先体现在股权结构上，即资金互助组织的发起人不得低于 10 人，单个户口人数出资总额所占股权比例不得超过该组织资本总额的 10%。其次体现在治理结构上，资金互助组织应该按照章程要求设立社员（代表）大会、理事会、监事会等机构，聘请符合要求的经营管理团队，既确保民主管理和民主监督，又能保持经营的专业性和灵活性。最后，要严格遵守《会计法》，建立规范的财务制度。第二，坚持社员制原则，不对外吸储放贷。农民资金互助组织应坚持社员内部信用交易原则，严禁向非社员融入或融出资金。第三，坚持盈余返还的原则，不承诺固定回报。农民资金互助组织吸收社员存款、给付利息，应该参照国家存款利率标准，作为融入资金的成本；同时，要按照合作制的要求，农民资金互助组织经营盈余在提取法定准备金后，股金分配红利最高不得超过所分配盈余的50%，剩余的应按存（贷）款交易量进行二次返还。第四，坚持社区制原则。各社业务活动服务范围严格限定在所在的社区（街道、镇、乡或行政村）内。第五，坚持审慎经营原则。资本充足率不得低于8%，最大单户贷款不得超过资本净额的10%，同一户口贷款之和不得超过资本净额的15%，最大 10 户贷款不得超过资本净额的50%，呆坏账要 100% 提取损失准备，并符合政府信用监督管理机构的其他要求。

（5）小额贷款保险。小额贷款保险是保险公司在银行向农户发放小额贷款时，专为贷款户配套提供的一款意外伤害保险，一般涵盖意外伤残及意外身故保险责任。这一险种的成功开办不仅有效解除了银行发放小额贷款的担忧，解决了农民贷款担保难的问题，支持了"三农"发展，也使保险公司找到了新业务增长点，保险的资金融通、风险保障双重功能实现了最大化。

小额贷款保证保险，是指为满足小型微型企业、农村种植养殖大户和城乡创业者等生产经营活动中的小额融资需求，由借款人投保该险，银行以此作为主要担保方式向借款人发放贷款的一种保险业务。借款人未履行贷款偿还义务时，由保险公司按照保险合同约定，向银行承担贷款的损失赔偿责任。额度一般不超过 500 万元。借款人贷款资金只能用于生产经营性用途，贷款期限不超过一年。为有效缓解中小企业融资难问题，2009 年，浙江省宁波市率先开始试点城乡小额贷款保证保险，在全国首创了政府、银行、保险相互合作解决中小企业、农户及城乡创业者抵押担保不足的融资模式，也就是所谓的"金贝壳"业务。开展小额贷款保证保险试点工作，对鼓励民间投资健康发展，缓解"三农"和小企业融资难，扩大就业，改善民生，具有重要的现实意义。同时，小额贷款保证保险试点作为一项全国首创的新型金融业务，开创了银行保险合作新典范，对于促进金融创新与金融合作作了积极尝试。

3. 融资方式的转变

在改善融资环境政策方面，人民银行、证监会、发改委等部门积极发挥股票、债券市场的融资功能，拓宽金融市场的多元化融资渠道，促进金融市场健康、快速、有序发展，金融融资模式由间接融资向直接融资扩展。

在债券融资方面，截至 2014 年末，218 家涉农企业（包括农林牧渔业、农产品加工业）在银行间债券市场发行 782 只、共 7233.39 亿元债务融资工具，期末余额 2953.58 亿元。2013—2014 年，共 4 家涉农企业在证券交易所债券市场发行公司债券融资 23.4 亿元；共 49 家涉农企业发行中小企业私募债融资 80.24 亿元；1 只涉农小额贷款资产支持专项计划成功设立，融资 5 亿元。

股票融资方面，2013—2014 年间，首发上市的农业企业有 3 家，融资 17.3 亿元；农业类上市公司再融资 20 家，融资 250.6 亿元。截至 2014 年底，共 66 家涉农非上市公众公司在全国股份转让系统挂牌，其中 2013 年新增公司 4 家，1 家涉农公司发行股份 649 万股，募集资金 5841 万元；2014 年新增公司 55 家，5 家公司共发行股份 4556.9 万股，共募集资金 12511.45 万元。

在期货市场方面，2013—2014 年，商品期货交易所分别挂牌了 4 个和 2 个农产品期货品种，其中，2013 年上市的期货品种包括鸡蛋、粳稻、纤维板和胶合板，2014 年上市的期货品种包括晚籼稻和玉米淀粉。这些农产品期货的上市，填补了相关产业的空白，扩展了农民和农业企业套保避险的渠道。

产业链融资面向中小企业的金融服务，指金融服务机构通过考核整条产业链上下游企业状况，通过分析考证产业链的一体化程度，以及掌握核心企业的财务状况、信用风险、资金实力等情况，最终对产业链上的多个企业提供灵活的金融产品和服务的一种融资模式。产业链融资与传统金融有以下不同：一是产业链融资不单纯看重企业的财务报表，它主要审查核心大企业供应商的供货历史、过往合同履行能力、信用记录等直接影响货款回笼的因素；二是通过链条的整合，允许相对薄弱、传统财务评价不是特别优异的企业，借助上下游的实力，获取银行支持；三是银企合作关系的改良，银行应用客户管理、业务分析等系统，掌握很多行业的数据，通过银行的系统和技术可做出判断，对企业的经营提出建议，即顾问式服务，银行与企业成为统一体，使企业找到一个合作伙伴式的银行。为了帮助山东省青岛市中小企业缓解融资难问题，青岛市中小企业发展局与工商银行青岛市分行决定围绕优质企业产业链，开展融资服务活动，并首批选择了山东六和集团等 11 家优质产业链主体企业，对其上下游配套企业实施融资服务活动。由工商银行青岛市分行围绕上述 11 家企业的产业链，对符合融资条件的上下游客户提供房地产抵押贷款、国内保理（应收账款转让）、商品融资（大宗易变现商品质押）、专业担保公司保证等不同方式的融资服务，以期切实帮助中小企业破解融资难题，形成金融机构、大企业、上下游中小企业多方共赢的局面。

中小企业私募债券是指符合工信部相关规定，且未在上交所和深交所上市的中小微型企业（暂不包括房地产企业和金融企业）在中国境内以非公开方式发行和转让的在一定期限还本付息的公司债券。《中小企业私募债试点办法》明确试点期间中小企业私募债券的发行人为未上市中小微企业，具体来说，是指符合《关于印发中小企业划型标准规定的通知》（工信部联企业〔2011〕300号）规定的，但未在上海证券交易所和深圳证券交易所上市的中小微型企业，暂不包括房地产企业和金融企业。因此，中小企业私募债券的推出扩大了资本市场服务实体经济的范围，加强了资本市场服务民营企业的深度和广度。有利于中小企业降低融资成本，拓宽企业融资渠道；率先实施"备案"制度，便捷发行审批流程；资金使用监管较松，资金用途灵活；合格投资者范围较广，便于提升企业形象与市场影响。

2012年12月17日，中国农业产业发展基金（以下简称农发基金）正式成立，这是我国第一只国家级农业产业基金，由国务院批复成立，重点支持农业产业化龙头企业。农发基金首期规模40亿元，由财政部联合中国信达、中信集团和中国农业发展银行共同发起设立，四家发起人各出资10亿元。中国农业产业发展基金的设立是财政促进金融支农方式的又一次"探索"，旨在通过支持龙头企业提高资本实力，吸引更多的资本、技术和人才，以充分发挥龙头企业辐射面广、带动力强的作用，进一步提升农业产业化的整体发展水平。坚持市场化运作，强调政策导向与市场经营的有机结合，以获得稳定的投资回报，对于引导社会资金投入"三农"领域、促进农村经济发展具有积极意义。

4. 保险制度的完善

政策性农业保险是以保险公司市场化经营为依托，政府通过保费补贴等政策扶持，对种植业、养殖业因遭受自然灾害和意外事故造成的经济损失提供的直接物化成本保险。政策性农业保险将财政手段与市场机制相对接，可以创新政府救灾方式，提高财政资金使用效益，分散农业风险，促进农民收入可持续增长。这是为世贸组织所允许的支持农业发展的"绿箱"政策。政策性农业保险的基本原则是：政府引导、市场运作、自主自愿、协同推进。主要目标是：建立健全政策性农业保险工作长效机制，提高农户投保率、政策到位率和理赔兑现率，实现"尽可能减轻农民保费负担"、"尽可能减少农民因灾损失"的目标要求，推动政策性农业保险又好又快发展。

2012 年，国务院颁布了《农业保险条例》，为农业保险规范健康发展奠定了法律基础。近年来，我国农业保险实现了跨越式发展，在防范化解农业生产风险、稳定农民收入、落实国家粮食安全战略和完善农村社会支持保护体系等方面发挥着日益重要的作用。一是农业保险覆盖面稳步扩大。关系国计民生和国家粮食安全的农作物保险、主要畜产品保险、重要"菜篮子"品种保险和森林保险获得了重点发展，农房、农机具、设施、农业、渔业、制种保险等业务逐步推广。从地理区域分布看，农业保险已由试点初期的 5 个省（自治区、直辖市）覆盖到全国。从风险保障能力看，我国农业保险在实现基本覆盖农林牧渔各主要农业产业的同时，在农业产业链前后都有了新的延伸，从生产领域的自然灾害、疫病风险等逐步向流通领域的市场风险、农产品质量风险等延伸。二是风险保障能力日益提高。2007—2014 年，农业保险提供风险保障从 1126 亿元增长到 1.66 万亿元，年均增速 57.09%，累计提供风险保障 5.72 万亿元，向 1.68 亿户次的受灾农户支付赔款 958.62 亿元，在抗灾救灾和灾后重建中发挥了积极的作用。三是农业保险产品不断创新。生猪价格保险试点从北京扩大到四川、重庆和湖南等地区，蔬菜价格保险试点从上海扩大到江苏、广东、山东、宁夏等地区；结合新型农业经营主体的实际情况，开发了设施农业保险、农机保险等符合新型经营主体需求的保险产品；开展气象指数保险、水文指数保险试点；加强涉农保险和涉农信贷的合作，推动小额贷款保证保险业务的发展。四是政策支持力度连年加大。目前财政补贴型险种仍是我国农业保险的主要险种，有效减轻了农民的保费负担水平。目前，中央、省级、市县财政分别提供了30%～50%、25%～30%、10%～15%的保费补贴，各级财政合计保费补贴比例达到75%左右。地方特色优势农产品主要由地方给予保费补贴。五是服务水平和服务覆盖面不断提高。全国共建立农业保险乡（镇）级服务站2.3万个，村级服务点28万个，覆盖了全国48%的行政村，协保员近40万人。推动开展小额人身保险试点，将保险服务的地域纵深不断向偏远地区延伸，使保险惠及传统商业保险难以提供服务的低收入群体。六是加快建立财政支持的农业保险大灾风险分散机制，组建中国农业再保险共同体和保险风险分散集成平台，通过机制创新，加强风险数据的积累与研究，确保大灾之后农业保险风险分散渠道的锁定，增强对重大自然灾害风险的抵御能力。

通过传统金融转型和民间金融创新的两种微观和客户层面的发展路径，综合性普惠金融逐渐发展，提高金融服务的广度和深度。在农村金融体系的建设中，政策性金融对农村改革发展重点领域和薄弱环节持续支持，拓展农业发展银行支农领域，大力开展农业开发和农村基础设施建设中长期政策性信贷业务。农业银行、农村信用社、邮政储蓄银行等银行业金融机构都要进一步增加涉农信贷投放。积极推广农村小额信用贷款。加快培育村镇银行、贷款公司、农村资金互助社，有序发展小额贷款组织，引导社会资金投资设立适应"三农"需要的各类新型金融组织。通过金融产品和服务方式的创新、间接融资向直接融资方式的转变和保险制度的完善，普惠金融朝着更加多元化、纵深化的方向发展。通过多年的持续努力，我国正在形成银行业金融机构、非银行业金融机构和其他组织共同组成的多层次、广覆盖，功能互补、相互协作、适度竞争的农村金融服务体系。

（二）综合性普惠金融发展路径（宏观和中观层面）

在宏观和中观层面，在完善普惠金融的顶层设计、注重财政和货币政策配合、改进"一行三会"监管、加强基础设施建设等方面逐渐实现综合性普惠金融。

1. 农村基础设施建设稳步推进，农村金融生态环境有效改善

为加快建设支农、惠农、便农的"支付绿色通道"，人民银行制定实施了一系列政策措施，组织推动商业银行、支付机构和清算机构开展多方位、多层次的合作服务，扩大支付系统覆盖面，畅通农村地区支付结算渠道。拓展银行卡助农取款服务和农民工银行卡特色服务的广度和深度。组织开展助农取款服务点的综合服务试点，完善覆盖乡村的可持续发展的基础金融服务供给网络。鼓励在少数民族地区乡镇和行政村因地制宜设立惠民支付服务点。丰富农村支付服务产品体系，通过简化流程、业务优惠等措施，引导农村居民更多地使用非现金方式办理日常结算业务。2014 年底，农村地区人均持卡量已超过 1 张。全国共有超过 4 万个农村地区银行营业网点可以办理农民工银行卡特色服务受理方业务。

农村信用体系建设，作为支持家庭农场、农户、小微企业等农村地区小微主体融资、发展普惠金融的有效手段之一，也是地方社会信用体系建设的抓手和主要内容。2014 年，人民银行确定 32 个县（市）为农村信用体系建设试验区。探索完善农户、家庭农场等农村地区经营主体的信用信息采集与应用机制，开展信用评价，引导出台以信用为基础的相关政策措施，发现和增进农户、家庭农场等经济主体的信用价值，提

高其融资可获得性和便利性，发挥信用信息的作用，支持发展普惠金融。截至 2014 年 12 月末，全国共为 1.6 亿农户建立了信用档案，并对其中 1 亿农户进行了信用评定。已建立信用档案的农户中获得信贷支持的有 9012 多万户，贷款余额 2.2 万亿元。

动产融资统一登记平台的建设和运行，推动了应收账款质押融资业务和融资租赁业务较快发展，部分缓解了涉农企业、农户因缺乏担保物而导致的融资难问题。

2. 财税、货币政策和差异化监管结合的正向激励机制不断完善

加大政策扶持力度，主要着力点在于解决农村金融"成本高、风险高"的核心问题，对成本费用相对较高的特殊地域、特殊业务或特殊机构予以财政补贴、税收优惠或激励性金融政策，通过农业保险保费财政补贴等措施以覆盖涉农金融风险。目前，初步形成了正向激励的财税、金融政策相结合的扶持政策体系，在一定程度上弥补了市场配置机制的不足，对消化金融机构历史包袱、促进深化改革和有效调动支农积极性发挥了积极作用。

在货币、信贷政策方面，综合利用多种货币政策工具，不断拓宽农村金融机构资金来源。一是继续对农村金融机构执行较低的准备金率，增强农村金融机构资金实力。二是继续加大再贷款、再贴现支持力度，充分发挥支农、支小再贷款和再贴现的正向激励作用。三是进一步发挥宏观审慎政策的逆周期调节和结构引导作用，根据经济周期变化、金融机构稳健状况和信贷政策执行情况等对有关参数进行适度调整，引导金融机构更有针对性地支持实体经济发展，特别是加大对"三农"和小微企业等薄弱环节的信贷支持力度。四是继续完善涉农贷款统计制度，全面、及时、准确地反映农林牧渔业贷款、农户贷款、农村小微企业贷款以及农民合作社贷款情况，依据涉农贷款统计的多维口径制定金融政策和差别化监管措施，提高政策支持的针对性和有效性。继续推动和完

善县域法人金融机构的考核工作，执行低于同类金融机构正常标准 1 个百分点的准备金率，促进县域信贷资金投入，强化政策引导。

在财政政策方面，支持力度逐年稳步加大。按照"政府引导、市场运作"的原则，综合运用奖励、补贴、税收优惠等政策工具，重点支持金融机构开展农户小额贷款、新型农业经营主体贷款、农业种植业养殖业贷款、大宗农产品保险，以及银行卡助农取款、汇款、转账等支农惠农政策性支付业务。按照"鼓励增量，兼顾存量"的原则，完善涉农贷款财政奖励制度。优化农村金融税收政策，完善农户小额贷款税收优惠政策。落实对新型农村金融机构和基础金融服务薄弱地区的银行业金融机构（网点）的定向费用补贴政策。完善农村信贷损失补偿机制，探索建立地方财政出资的涉农信贷风险补偿基金。对涉农贷款占比高的县域银行业法人机构实行弹性存贷比，优先支持开展"三农"金融产品创新。

在差异化监管方面，适应农村金融发展需要，不断改进监管方法，丰富监管手段，提升监管有效性。一是加强监管引领。切实加强信贷投向监管，引导加大涉农信贷投放，对金融机构创新涉农业务产品以及在服务薄弱地区设立机构网点，积极开辟准入绿色通道。修改存贷比口径计算方法，将支农再贷款和"三农"专项金融债所对应的贷款从存贷比计算公式的分子中扣除，对农村信用社、村镇银行等涉农金融机构实行弹性存贷比考核和差异化存款偏离度考核。降低农户贷款的风险权重，提高涉农不良贷款容忍度。二是加强监督考核。按季度对银行业涉农贷款投放情况进行通报，配合人民银行做好县域法人机构一定比例存款投放当地的监测考核。督促银行业金融机构提高对分支机"三农"业务考核的分值权重，加强支农服务机制建设。三是加强风险防控。实施多层次的风险监测预警制度，切实防范涉农信贷风险。督促银行业金融机构强化涉农贷款风险管理，提高涉农贷款服务效率和质量，保证有效支持农村实体经济发展。

二、创新性互联网金融阶段（2010 年之后）

随着互联网和移动互联的飞速发展，大数据、云计算等创新技术的驱动以及人们对于新的金融产品和服务方式的需求，普惠金融需要朝向新的方向发展。在新的机遇和挑战下，普惠金融步入创新性互联网金融阶段。以网络支付为例，据《中国互联网络发展状况统计报告》统计数据显示，截至 2014 年 12 月，我国使用网上支付的用户规模达到 3.04 亿人，较 2013 年底增加 4411 万人，增长率为 17.0%。与 2013 年 12 月底相比，我国网民使用网上支付的比例从 42.1% 提升至 46.9%。与此同时，手机支付用户规模达到 2.17 亿人，增长率为 73.2%，网民手机支付的使用比例由 25.1% 提升至 39.0%。显而易见，中国传统的金融领域正在发生一场由互联网技术催生的革命。2010 年之后，随着互联网和 IT 技术的革命性突破与大规模普及，普惠金融在中国获得了爆炸式发展。

当前，中国互联网金融呈现出三大趋势：一是以第三方支付、移动支付替代传统支付；二是以 P2P 信贷代替传统的存贷款业务；三是以众筹融资代替传统的证券业务。这三大趋势是网络支付平台、网络借贷平台和网络资产管理平台等金融创新的结果。

1. 第三方支付

2000 年，计算机和网络通信技术的广泛应用催生了电子支付的发展和支付服务机构的诞生，第三方支付异军突起。所谓第三方支付，就是一些和产品所在国家以及国内外各大银行签约，并具备一定实力和信誉保障的第三方独立机构提供的交易支持平台。在通过第三方支付平台的交易中，买方选购商品后，使用第三方平台提供的账户进行货款支付，由第三方通知卖家货款到达、进行发货；买方检验物品后，就可以通知付款给卖家，第三方再将款项转至卖家账户。第三方支付的出现在很大程度上解决了互联网交易中的资金安全和资金流动问题，使得网络支付在整体支付业务中的地位变得越来越引人注目。

2010 年 8 月 21 日，中国人民银行制定并出台《非金融机构支付服务管理办法》，规范非金融机构支付业务。该办法规定，非金融机构支付服务主要包括网络支付、预付卡的发行与受理、银行卡收单以及中央银行确定的其他支付服务。其中网络支付行为包括货币汇兑、互联网支付、移动电话支付、固定电话支付、数字电视支付等。该办法明确规定，非金融机构提供支付服务，应当依据该办法规定取得支付业务许可证，成为支付机构。支付机构依法接受中国人民银行的监督管理。未经中国人民银行批准，任何非金融机构和个人不得从事或变相从事支付业务。该办法规定，支付机构之间的货币资金转移应当委托银行业金融机构办理，不得通过支付机构相互存放货币资金或委托其他支付机构等形式办理。支付机构不得办理银行业金融机构之间的货币资金转移。2013 年 6 月 9 日，为规范支付机构客户备付金管理，保障当事人合法权益，促进支付行业健康有序发展，维护金融和社会稳定，中国人民银行制定了《支付机构客户备付金存管办法》。

2014 年第三方网络支付业务的灵活性与创新性"倒逼"传统银行改革，银行业的监管制度不断约束第三方网上支付业务金融安全。第三方网上支付在阿里巴巴、百度和腾讯等互联网公司的运作下已具备多种金融服务能力（消费贷款、中小企业贷款、小额理财工具），对传统银行业务造成一定冲击。2014 年春节期间，大型互联网知名企业通过"红包"和"网上叫车"业务快速占领移动支付市场。随后，各大银行积极推广手机银行业务，同时联合银联、运营商大力推行基于银联移动支付平台的 NFC 手机支付业务。第三方网上支付和银行卡支付在移动互联网领域对决，形成当前多元化主体并存的局面。此外，第三方网上支付正在积极拓展跨境消费——支付宝和环球蓝联合作，对银行的海外退税服务形成竞争压力。预计，未来第三方网络支付业务与银行业务的竞合博弈将表现得更加突出。2014 年网络支付市场中，支付宝拥有88.2%的品牌渗透率，处于绝对领先地位。银联支付以 41.9%的渗透率位居第二位。移动微信支付后来居上，渗透率为 21.5%。腾讯财付通和快钱支付分别以 19.6%和 13.2%的渗透率位居第四位和第五位。

2. P2P

得益于国内个人经营消费贷款以及个人投资理财的庞大市场需求，互联网金融逐步涉入信贷领域，2007 年 6 月，首家 P2P 网络信用平台——拍拍贷成立。6 年多来，我国 P2P 网络信贷行业增长迅速，并衍生出多种交易方式和交易结构。P2P 网络借贷经历高速发展，已经到了转折的关键时期。

2014 年，P2P 网贷行业仍然呈现高速发展的态势，成交额是 2013 年的 3.68 倍，是 2012 年的 14.4 倍。受各方面因素影响，成交额增长速度较上年同期有所下降，但总体速度仍然令人满意。截至 2014 年底，全国 P2P 网贷的贷款余额为 1386.72 亿元，较 2014 年 11 月底的 1271.41 亿元增加 115.31 亿元，增长 9.07%；较上年底的 352.23 亿元，增加了 1034.49 亿元，增长 293.7%。纳入第一网贷中国 P2P 网贷指数统计的 P2P 网贷平台为 1680 家，未纳入指数、而作为观察统计的 P2P 网贷平台为 287 家。资本面上，多个风投机构以及大型企业注资 P2P 平台，至年底已有近 30 个平台获得包括 IDG、红杉资本、联想、小米在内多个不同机构的投资。而银行、国资企业、上市公司也重视 P2P 市场，以参股或者旗下子公司控股等方式设立 P2P 平台。银行系的 P2P 平台与银行有千丝万缕的联系，利用银行本身具有的风控能力与各类信息资源，不仅可以有效降低风险与成本，而且可以提高平台本身的信用等级。监管面上，"四条红线"与"十条原则"的提出，银监会普惠金融部的设立，表明国家对 P2P 平台的合规性要求越来越详细，但又以各种方式鼓励互联网金融发展。而多个省市也已出台或者拟出台相应的政策，支持与促进互联网金融的健康发展。中小企业融资难的问题一直是我国急于解决的一个难题，也是制约我国经济发展的一个障碍。国家鼓励互联网金融为中小企业服务，因此释放的信号给互联网金融的发展提供了很大的便利，包括开放了民营征信。但与此同时，国家也希望互联网金融提供的服务可以合理合规，保持稳定，不至于失衡，因此监管的态度不断明确，监管原则不断细化。2014 中国互联网金融创新与发展论坛于 9 月 27 日在深圳召开，中国银监会创新监管部主任王岩岫在会议上提出了 P2P 网贷行业监管的十大原则：一是 P2P 机构不能持有投资者的资金，不能建立资金池；二是落实实名制原则；三是 P2P 机构是信息中介；四是 P2P 需要有行业门槛；五是资金第三方托管，引进审计机制，避免非法集资；六是不得提供担保；七是明确收费机制，不盲目追求高利率融资项目；八是信息充分披露；九是加强行业自律；十是坚持小额化。在业务面上，行业细分与模式创新并行，保理、融资租赁、票据、配资、资产证券化、股权质押、收藏品质押、知识产权质押由传统金融加以创新的业务模式不断涌现，行业进入市场细分阶段，开始将不同需求的投资者进行聚合，市场开始步入成熟期。

3. 众筹

2011 年 7 月众筹融资在我国才刚刚起步，现阶段我国众筹融资模式大致分为凭证式、会籍式、天使式三类。中国电子商务研究中心（100EC. CN）监测数据显示，2014 年中国权益众筹（产品众筹）市场融资总规模达到 4.4 亿元，同比增长 123.5%。在数量方面，2014 年产品众筹全行业项目数量达到 4494 个，项目支持用户规模达到 790825 人；在项目种类上，智能硬件仍然是最大热点；此外，音乐、影视、农业、公益、房产等品类也有显著增长。

　　此外，部分电子商务企业也开始涉足金融领域，以京东商城、阿里巴巴等为代表的电商系企业，依托其掌握的交易数据和信用信息优势，在大数据的基础之上，挖掘金融服务附加值，搭建起不同于银行传统模式的业务平台，为小微企业提供可持续性的小额贷款，开启了小微企业金融服务新模式。各保险集团、基金公司也不断加强与平台公司的合作，保险、基金行业渠道电商化，保险、基金直销及第三方销售网站快速发展。

　　传统银行在互联网金融、民营银行试点的市场竞争压力，金融改革带来的市场利率化，客户需求多样化等一系列原因影响下，已经意识到通过优化运营能力迎接发展挑战的重要性，而互联网"改造"成为构建新的核心优势的关键之一，包括渠道和产品的改造，金融大数据的再分析等。经过发展，传统商业银行先后推出互联网金融战略，在渠道及产品改造上有了更完整及具体的方案。比如，为应对互联网金融的冲击，中国工商银行推出互联网金融品牌"e–ICBC"，迅速确立了在银行系互联网金融的优势地位，推出的互联网金融业务呈现爆发式增长态势。"融e购"开业一年注册客户超过1200万人，交易额突破700亿元，跻身国内电商前列，"工银e支付"用户超过4100万户，全年交易规模超过500亿元。银行业金融机构纷纷亮剑互联网金融领域，推出电商平台、直销银行等新产品，打造互联网金融生态圈，这些银行中如平安银行，正在打造"橙e网"，将产品研发、平台建设与新业务拓展融为一体，拓展新的业务增长点。平安银行2014年年报显示，"橙e网"注册客户近22万户，以"橙e网"为中心的各项公司网络金融业务发展迅速，新增日均存款1323亿元，总收入超过65亿元。

　　创新性互联网金融，是综合性普惠金融阶段的重要内容，它通过利用互联网平台，使更多的人享受到互联网支付、互联网借贷以及互联网财富管理的便利。

从实际效果看，互联网金融平台显著降低了信息不对称和交易成本，更多的人能自主参与到网上支付中来，从而使更多的人获得金融服务；更多的借贷交易顺利发生，从而使传统上不能获得借贷资金的低收入者以及急需借贷资金的人获得借贷资金；使更多人参与到财富管理中来，从而降低了财富管理的门槛，提高了财富管理的服务质量。

第四节　结论

自 2000 年以来，我国的普惠金融发展迅速，已取得了突出的成绩和长足的发展。但总体来说目前仍处于初级阶段，与国际上普惠金融产业发展较早的国家相比，仍有较大的差距。我国在四大国有控股商业银行陆续退出农村金融市场以后，农村金融市场留下来的空白主要是由农村信用社来填补。广大的农村地区，特别是比较贫困的农村地区，金融需求常常无法得到满足。而自 1993 年中国社会科学院农村发展研究所借鉴孟加拉乡村银行小额信贷模式，在陕西、河南、河北等省进行试点并取得成功之后，以农村信用社为主体的正规金融机构开始试行并推广小额信用贷款，从此，中国小额信用贷款的发展进入以正规金融机构为导向的发展阶段，一些政策性银行（如国家开发银行、农业发展银行）以及邮政储蓄银行也都各自开发了小额信贷产品，同时还出现了大量的专门提供小额信贷服务的新型金融机构，如小额贷款公司、村镇银行和农村资金互助社等。同时，为了加强对小额信贷市场的监管，一些关于开展小额贷款公司试点工作的实施意见和暂行管理办法也相继出台，这样那些原来游走在政策和法律外的民间借贷渐渐走出了"灰色地带"，从而增强了对农村地区乃至城镇低收入群体的金融扶持力度。

普惠金融实践在我国不断得到推进的同时，在发展过程中也遇到了各种各样的障碍，一方面是因为我国关于促进普惠金融机构发展的法律法规还很少，存在一定的制度缺位；另一方面，我国目前的普惠金融机构在发展过程中也面临着自身的困境，其服务还不能很好地满足广大低收入群体的金融服务需求，各项业绩指标表明这类机构离达到可持续性发展的目标要求还很遥远。

第六章
中国普惠金融体系中的法制建设
及其风险监管

　　普惠金融体系是联合国在"2005 国际小额信贷年"推出的一个新的概念。在联合国起草的《普惠金融体系蓝皮书》上对普惠金融体系的前景描绘为：每个发展中国家应该通过政策、立法和规章制度的支持，建立一个持续的、可以为人们提供合适产品和服务的金融体系。普惠金融关乎我国亿万底层百姓的民生经济，通过法律保证其金融权利，符合国家发展目标和百姓现实需求。而在中国经济增速放缓，以及对金融风险的抵抗力减弱的背景下，完善普惠金融的法制建设，审慎监管金融风险不容忽视。

第一节　普惠金融体系的约束框架分析

一、普惠金融的服务对象约束

　　普惠性金融体系框架认同的是将包括穷人在内的金融服务有机地融入微观、中观和宏观三个层面的金融体系，过去被排斥于金融服务之外的大规模客户群体才能获益。最终，这种包容性的金融体系能够对发展中国家的绝大多数人，包括过去难以达到的更贫困和更偏远地区的客户开放金融市场。

我们可以将金融排除的对象界定为弱势领域。概括地讲，弱势领域是指势力处于相对薄弱地位的领域。从经济角度看，是在资源配置上处于弱势地位的领域；从社会角度看，是由于存在某些障碍或缺乏机会而不能充分享受社会经济发展成果的领域。这些弱势领域的形成，在内因方面是由于其自身的脆弱性、缺乏市场竞争力所致；在外因方面则与权利、发展机遇等方面的不平等有关。弱势领域不仅限于弱势群体，还可以指其他具有弱势特征的事物。本书主要关注弱势地区、弱势产业、弱势企业和弱势群体四类弱势领域。

1. 弱势地区

弱势地区是指总体上处于欠发达状态的地区，如农村、县域、西部等"老少边穷"地区。弱势地区的基本特征是经济发展水平低下，且伴随着社会、政治、文化等方面的发展滞后。具体表现为地区生产总值及其增速指标落后、基础设施落后、教育水平落后、社会及医疗保障体系落后等。弱势地区的存在是我国二元经济结构造成的，反映了区域发展的不平衡。如前所述，弱势地区通常会存在地理性的金融排除问题。

2. 弱势产业

弱势产业是指处于导入期的高风险的新兴产业或处于产业链低端的脆弱产业等。新兴产业通常处于产业导入期，需要投入大量资金用于科研及市场开发，面临着巨大的不确定性，因而往往为传统金融部门所排斥；而处于产业链低端的产业通常附加值低，十分脆弱，极易受到外部冲击的影响，必须通过自主研发及产业升级来解决低附加值、脆弱等问题，维持产业的可持续发展。但在这一过程中，它们也通常会遭遇融资难题。

3. 弱势企业

弱势企业是指规模小、资产少、产值低且对外部环境高度依赖的企业，包括小微型企业、部分民营企业和乡镇企业等。通常以劳动密集型为特征，或以传统的作坊或家庭模式经营，或依附于大企业的上下游产业链生存。由于经营环境竞争激烈，利润低、资金实力薄弱，承受外部冲击能力有限，且组织结构不规范、财务信息不完全，常常被排除在正规金融体系之外。但是，这类企业在解决低收入人口就业等方面发挥着巨大的作用，是弱势群体脱贫致富的有效途径。

4. 弱势群体

弱势群体是指社会性弱势或生理性弱势成员，包括农民、农民工、城市低收入家庭、下岗职工、老弱孤残人士等。生活贫困、文化程度低、就业机会少、社会保障少、受法律保护程度低等通常是造成社会性弱势的原因；而生理性弱势主要是由于年老、身残等造成的。本书更多关注的是社会性弱势群体。因为这一群体一般不缺乏劳动能力，一部分人还有专业技能和管理能力，但由于缺乏经济、政治和社会机会，在市场竞争中处于不利地位，很难从正规金融渠道获得融资。

二、普惠金融体系的整体约束框架

(一) 客户层面

贫困和低收入客户是这一金融体系的中心，他们对金融服务的需求决定着金融体系各个层面的行动。从其目标客户来看，主要针对的是社会弱势群体，而且这些群体有对金融服务的一种需求，并能够实现一定程度上的自主就业，这种需求直接推动了普惠金融体系的构建，这体现了普惠金融体系的平等性，而这种平等性显然是一种实质意义上的平等。

(二) 微观层面

金融体系的脊梁仍然为零售金融服务的提供者，它直接向穷人和低收入者提供服务。这些微观层面的服务提供者应包括从民间借贷到商业银行以及位于其间的各种类型。从其组成部分来看，普惠金融体系必须要建立多层次的金融机构，即适应不同客户需求的金融机构，这个金融体系应该是将开发性、政策性、合作性和商业性金融机构以及小额信贷机构、担保公司、租赁公司多元性金融机构合理有序搭配而成的，这样的金融体系就是分工合理、有序竞争的完整的金融体系。其提供的金融服务也应该是多元的，这种多元性体现在金融服务的内容不仅仅局限于存贷款业务而且应该包括保险、债券以及基金等多元性金融服务。同时金融机构在发展过程中必须要注意其自身的可持续发展。其社会责任和商业营利性应同时兼顾。

（三）中观层面

这一层面包括基础性的金融设施和一系列能使金融服务提供者实现降低交易成本、扩大服务规模和深度、提高技能、促进透明的要求。这涵盖了很多金融服务相关者和活动，例如，审计师、评级机构、专业业务网络、行业协会、征信机构、结算支付系统、信息技术、技术咨询服务、培训等。这些服务实体可以是跨国界的，也可以是地区性的或全球性的。

（四）宏观层面

如要使可持续性的小额信贷蓬勃繁荣发展，就必须有适宜的法规和政策框架。中央银行（金融监管当局）、财政部和其他相关政府机构是主要的宏观层面的参与者。

普惠金融理念的实质是将现行的三元金融体系与规模各异的企业、收入差距较大人群对资金的需求进行公平与合理的匹配。搭建我国普惠金融的框架应从客户层面、微观层面、中观层面和宏观层面同时入手，具体见图 6-1。

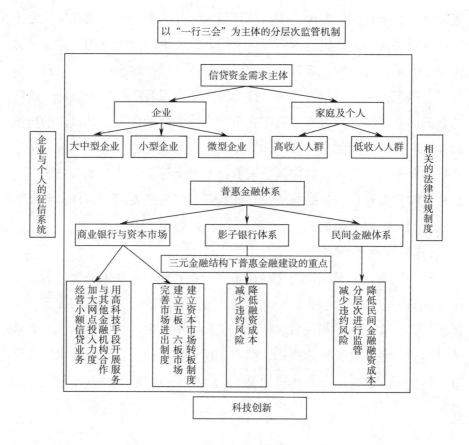

图6-1　三元金融结构下普惠金融框架图

三、普惠金融体系现有框架的不足

　　普惠金融包括小额信贷及微型金融，但又超越了这种以零散金融服务机构为主的模式，强调建立一个完整的金融体系，以小额信贷为核心，并提供存款、理财、保险、养老金等全功能金融服务。构建一个人人平等享受金融服务的普惠金融体系具有重大意义，但却充满了困难和挑战。经过较长时间的探索，我国要建立完善的多层次普惠金融体系，更面临着从宏观、中观到微观各个层面的挑战。

（一）宏观层面：法律法规和政策环境不健全

我国有关非政府小额信贷的法律法规和监管措施不健全，小额信贷机构法律定位不明确。尽管针对小额贷款机构，国家出台了一系列政策和文件，但这些文件均未提升到法律层面；为了避免系统性金融风险，中央银行规定小额贷款公司不能吸收公众存款，缺乏制度性融资渠道，由于法律地位问题又无法享受相关金融优惠政策，后续资金匮乏；而监管方面，国家对小额贷款机构，尤其是非政府的小额贷款机构实行非审慎监管，大部分地区将监管任务交给人民银行县级支行，缺乏相应的专业人才和完善的监管措施，出现监管盲区。在印度安得拉邦小额信贷危机中，小额信贷机构过度商业化，有关法律法规对消费者的保护不健全，政府监管不到位，事后地方政府处理不当，最终使弱势群体的金融服务受到严重伤害。

（二）中观层面：金融基础设施和相关服务不完善

普惠金融体系的中观层面包括金融基础设施信用管理服务技术、支持服务网络、支持组织等。虽然经过不断的努力和探索，我国农村金融基础设施建设及相关服务的发展取得了很大进步，但与国外的基础设施和服务相比，与农业、农村和农民的发展需要相比，与建设社会主义新农村和农村城镇化的要求相比，仍然存在很多不完善的地方。首先，我国农村金融结算体系存在支付手段落后、结算网点少、结算手段单一和清算滞后等；其次，信用体系建设缓慢，由于存量信息不完全、技术水平落后等原因，我国尚未建立起完善的农村个人和中小企业征信体系，金融机构难以全面掌握农户和企业的信用情况，并且农民金融知识匮乏，信用意识较差，金融机构缺乏有效控制信用风险的手段，导致了大量不良贷款；最后，一个相对成熟的金融体系需要大量金融服务支持其发展，我国技术支持服务系统和网络支持系统等在农村金融中的应用相对较少，一般用来满足稍高端客户的金融需求，审计技术、咨询服务评级机构、专业业务网络等中介服务缺位。

（三）微观层面：供给主体有待多元化，公益性小额信贷被忽视

普惠金融的需求主体有贫困人群、农民、中小企业、城市中低收入者和创业者，需求主体多样化决定了供给主体也将呈现多样化。我国小额信贷的供给主体有政策性银行、农村信用社、村镇银行、小额贷款公司等，形成了小额信贷的供给机构多元化、供给渠道多样化的局面，但像抵押担保、外资银行等参与较少，农村地区和城镇地区的低收入群体金融供给仍然不足，无法满足不同层次金融市场的需求。小额信贷对弱势群体的优惠扶持非常清晰，但这种模式以政府财政资金和扶贫贴息等资金来源为主，由于政府支出成本高，效率低，易发生寻租行为等缺陷，这种模式不具有可持续发展能力。因此，小额信贷的主流已逐渐过渡到制度主义小额信贷。近几年，我国商业性制度小额信贷获得快速发展，而公益性制度主义小额信贷的发展在一定程度上被忽视了。小额信贷应该是一个带有社会发展目标和商业可持续双重价值观的社会产业，过于商业化的发展有忽略其承担的社会责任和社会发展目标的倾向，容易导致人们对小额信贷的误解和健康发展势头的逆转，不可避免地影响我国普惠金融体系的有效构建。

四、弥补现有框架不足的措施

（一）了解各类客户多样性的融资需求

金融机构的客户可分为企业和个人，每类群体又都可根据实际情况进行细分。金融机构和市场已在较大程度上满足了大中型企业与收入层次较高人群对资金的需求。在普惠金融体系构建中，应将重点放在小微企业以及低收入人群的融资需求方面。一方面，充分掌握小微企业在发展扩大过程中不同阶段对资金的多样化需求；另一方面，也应了解收入层次较低群众在生活、居住以及教育等方面对资金的需求。

（二）拓展商业银行金融服务的覆盖面

目前，我国的商业银行包括大型商业银行、股份制商业银行、城市商业银行、农村商业银行以及村镇银行。后三类商业银行在组建时带有一定的地域性限制，在此不加赘述。大型商业银行和股份制银行随着市场经济的深化改革、信息技术和征信系统的发展与完善，自身也在经营战略和营销模式方面不断地进行市场化调整，开始将目光转向小微金融领域，方式主要分为以下几种：

1. 直接经营小额信贷业务。商业银行可以在银行内部成立专门的微型金融服务部门或者在现有的业务模式中引入新的微贷产品。

2. 加大网点投入力度，提高金融服务覆盖面。主要形式是在我国的二线乃至三线城市铺开网点，加强自身竞争力。

3. 利用高科技手段开展金融服务。目前，各大商业银行已经通过电话银行、手机银行、网络银行等办法来扩大服务覆盖面。

4. 与其他金融机构合作为小微企业提供金融服务。商业银行可以利用小额贷款公司合作专业营销技术、地域优势和信息优势向其提供批发贷款业务。

（三）完善多层次资本市场的建立

我国的资本市场到目前为止已初具规模，一个成熟的多层次资本市场，功能上应有所区别，同时为规模各异的企业提供直接融资平台和股份交易服务。目前我国的资本市场虽已经基本建成了多板市场，但相对于不同市场需求的企业特别是小微企业而言，其结构仍较为单一，层次不清，也没有体现出应有的"金字塔形"结构，继续深化对资本市场的改革仍是解决小微企业直接融资、建立普惠金融体系的渠道之一。

1. 提高主板与中小板上市条件的差异性

目前，中小板在上市的股本条件以及财务条件方面与主板市场基本等同。从建立中小板的原本意图上讲，主板市场应面对的企业类型为成熟性企业，具有较大的资本规模以及稳定的盈利能力。中小板市场相对于主板市场而言，在企业成熟度和上市条件上应与主板市场有所区别。

2. 尝试建立五板乃至六板市场，打通小微企业直接融资的高速通道

主板市场与中小板的上市条件趋同、创业板的高门槛仍将大部分小微企业拒之门外，2013 年 1 月成立的新三板市场（代办股份转让系统）在行业上目前仍偏重于高新技术企业，四板市场（区域性股权交易市场）属于场外市场，其股份并非面向社会公开发行。五板市场（券商柜台市场）由券商设立，经过评估后的小企业可通过发行企业债或私募股权的形式招募投资者，并没有通用的上市门槛，可以帮助小企业解决融资难问题。在此基础上，甚至可以酝酿六板市场，主要针对那些发展前景广阔、科技含量高，但未达到三板市场上市条件、市场成熟度不高、企业规模较小以及盈利能力目前较低的小微企业，使其获得资本市场的外部资金，为促进我国经济结构进一步转型创造良好的条件。五板、六板市场的建立可以将更多有发展前景的小微企业纳入其中，促进其主营业务的扩张。

3. 通过纵横有序的转板措施完善企业的市场进出机制

具体而言，主板市场间的横向转板对管理主体更有效地进行管理有促进作用；多板市场的纵向转板一方面可以对不同发展阶段的企业提供特定的融资场所，另一方面可以优化企业的逐步退市机制。

第二节　普惠金融体系的法律框架和治理结构的建设

一、普惠金融体系的法律框架

（一）普惠金融体系的整体法律框架

目前，我国普惠金融服务主体的监管法律制度体系主要由法律、行

政法规及部门规章、地方性法规规章、其他规范性文件组成。

首先，法律层面的法律依据有《宪法》、《合同法》、《公司法》、《刑法》、《反洗钱法》、《商业银行法》、《银行业监督管理法》等，主要从宏观角度对普惠金融服务主体的成立条件和业务范围及风险管理等方面作出框架性规定；其次，行政法规及部门规章层面的法律依据主要有《非法金融机构和非法金融业务活动取缔办法》、《国务院关于鼓励和引导民间投资健康发展的若干意见》、《金融违法行为处罚办法》；财政部《关于实行新型农村金融机构定向费用补贴的通知》等，对普惠金融服务主体的运营规范提出了指导意见并为支持其发展制定了相应的鼓励措施；再次，地方性法规规章主要包括各省根据上位法相关规定并结合自身发展制定的相关文件，例如，《浙江省小额贷款公司试点登记管理暂行办法》等；最后，其他规范性文件主要包括银行业监管机构规则，如中国人民银行、中国银监会《关于村镇银行、贷款公司、农村资金互助社、小额贷款公司有关政策的通知》、中国银监会《关于加快发展新型农村金融机构有关事宜的通知》、《关于小额贷款公司试点的指导意见》、《关于鼓励和引导民间资本进入银行业的实施意见》及《关于调整放宽农村地区银行业金融机构准入政策更好支持社会主义新农村建设的若干意见》等，对普惠金融服务主体的市场准入、业务运行、退出机制等作出了相关规定。这些法律规范构成我国普惠金融服务主体监管法律制度的基本体系，相互配合从监管主体、市场准入、业务运行、市场退出四个方面调整普惠金融服务主体在不同市场阶段的行为，从而对其业务风险进行有效控制，实现可持续发展。

（二）对中小企业的政策支持与法律要求

中小企业的发展对于经济发展至关重要，但是资金是最基本的生产要素，而中小企业往往陷入"巧妇难为无米之炊"的境地，据统计全国信贷规模达 85% 以上都贷给了国有企业，因为受制于资金的困扰，贷款难已经成为中小企业发展的重要瓶颈。

借鉴世界经验，我国也采取了一系列行之有效的政策。如 1999 年中国人民银行出台了《中小企业贷款担保办法》、国家经贸委发布了《关于建立中小企业信用担保体系试点的指导意见》以解决中小企业担保难问题；2000 年 7 月国家经贸委出台了《国家经济贸易委员会关于鼓励和促进中小企业发展的若干政策意见》。

2001 年 3 月财政部颁发了《中小企业融资担保机构风险管理暂行办法》。颁布于 2002 年的《中小企业促进法》设专章规定了对中小企业资金的支持。其中第十条明确规定：各级政府应该积极推动中小企业担保体系的建立，同时鼓励企业建立互助性的融资体系。

2009 年 9 月国务院又颁布了《国务院关于进一步促进中小企业发展的若干意见》，在该意见第二部分就是关于缓解中小企业融资难问题的具体举措，内容主要有：对于正规金融机构从事的小企业贷款按照增量给予补助，建立针对中小企业不良贷款的风险补偿基金制度。另外，积极鼓励其他有志于从事针对中小企业贷款的金融机构的建立，如积极兴办村镇银行、贷款公司等。另外还要积极组建多层次的中小企业融资担保机构。同年，《中国人民银行　中国银行业监督管理委员会关于进一步加强信贷结构调整促进国民经济平稳较快发展的指导意见》出台，要求保证符合条件的中央投资项目所需配套贷款及时落实到位，进一步加大涉农信贷投放，引导更多资金投向农村，多方面拓宽中小企业的融资渠道，对中小企业的金融服务要精细化。

2010 年 3 月中国银监会牵头国家发改委等多个部门联合发布了《融资性担保公司管理暂行办法》，该办法综合了国家发改委等机构以前对于担保机构的管理规定，形成了相对统一的担保行业监管法规。该办法规定：融资性担保公司主要是为被担保人的融资性债务承担担保责任的机构。其按照《公司法》以及该办法的规定以有限责任公司和股份有限公司的组织形式从事经营活动，该办法将担保公司的监管机构设定为各省、自治区和直辖市确定的机构担当，各监管机构应该对担保公司的经营风险进行持续性监管。融资性担保公司实行前置审批制度，由当地监管部门进行审批，获得经营许可之后再行在工商局进行工商登记。该办法改变了以前只要经过工商登记就可以从事担保业务的做法。实质上也是对融资担保公司金融性质的一种认可。

2013年国务院办公厅印发了《关于金融支持经济结构调整和转型升级的指导意见》，不断加大小微企业金融服务。该意见要求充分认识金融支持小微企业发展在"稳增长、调结构、促改革"中的重大意义。继续实施稳健的货币政策，保持合理的货币信贷总量，为小微企业发展创造良好的金融环境。加强宏观信贷政策指导，鼓励和引导金融机构加大对小微企业的信贷投入，实现"两个不低于"目标。改进信贷政策实施方式，完善中小企业信贷政策导向效果评估，引导金融机构按照"有扶有控、有保有压"的要求，优化信贷结构，进一步扩大对小微企业的信贷投放。积极发展与小微企业金融服务需求相适应的小型金融机构。与大型金融机构相比，小型金融机构服务小微企业具有信息、成本等方面的优势。大力发展多种融资方式，拓宽小微企业多元化融资渠道。要大力推动金融工具、金融产品和机制创新，不断满足小微企业多层次、多样性的金融服务需求。推进小微企业信用体系建设，进一步优化小微企业金融服务生态环境。要抓紧建立覆盖全社会的征信体系，加快建立金融业统一征信平台，建立健全适合小微企业特点的信用征集体系、信用评级制度和信息共享机制，营造良好的小微企业金融服务生态环境。

2014年，《国务院办公厅关于多措并举着力缓解企业融资成本高问题的指导意见》要求，保持货币信贷总量合理适度增长，继续实施稳健的货币政策，综合运用多种货币政策工具组合，维持流动性平稳适度，为缓解企业融资成本高创造良好的货币环境。优化基础货币的投向，适度加大支农、支小再贷款和再贴现的力度，着力调整结构，优化信贷投向，为棚户区改造、铁路、服务业、节能环保等重点领域和"三农"、小微企业等薄弱环节提供有力支持。切实执行有保有控的信贷政策，对产能过剩行业中有市场有效益的企业不搞"一刀切"。进一步研究改进宏观审慎管理指标。落实好"定向降准"措施，发挥好结构引导作用。

2014 年，中国人民银行印发《关于加快小微企业和农村信用体系建设的意见》，部署加快小微企业和农村信用体系建设。该意见明确了健全信用信息征集体系、完善信用评级（评分）和信息发布与应用制度的工作目标，确定了"政府领导，市场参与；人行推动，多方支持；试点先行，逐步推进；积极创新，务求实效"的工作原则，提出了完善信用信息征集体系、建立信用评价机制、健全信息通报与应用制度、推进试验区建设、健全政策支持体系、发挥宣传引导作用六项工作任务，进一步健全了小微企业和农村信用体系建设的基本框架和工作内容。

加强和改进中小企业金融服务是一项系统性工程，既需要不断创新金融组织、产品和服务，也需要有关部门在产权保护、财税支持、行业准入等方面提供更宽松的体制机制和更健全的公共服务。政府也需要进一步加大工作力度，积极探索创新，为中小企业持续健康发展创造良好的金融环境。

（三）对农村金融的政策支持和法律规范

我国一直以来就非常关注"三农"问题，但是法律的构建很迟，基本是通过政策指引的方式来完成的，所以在我国普惠金融促进制度的构建过程中，政策的导向对于普惠金融的走向起着至关重要的作用。

农村地区以及普遍被传统金融机构忽视的群体和地区，存在较强的金融需求，这种需求主要体现为信贷以及少量的汇款服务，对于信贷需求，早在 1996 年，中共中央和国务院就把小额信贷的推行和政府的扶贫大计结合起来，将小额信贷的推广作为改善扶贫工作的主要举措。1998 年 10 月，中共中央在《关于农业和农村工作若干重大问题的决定》中首次肯定了小额信贷扶贫资金到户对于扶贫工作的积极意义。除了扶贫，金融对"三农"问题解决的支持作用也日益被提到议事日程上，国家为此也做了很多倾斜性规定。比如，对邮政储蓄进行银行制改革，在农村金融领域，自 2004 年开始，连续七年中央一号文件中都涉及到农村金融问题。提出加快金融体制的改革和创新，加强农村金融服务，对于农村金融的发展提出了切实可行的具体措施，在国家大政方针的指引下，国家相关部门又陆续制定了一些指导意见和规范性文件。主要有：

1999 年 7 月中国人民银行出台了《农村信用社小额信用贷款管理办法》（银发〔1999〕245 号），并于 2000 年 1 月又出台了《农村信用社农户联保贷款管理指导意见》，推出小组联保、强制储蓄、设立小组基金、分期限还款等小额信贷经营方针。2001 年 12 月中国人民银行又推出了《农村信用社农户小额信用贷款管理指导意见》，要求全面推行农村小额信贷。

2003 年 9 月银监会颁布了《农村商业银行管理暂行规定》和《农村合作银行管理暂行规定》，随后又制定了《关于农村信用社以县（市）为单位统一法人工作的指导意见》和《农村信用社省级（自治区、直辖市）联合社管理暂行规定》。2006 年银监会为进一步推动农村信用社的改革，颁布了《关于合作金融机构行政许可事项实施办法》。

2006 年 12 月 20 日银监会发布了《中国银行业监督管理委员会关于调整放宽农村地区银行业金融机构准入政策，更好支持社会主义新农村建设的若干意见》。该意见共推出了四类服务农村金融的机构，主要有村镇银行、农村资金互助社、商业银行全资子公司以及商业银行和农村合作银行在农村设立的分支机构。其中关于资金互助社应该多描几笔，因为我国关于农村信用合作这方面一直没有专门的立法，2006 年我国通过了《农民专业合作社法》，虽然该法对于农民成立专业化的合作组织进行了规制，但是对于农民是否可以组建信用合作组织却未予规制，该意见中明确规定农民可以入股成立专为自己融资需要服务的合作组织。

2008 年，《中国人民银行　中国银行业监督管理委员会关于加快推进农村金融产品和服务方式创新的意见》要求，加强合作，密切配合，牵头建立推动创新的跨部门工作协调机制，加强与发展改革、财政、税务、农业等部门的协作配合，努力协调落实相关配套政策，加强政策指导和创新管理，保证农村金融产品和服务方式创新工作的有序、有力、有效开展。

2009 年，人民银行、财政部、银监会、保监会和林业局又联合出台了《关于做好集体林权制度改革与林业发展金融服务工作的指导意见》，在加快完善集体林权制度改革配套制度建设的基础上，全面推进林权抵押贷款业务，探索多种贷款偿还方式，加快涉林信贷产品的开发研究，培育一批有市场竞争优势、产业关联度大、带动力强的林业品牌企业和品牌产品，提高林业产业规模化经营水平，带动中小林业企业发展。在实践中，江苏、安徽两省以及全国许多县域的金融机构积极创新农村金融产品和服务方式，探索出多种农村金融服务模式，如"龙头企业＋农户"、"农村经济合作组织＋农户"、"银行（信用社）＋保险＋农户"、"担保公司＋农户"、"订单＋农户"和"农户联保"等，这些农村金融产品深受"三农"欢迎，效果良好。

2010 年，《中国人民银行　中国银行业监督管理委员会　中国证券监督管理委员会　中国保险监督管理委员会关于全面推进农村金融产品和服务方式创新的指导意见》要求，创新重点，着力满足符合"三农"实际特点的金融服务需求。大力发展农户小额信用贷款和农村微型金融。有效满足发展现代农业和扩大农村消费的资金需求。对符合信贷条件的科研、农资、种养、加工、仓储、运输、营销等整个现代农业产业链和相关农村服务业贷款，要加快审批，及时投放。探索开展农村土地承包经营权和宅基地使用权抵押贷款业务。在城镇化和农业产业化程度高的地区，金融部门要积极支持和配合当地党委和政府组织推动的农村土地承包经营权流转和农房用地制度改革。加快推进农村金融服务方式创新。涉农银行业金融机构要结合地方实际，改进金融服务流程，完善贷款营销模式，推动农村金融服务方式多样化、多元化。

2011 年，人民银行发布《中国人民银行关于推广银行卡助农取款服务的通知》，帮助实现银行卡助农取款服务在全国范围内农村乡镇、行政村的基本覆盖，满足偏远农村地区各项支农补贴资金、日常小额取现、余额查询等基本金融需求，构建起支农、惠农、便农的"支付绿色通道"，进一步改善农村地区支付服务环境。银行卡助农取款服务是银行卡收单机构在农村乡（镇）、村的指定合作商户服务点布放银行卡受理终端，向借记卡持卡人提供小额取款和余额查询的业务。为体现国家对偏远农村地区居民的政策倾斜，保证农民用得起现代化的金融服务，人民银行要求各金融机构对持卡人应采取较低的收费标准：余额查询业务不得收费；对于本行取款业务，同城不得收费，异地不超过本行异地汇兑手续费；对于跨行取款业务，不超过农民工银行卡特色服务取款手续费。严禁服务点向持卡人收取任何额外费用。

2014 年，人民银行出台《关于做好家庭农场等新型农业经营主体金融服务的指导意见》，要求各银行业金融机构切实加大对家庭农场等新型农业经营主体的信贷支持力度。各银行业金融机构要合理确定新型农业经营主体贷款的利率水平和额度，适当延长贷款期限，积极拓宽抵质押担保物范围。农业发展银行、农业银行、邮政储蓄银行和农村信用社等涉农金融机构要积极探索支持新型农业经营主体的有效形式，可选择部分农业生产重点省份的县（市），提供"一对一服务"，重点支持一批家庭农场等新型农业经营主体发展现代农业。综合运用多种货币政策工具，创新信贷政策实施方式，支持加大对家庭农场等新型农业经营主体的信贷投入。要拓宽家庭农场等新型农业经营主体多元化融资渠道。鼓励支持金融机构选择涉农贷款开展信贷资产证券化试点，盘活存量资金，支持家庭农场等新型农业经营主体发展。

2014 年，人民银行发布《中国人民银行关于全面推进深化农村支付服务环境建设的指导意见》，主要从深化助农取款服务，优化农民工银行卡特色服务，丰富支付服务主体，推广非现金支付，完善政策扶持体系，加强风险管理，强化宣传培训和组织落实等方面对下一步深化农村支付服务环境建设工作提出要求。一是将深化助农取款服务作为核心内容。允许在银行卡助农取款服务点新增开办现金汇款、转账汇款、代理缴费三种业务，丰富服务功能，提升服务使用率。二是明确服务点业务收费要兼顾可持续发展和适度优惠农民的指导原则。特别是对于农村老人在服务点支取养老金等政府涉农补贴资金，要求每卡每月首笔取款业务免费。三是鼓励支持农村支付服务主体多元化发展，推动手机支付等新兴支付业务在农村地区推广应用。四是重申关于宣传培训与风险防控工作的要求，强化农村支付服务安全运行。

二、普惠金融体系的治理结构建设

（一）立法保障普惠金融有效运行

普惠金融促进制度的构建，是从一个观念性的政府倾斜到试图建立一种有效的完整的法律制度的过程，我们可以尝试着在宪法中建立关于发展权的宪法性规定。将这种发展权可界定为：国家有义务通过法律的构建满足贫困主体获得平等金融服务并谋求发展的权利。我国目前虽然对新式的金融组织形式进行了一定的规范，如在村镇银行、小额贷款公司、农村资金互助社等都有相应的暂行规定或指导意见加以规范，但按照法律渊源的效力层次来看，位阶都很低，有一些规定基本没有法律效力（如对小额贷款公司的指导意见即是一例），法律层次低，导致其法律强制执行力很弱，权威性差。所以，当务之急，应该清理现有行政规章和政策规定，并进一步予以完善，提升其立法层次。对于以前制定的规章不适应现实需要的及时进行修订。

（二）建立激励性税收制度

在经济发展不均衡、资源有限的情况下，因为市场机制不健全，其配置资源的作用就很有限，这时政府政策，尤其是鼓励国家期望某些领域和产业以及群体优先发展的优惠政策，就应该是首选。这里的优惠政策主要包括税收政策。要实行一视同仁的税收政策优惠，目前在我国同样是从事小额信贷项目的金融机构，因为其身份和地位的不同，可以享受的税收优惠是不同的，比如我国目前对商业银行从事针对农村的小额信贷项目可以享受到营业税的减免。对于农村信用社配合其几次改革，对其给予了多次的税收减免政策。但是对于同样从事小额信贷项目的小额贷款信贷机构却无这方面的优惠政策，这无疑使本身受制于资金瓶颈的小额信贷机构特别是小额贷款公司因为税收成本的增加而更加步履维艰。因此应该摒弃身份差异，只要相关机构从事了小额信贷项目，就应该对其实行鼓励性的税收优惠政策，以此降低其经营成本。

（三）合理运用多样化的金融工具进行管理

优化商业银行对小微企业贷款的管理，通过提前进行续贷审批、设立循环贷款、实行年度审核制度等措施减少企业高息"过桥"融资。鼓励商业银行开展基于风险评估的续贷业务，对达到标准的企业直接进行滚动融资，优化审贷程序，缩短审贷时间。对小微企业贷款实施差别化监管。大力发展相关保险产品，支持小微企业、个体工商户、城乡居民等主体获得短期小额贷款。积极探索农业保险保单质押贷款，开展"保险＋信贷"合作。促进更多保险资金直接投向实体经济。进一步完善小微企业融资担保政策，加大财政支持力度。大力发展政府支持的担保机构，引导其提高小微企业担保业务规模，合理确定担保费用。

进一步完善金融机构公司治理，通过提高内部资金转移定价能力、优化资金配置等措施，遏制变相高息揽储等非理性竞争行为，规范市场定价竞争秩序。进一步丰富银行业融资渠道，加强银行同业批发性融资管理，提高银行融资多元化程度和资金来源稳定性。大力推进信贷资产证券化，盘活存量，加快资金周转速度。尽快出台规范发展互联网金融的相关指导意见和配套管理办法，促进公平竞争。进一步打击非法集资活动，维护良好的金融市场秩序。

（四）营造普惠金融创新的配套政策环境

综合运用多种货币政策工具，拓宽涉农信贷资金来源。鼓励有条件的地方安排一定的再贷款额度，专门用于支持银行业金融机构开展普惠金融产品和服务方式创新业务；适当调剂再贴现规模，专门用于支持开展普惠金融产品和服务方式创新的银行业金融机构办理涉农企业商业汇票再贴现。

做好农村地区支付结算工作，提高农村支付结算服务水平。充分发挥农村信用社在农村支付结算服务中的主导作用。加快推进农村地区支付服务基础设施建设，逐步扩展和延伸支付清算网络在农村地区的辐射范围。大力推广非现金工具支付，减少农村地区现金使用。继续加强和完善支付结算业务代理制，促进城乡支付结算服务的互补发展。

发挥财政性资金对金融资源的杠杆拉动作用。在有条件的试点地区，鼓励地方政府通过增加财政贴息资金、增加担保公司和再担保公司资本金注资或设立风险补偿基金等多种方式，建立涉农贷款风险补偿制度。建立和完善考核制度及奖励机制，鼓励县域内各金融机构法人和各金融机构的分支机构将新增存款主要留在当地使用。

（五）建立金融企业社会责任评价制度

我国《公司法》在 2005 年修订时，正式将公司应该承担社会责任明文写进《公司法》，《公司法》第五条第一款规定："公司从事经营活动，必须遵守法律、行政法规，遵守社会公德、商业道德，诚实守信，接受政府和社会公众的监督，承担社会责任。"这无异于作出了积极的立法指引，说明公司绝不是仅仅要追求股东利益最大化，股东在追求自身利益的同时还应该负载一定的社会责任，做一个有道德的企业公民。金融企业社会责任评估报告的目的就是在于为全体企业树立一种行为典范，构建金融企业在市场经济背景下的新型商业伦理，打造公众心目中符合和谐社会理想的企业形象。企业的社会责任，最基本的是要遵守法律、依法纳税并保障员工合法权益等，在高层次上是要在社区建设、环境保护以及慈善事业、社会公益、弱者保护等方面作出贡献。

第三节　普惠金融审慎监管体系与保障机制的构建

2014 年 1 月，银监会宣布进行机构调整，这是银监会自 2003 年成立以来的首次架构大调整。此次监管架构改革的核心是监管转型：向依法监管转，加强现场检查和事中事后监管，法有授权必尽责；向分类监管转，提高监管有效性和针对性；向为民监管转，提升薄弱环节金融服务的合力；进一步加强风险监管，守住不发生系统性、区域性风险的底线。在普惠金融方面，新设立银行业普惠金融工作部，内容包括小微企业金融服务监管、"三农"金融服务监管、小贷公司监管、互联网金融监管、融资性担保业务监管。从机构角度看，银行业普惠金融工作部包含了原监管二部的小企业办、合作部的农村金融服务监管处、融资性担保部以及新成立的小贷公司协会、网贷监管等。

一、金融监管的必要性

金融监管理论脱胎于政府干预理论，起源于理论界对"看不见的手"的质疑与批判。金融业作为特殊行业对其进行有效监管更加具有必要性，原因如下：第一，金融行业容易产生负外部效应。金融机构的高杠杆率决定了当其发生倒闭时金融机构本身所遭受的损失要远远小于广大客户。负外部效应严重，而且金融领域的问题具有很强的传染性，这种负的外部效应还会通过金融体系本身自我放大，破产和倒闭的金融机构会产生很强的连锁反应，使宏观经济的稳定性遭到破坏。第二，金融业具有公共产品性质。公共产品具有消费的非排他性和非竞争性，不可避免地会出现"搭便车"问题，一般来说人们乐于享受稳定有效的金融体系提供的各种服务，却缺乏有效的激励为维护稳定的金融体系作出贡献。第三，金融领域存在的信息不对称问题需要有效监管。存款人和银行之间、银行和贷款人之间存在信息不对等问题，金融市场中逆向选择和道德风险问题导致金融市场的失灵。

二、金融审慎监管的现实背景

我国经济社会发展呈现出新的阶段性特征，金融业的外部经营环境和内部经营机制正在发生深刻变化。经济结构调整步伐加快，经济增长步入一个新的增速区间。金融业服务实体经济的要求更高，责任更重。改革开放的进一步深化，要求金融的组织体系、市场体系、调控体系以及监管体系等都要更快地完善和发展。利率、汇率市场化改革的深化，金融市场广度和深度的增强，金融机构国际化和综合化经营的内在驱动，金融创新和新的金融业态和经营方式的不断涌现，使我国金融业持续健康发展面临诸多挑战，对建立金融监管提出了迫切的要求。

首先，建立金融审慎监管体系，是在当前分业监管体制下维持金融

健康、高效运行的内在要求。我国自 2003 年以来形成的分业监管体制
总体上符合我国经济金融发展的阶段特点和要求。但随着我国金融业改
革发展和对外开放程度的不断提高，金融业综合经营快速发展，现行体
制也暴露出监管缺位和监管重叠同时存在，以及监管尺度和标准不统一
等问题。在分业监管的大格局下，解决监管空白和过度监管并存问题，
维护金融体系整体运行的效率，迫切需要建立既分工又合作的监管协调
机制。

　　其次，建立金融审慎监管体系，是推动金融创新、发展金融市场与
金融监管相互协调、相互促进的有效保障。近年来，在党中央、国务院
关于鼓励金融创新、发展金融市场的方针指导下，在投资和融资需求的
双重推动下，我国金融创新取得了一定的成效，各类金融机构相继推出
跨行业、跨市场的新型金融产品，金融市场配置资源的功能与效率得到
了一定的提升。但总体上仍然创新与服务不足，市场配置资源的功能有
待进一步发挥。与此同时，在创新过程中也存在一些博弈宏观调控政
策、博弈金融监管规则的问题。对此，既要积极鼓励，支持金融的发展
创新，又要好好引导，客观审慎，加强监管。

　　最后，建立金融审慎监管体系，是防范系统性风险的迫切需要。当
前，我国经济发展面临的国内外形势错综复杂，经济不平衡、不协调、
不可持续问题仍然突出，产能过剩、部分领域债务水平过高等都会造成
潜在的金融风险，社会融资风险主要集中于银行体系。货币市场、信贷
市场、资本市场、保险市场之间存在紧密联系，不同行业、市场相互影
响，防范系统性风险就需要将金融体系视作一个整体，考虑不同行业和
市场相互之间的传导和影响，加强政策、措施及执行的统筹协调，强化
系统性监测和宏观审慎管理，才能牢牢守住不发生系统性、区域性风险
的底线。

三、普惠金融审慎监管体系

（一）监管框架

普惠金融监管的结构直接影响着监管质量。普惠金融监管框架分为政府部门的监管、行业自律、金融机构的内部控制和市场纪律四个层次。政府部门的监管主要是指专门的金融监管部门和中央银行的监管。专门的金融监管部门在我国主要是银监会、证监会和保监会。普惠金融的综合性和个性化要求三个金融监管部门应当加强监管协调，保障监管的一致性和协同性。中央银行在普惠金融的发展中起到了重要的作用。改善金融基础设施、降低金融服务的成本成为中央银行的主要职责之一。行业自律在普惠金融发展中也发挥着不可或缺的作用。行业自律组织在制定行业标准、加强市场纪律教育等方面也是政府部门监管和金融机构内部控制的重要补充和支持。金融机构的内部控制是政府监管的基础。如果金融机构消极被动地接受监管只会增加监管成本。金融机构积极主动地优化内部控制和风险管理是其健康运行的基础。市场纪律有利于金融机构在社会舆论和社会公众的约束下自觉地为弱势群体、弱势产业和弱势地区提供金融服务，这也是企业社会责任的内在要求之一。

（二）分类监管

农村金融机构的可持续发展离不开有效的金融监管支持，特别是针对不同层次的金融机构采取不同的监管措施。分类监管针对不同类型的农村金融机构、不同品种的金融服务以及不同的农村金融服务市场和人口采取不同的监管措施。在监管费征收、注册资本金、股东人数、股东资格、股权结构规定、资本充足率、核心资本充足率、存款准备金率、存款利率、贷款利率和经营地域范围上采取与商业银行不同的监管要求，并且农村商业银行、农村合作银行、农村信用社、村镇银行、贷款公司、农村资金互助社和小额贷款公司等农村金融机构采取的监管要求也是不完全相同的，体现了分类监管的要求。

（三）风险监管

风险为本的监管着重于被监管金融机构识别、控制和管理风险能力，而非金融风险本身。监管方法转变的原因在于金融机构提供金融产品和服务的创新的复杂程度和速度加剧，从而外部以服务和产品为基础的合规监管的可信度越来越低。在风险为本的监管方式下，农村金融机构应当建立有效的公司治理结构和内部控制程序，满足一系列风险管理程序标准，特别是独立的风险控制和审计机构，以及有效的风险报告系统。菲律宾已经成功地对微型金融机构采取了风险为本的监管方法，提供了经验借鉴。

（四）科学监管

考虑微型金融行业区别于商业银行的业务和风险特征，注意微型金融行业的发展阶段，防范金融风险，引导机构发展、扩大金融服务。建立强化金融机构内部稽核，社会审计部门共同监督为补充的金融风险监管社会网络系统，并建立一个有效的政策协调机制和信息共享机制，共同协调和防范金融风险。改进监管手段和方法，用科学监管为主替代行政管理监督为主的模式，运用互联网络等技术手段，建立远程监管平台；建立普惠金融经营风险分析体系，出现问题及时发布预警信号。

四、普惠金融体系保障机制的构建

（一）建立有效监管原则

对普惠金融的监管应该和对商业银行的监管是不同的，综观全球，凡是普惠金融得到较好发展的国度，其共同点都是具备清晰的法律监管框架和完善的法律制度。总体而言，普惠金融的监管框架要符合下列几个基本原则：

第一，社会性目标原则。现代社会金融行业不仅要注意经济效益，还要注意社会效益，目前我国《银行业监督管理法》把维护金融稳定、保障公众利益特别是存款人利益放在首位，而没有将普惠金融即金融服务的可获得性放到监管原则这个高度，因此建议在金融监管领域明确这一点。将金融服务可获得性以及消除贫困作为金融监管的目标之一。

第二，灵活性原则。即监管框架的设计要符合微型金融机构本身的特点，因为其服务对象多是弱势群体，文化层次一般也较低，应该将贷款合约文件尽量简化，而且对于其监管手段不能采取和正规金融机构一样刚性的强硬的监管手段。

第三，激励兼容的原则。即监管框架的设计必须有利于调动机构、投资者、捐赠人各方面主体的积极性，通过制度的设计激励它们能够投入到这个为穷人服务的领域中去，而不是通过法律框架去遏制这种投入，监管当局必须在保证运行良好的金融机构的可持续发展和规避系统性风险之间做一个平衡。可以参考相关的国外立法，如美国的《社区再投资法》就明确规定，各社区的存款机构有义务为吸收存款的本社区提供金融服务，为顺利实施该法律，《社区再投资法》建立了两项重要措施，一是有效的公示制度，监管机构有权力定期将各金融机构在本地区的满足社区金融服务的记录公之于众；二是监管机构将各金融机构对本地区金融回报的比例和成绩作为其开办分行、收购以及办理存款保险等事宜时的一个批准与否的重要考核指标。

第四，监管成本的收益衡量原则。监管者在设计监管制度时一定要注意成本和收益的衡量，监管者也存在监管失效的问题，特别是对于微型金融而言，往往占据的监管资源会达到 25% ~ 50%，但获得的监管收益却往往不成正比。因此，对于规模较小的微型金融而言，特别是不吸收公众存款的小额贷款公司而言，监管就不适宜是过分的和过细的监管，而应该是适度的和非审慎性的监管。否则，如果监管框架设计得过于繁琐，对于监管主体而言，超越了其监管能力，就会出现监管不到位以及不力的情况，对于被监管主体而言，监管如果过于繁琐和严苛，就会直接导致其干脆漠视监管，使得监管形同虚设或者最终归于失败。

第五，适应性原则。这个原则是指，因为金融机构的多样化，监管也不能整齐划一，监管应该根据各金融机构主体的实际情况，做区别性监管，只有这样才能因地制宜，有的放矢。

第六，基于风险的自我监管原则。该原则是指应该激励微型金融机构努力完成自我监管，应要求其在努力规避自身风险的基础上完成风险管理，自律性监管永远比外在监管更贴近其真实情况，也会更富有效率。

（二）明确监管主体，完善差异化监管政策

按照我国《银行业监督管理法》第二条的规定，银监会主要负责对银行业金融机构实行监管，包括商业银行、农村信用合作社等，非银行金融机构包括财务公司、金融租赁公司等也受到银监会的监管。根据相关规定，银监会的主要职能有两条，一是维护金融秩序稳定，二是保护存款人利益。但同时银监会应该对小额信贷机构的发展给予关注并积极促进，而不能袖手旁观。要积极引导民间金融浮出水面并合法化和阳光化。在此基础上，银监会应被确认为我国小额贷款公司的唯一法定监管主体。主要理由如下：第一，目前非银行金融机构的唯一和法定监管机关为银监会。根据《银行业监督管理法》第二条规定，银行业金融机构及其业务活动的监督管理由银监会负责，同时在我国境内设立的金融资产管理公司、财务公司等以及经银监会批准设立的其他金融机构的监督管理工作也由银监会负责。而且该法第十九条进一步明确要求，任何单位和组织从事银行业金融机构的业务活动或设立相关组织都必须经过银监会的审批。因此，由银监会作为小额贷款公司的法定监管机关并无法律上的障碍，应该是顺理成章之事。第二，法律赋予了银监会多项监管手段和措施。比如有权对被监管对象进行检查、询问、查询、复制等多项权力，特别是目前金融监管职责不仅是一种合规监管，更强调一种风险管理，基于此，将银监会明确为监管机构，能够从根本上推动小额贷款公司这种新型的金融机构在我国更好、更快地发展。

充分借鉴国际监管标准，紧密结合贫困地区实际，不断完善农村金融监管制度，改进监管手段和方法，促进农村金融市场稳健发展。适当放宽贫困地区现行存贷比监管标准，对于符合条件的贫困地区金融机构发行金融债券募集资金发放的涉农、小微企业贷款，以及运用再贷款再贴现资金发放的贷款，不纳入存贷比考核。根据贫困地区金融机构贷款的风险、成本和核销等具体情况，对不良贷款比率实行差异化考核，适当提高贫困地区金融机构不良贷款率的容忍度，提高破产法的执行效率，在有效保护股东利益的前提下，提高金融机构不良贷款核销效率。在计算资本充足率时，按照《商业银行资本管理办法（试行）》（中国银行业监督管理委员会令 2012 年第 1 号发布）的规定，对于符合规定的涉农贷款和小微企业贷款适用 75% 的风险权重。使用内部评级法的银行，对于符合规定的涉农贷款和小微企业贷款可以划入零售贷款风险暴露计算其风险加权资产。

（三）加大各类政策支持力度，引导信贷定向倾斜

进一步加大对贫困地区支农再贷款支持力度，合理确定支农再贷款期限，促进贫困地区金融机构扩大涉农贷款投放，力争贫困地区支农再贷款额度占所在省（自治区、直辖市）的比重高于上年同期水平。对贫困地区县内一定比例存款用于当地贷款考核达标的、贷款投向主要用于"三农"等符合一定条件的金融机构，其新增支农再贷款额度，可在现行优惠支农再贷款利率上再降 1 个百分点。合理设置差别准备金动态调整公式相关参数，支持贫困地区法人金融机构增加信贷投放。继续完善再贴现业务管理，支持贫困地区农村企业尤其是农村中小企业获得融资。

加强金融政策与财政政策协调配合，有效整合各类财政资金，促进形成多元化、多层次、多渠道的投融资体系，充分发挥财政政策对金融业务的支持和引导作用。推动落实农户贷款税收优惠、涉农贷款增量奖励、农村金融机构定向费用补贴等政策，降低贫困地区金融机构经营成本，调动金融机构布点展业的积极性。支持有条件的地方多渠道筹集资金，设立扶贫贷款风险补偿基金和担保基金，建立健全风险分散和补偿机制，有效分担贫困地区金融风险。鼓励和引导有实力的融资性担保机构通过再担保、联合担保以及担保与保险相结合等多种形式，积极提供扶贫开发融资担保。

积极引导小额担保贷款、扶贫贴息贷款、国家助学贷款等向贫困地区倾斜。进一步完善民族贸易和民族特需商品贷款管理制度，继续对民族贸易和民族特需商品生产贷款实行优惠利率。各金融机构要在坚持商业可持续和风险可控的原则下，根据贫困地区需求适时调整信贷结构和投放节奏，全国性银行机构要加大系统内信贷资源调剂力度，从授信审查、资金调度、绩效考核等方面对贫困地区给予优先支持，将信贷资源向贫困地区适当倾斜。贫困地区当地地方法人金融机构要多渠道筹集资本，增加信贷投放能力，在满足宏观审慎要求和确保稳健经营的前提下加大对贫困地区企业和农户的信贷支持力度。

（四）强化交叉性金融产品监管，加强金融信息共享

互联网金融监管已被纳入银监会银行业普惠金融工作部监管，而近年来交叉性金融业务迅速增长，针对部分新型金融业态和新型金融工具，需要协调监管政策和措施，建立风险研判的评估制度，以促进其健康发展。比如，随着互联网、电子商务、电子交易等技术飞速发展，互联网与金融业的相互融合和渗透日益深化。互联网金融作为一种新的金融模式，横跨多个行业和市场，交易对象广泛。拍拍贷等 P2P 网贷平台、天弘基金与支付宝合作推出的"余额宝"、阿里巴巴等电商企业设

立小额贷款公司等都是典型例子。这对金融监管、金融消费者保护和宏观调控提出了新的要求，需要协调相关部门统一认识，明确政策导向、监管规则和监管责任。

加强信息共享机制建设是发挥普惠金融监管作用的重要抓手。要明确信息采集范围，统一采集标准，实现数据信息共享的规范化和常态化，建立覆盖全面、标准统一、信息共享的金融业综合统计体系。这一体系的建立，将极大地增强对整个金融体系的监测、分析能力，为预测、判断、评估和防控金融风险，维护金融体系稳定提供"顺风耳"、"千里眼"。

参 考 文 献

[1] 敖惠诚. 优化区域金融生态是超越"马太效应"的关键环节
[J]. 中国金融, 2005 (24): 11 - 13.

[2] 白钦先, 李钧. 中国农村金融"三元结构"制度研究 [M].
北京: 中国金融出版社, 2009.

[3] 曹子娟. 中国小额信贷发展研究 [M]. 北京: 中国时代经济
出版社, 2006 (1): 5 - 7.

[4] 陈斌开, 林毅夫. 金融抑制、产业结构与收入分配 [J]. 世
界经济, 2012 (1): 3 - 23.

[5] 陈浪南, 谢清河. 我国小额信贷研究 [J]. 农业经济问题,
2002 (3): 35 - 40.

[6] 陈晓枫, 叶李伟. 金融发展理论的变迁与创新 [J]. 福建师
范大学学报: 哲学社会科学版, 2007 (3): 12.

[7] 成思危. 改革与发展推进中国的农村金融 [M]. 北京: 经济
科学出版社, 2005.

[8] 崔德强, 谢欣. 有特色的 BRI 模式——印尼人民银行小额信
贷模式剖析 [J]. 中国农村信用合作, 2008 (7): 49.

[9] 邓向荣, 周密. "麦克米伦"缺口及其经济学分析 [J]. 南
开经济研究, 2005 (4): 63.

[10] 丁志国, 赵晶, 赵宣凯, 吕长征. 我国城乡收入差距的库兹

涅茨效应识别与农村金融政策应对路径选择 [J]. 金融研究，2011 (7)：142 - 151.

[11] 杜晓山. 以普惠金融体系理念，促进农村金融改革发展——对中西部农村地区金融改革的思考 [J]. 农业发展与金融，2007 (1)：15.

[12] 杜晓山. 建立可持续性发展的农村普惠性金融体系 [J]. 金融与经济，2007 (2)：33 - 34.

[13] 杜晓山，刘文璞. 小额信贷原理及运作 [M]. 上海：上海财经大学出版社，2001：7 - 8.

[14] 杜晓山，孙若梅. 中国小额信贷的实践和政策思考 [J]. 财贸经济，2000 (7)：32 - 37.

[15] 高继泰，肖光，王继康，等. 农村商业银行的现状和发展——首届中小农村商业银行联谊会嘉宾发言摘登 [J]. 银行家，2010 (7)：31.

[16] 高晓燕. 我国小额贷款公司可持续运营再叹息 [J]. 现代财经，2011 (3)：15 - 22.

[17] 郭兴平. 基于电子化金融服务创新的普惠型农村金融体系重构研究 [J]. 财贸经济，2010 (3)：13 - 19.

[18] 韩其恒，李俊青. 二元经济下的中国城乡收入差距的动态演化研究 [J]. 金融研究，2011 (8)：15 - 30.

[19] 何德旭，饶明. 金融排斥性与我国农村金融市场供求失衡 [J]. 经济学研究，2007 (9)：32 - 36.

[20] 何广文. 关注弱势群体，深化我国小额信贷事业的发展 [N]. 金融时报，2006 (10)：26.

[21] 胡国晖，雷颖慧. 基于商业银行作用及运作模式的普惠金融体系构建 [J]. 商业研究，2012 (1)：91 - 95.

［22］黄祖辉．贫困地区农户的信贷需求与信贷约束［M］．杭州：浙江大学出版社，2008.

［23］焦瑾璞，陈瑾．建设中国普惠金融体系［M］．北京：中国金融出版社，2009.

［24］焦瑾璞，杨骏．小额信贷和农村金融［M］．北京：中国金融出版社，2006.

［25］焦瑾璞．构建普惠金融体系的重要性［J］．中国金融，2010（10）.

［26］李景波．"帕特里克之谜"与西方金融发展理论的严谨［J］.经济师，2009（6）：14.

［27］李涛，王志芳，王海港，谭松涛．中国城市居民的金融受排斥状况研究［J］．经济研究，2010（7）.

［28］李延敏．中国农户借贷行为研究［M］．北京：人民出版社，2010.

［29］李玉华．农村商业银行抵押权实现路径分析［J］．商情，2011（2）：71.

［30］刘大耕．小额信贷必须走持续发展之路［J］．中国农村信用合作，1999（12）：5－6.

［31］刘锡良．多机构共存下的小额信贷市场均衡［J］．金融研究，2005（3）：68－79.

［32］刘亦文，胡宗义．农村金融发展对城乡收入差距影响的实证研究［J］．山西财经大学学报，2010（2）：45－52.

［33］茅于轼．以开放的心态对待民间金融［J］．商界：评论，2006（12）：55－56.

［34］孟飞．金融排斥及其治理路径［J］．上海经济研究，2011（6）：80－89.

[35] 孙同权. 农村金融新政中非政府小额信贷发展方向探析 [J]. 农业经济问题, 2007 (5): 52-55.

[36] 田霖. 我国金融排除空间差异的影响要素分析 [J]. 财经研究, 2007 (33): 107-119.

[37] 田霖. 金融包容：新型危机背景下金融地理学视阈的新拓展 [J]. 经济理论与经济管理, 2013 (1): 69-78.

[38] 汪祥耀, 邓川. 国际会计准则与财务报告准则 [M]. 上海：立信会计出版社, 2005: 109.

[39] 王曙光. 金融发展理论 [M]. 北京：中国发展出版社, 2010.

[40] 王国良, 褚利明. 微型金融与农村扶贫开发 [M]. 北京：中国财政经济出版社, 2009.

[41] 吴晓灵. 普惠金融是中国构建和谐社会的助推器 [N]. 金融时报, 2010-06-21.

[42] 吴晓灵, 焦瑾璞, 张涛, 等. 中国小额信贷蓝皮书 2009—2010 [M]. 北京：经济科学出版社, 2011.

[43] 夏慧. 普惠金融体系与和谐金融建设的思考 [J]. 浙江金融, 2009 (3): 18-19.

[44] 谢欣. 玻利维亚阳光银行的草尖金融 [J]. 银行家, 2008 (6): 35.

[45] 熊德平. 农村小额信贷：模式、经验与启示 [J]. 金融与保险, 2005 (2): 39-43.

[46] 徐少君, 金雪军. 中国金融排除影响因素：理论和实证研究 [C]. 北京：第五届中国金融学年会会议论文, 2008.

[47] 杨天宇. 斯蒂格利茨的政府干预理论评析 [J]. 学术论坛, 2000 (2): 24-27.

[48] 尹晓冰, 冯景雯. 中小企业融资困难: 根本原因和现实选择 [J]. 经济问题探索, 2003 (3): 20.

[49] 应景逊, 黄震宇, 徐永良. 我国小额农贷体制的特点及改进思路 [J]. 金融研究, 2005 (5): 180 – 190.

[50] 袁吉伟. 亚洲小额信贷机构经营效率实证研究: 基于 DEA 模型 [J]. 农村金融研究, 2012 (9): 14 – 19.

[51] 张海峰. 商业银行在普惠金融体系中的角色和作用 [J]. 农村金融研究, 2010 (5).

[52] 张杰. 中国农村金融制度: 结构、变迁与政策 [M]. 北京: 中国人民大学出版社, 2003.

[53] 张杰, 刘东. 金融结构、金融生态与农村金融体系的构建 [J]. 当代经济科学, 2006 (7).

[54] 张扬. 从孟加拉国小额信贷成功模式解读我国小额信贷的困境 [J]. 商业研究, 2009 (9).

[55] 张远军. 中国农村走向繁荣的金融选择 [M]. 北京: 中国金融出版社, 2009: 138 – 141.

[56] 赵庆国, 张志鹏. 寿光模式: 县域金融体制改革的典范 [J]. 金融经济: 2010 (8): 44 – 46.

[57] 郑乔. 印尼人民银行小额信贷的做法与启示 [J]. 农村金融研究, 2010 (5): 76 – 78.

[58] 朱文. 农村金融理论的政策主张评述及对我国的指导作用 [J]. 乡镇经济, 2005 (10).

[59] Aghion, P. Howitt, P. and Mayer. D. The Effect of Financial Development on Convergence: Theory and Evidence [J]. Quarterly Journal of Economics, 2005, 120 (1): 173 – 222.

[60] Aghion and Bolton. A Theory of Trickle – Down Growth and

Development ［J］. Review of Economic Studies, 1997, 59, 151 – 172.

［61］Alpana, V. Promoting Financial Inclusion: An Analysis of the Role of Banks? ［J］. Indian Journal of Social Development, 2007, 7 (1): 107 – 126.

［62］Andrianaivo, M., Kpodar, K. Mobile Phones, Financial Inclusion, and Growth ［J］. Review of Economics and Institutions, 2012, 3 (2).

［63］Arora R. U. Measuring Financial Access ［J］. Griffith University, Discussion Paper in Economics, 2010, (7): 1 – 21.

［64］Banerjee A. V., Newman A. F. Occupational Choice and the Process of Development ［J］. Journal of Political Economy, 1993: 274 – 298.

［65］Beck, T., Demirgüc – Kunt, A., Levine, R. Finance, Inequality and the Poor ［J］. Journal of Economic Growth, 2007, 32 (12): 27 – 49.

［66］Beck, T., Demirgüc – Kunt A., Peria M. Reaching Out: Access to and Use of Banking Services across Countries ［J］. Journal of Financial Economics, 2007, 85 (1) : 234 – 266.

［67］Burchardt T., Le Grand J., Piachaud D. Social Exclusion in Britain 1991 – 1995 ［J］. Social Policy & Administration, 1999, 33 (3): 227 – 244.

［68］Campion A., Valenzuela L. Credit Brueaus: A Necessity for Microfinance? ［J］. Microenterprise Best Practices, 2001: 12.

［69］Castel R. The Roads to Disaffiliation: Insecure Work and Vulnerable Relations ［J］. International Journal of Urban and Region Research, 2000, 24 (3): 519 – 535.

［70］ Cetorelli, N. , Philip, S. Finance as a Barrier to Entry: Bank Competition and Industry Structure in Local U. S. Markets ［J］ . Journal of Finance, 2006, 61, 437 - 461.

［71］ CGAP. Good Practice Guidelines for Funders of Microfinance: Microfinance Consensus Guidelines ［M］ . Washington D. C. : Consultative Group to Assist the Poor, 2006.

［72］ Chant J. Financial Stability as a Policy Goal ［J］ . Essays on Financial Stability, 2003 (95) .

［73］ Christen R. P. , Rhyne E. , Vogel R. C. , et al. Maximizing the Outreach of Microenterprise Finance ［J］ . USA ID Program and Operations Assessment Report, 1995 (10): 8.

［74］ Connolly C. , Hajaj K. Financial Services and Social Exclusion ［R］ . Sydney: Financial Services Consumer Policy Centre, University of New South Wales, 2001.

［75］ Demirgüc - Kunt A. , Laenen L. , Levine R. Regulations, Market Structure, Institutions and the Cost of Financial Intermediation ［R］ . National Bureau of Economic Research, 2003: 45.

［76］ Ford J. , Rowlingson K. Low - income Households and Credit: Exclusion, Preference, and Inclusion ［J］ . Environment and Planning, 1996, 28 (8): 1345 - 1360.

［77］ Fuller, D. , Mellor. M. Banking for the Poor: Addressing the Needs of Financially Excluded Communities in Newcastle upon Tyne ［J］ . Urban Studies. 2008, 45 (7) : 1505 - 1524.

［78］ Galor O. , Zeira J. Income Distribution and Macroeconomics ［J］ . The Review of Economic Studies, 1993, 60 (1): 35 - 52.

［79］ Greenwood, Jeremy and Boynan Jovanovic. Financial Development, Growth, and the Distribution of Income [J] . Journal of Political Economy. 1990, 98 (5): 1076 – 1107.

[80] Gupte R. , Venkataramani B. , Gupta D. Computation of Financial Inclusion Index for India [J] . Social and Behavioral Sciences, 2012, (37): 133 – 149.

[81] Helms B. Assecc for All: Building Inclusive Financial Systems [M] . World Bank Publications, 2006: 31.

[82] Hong Son. Efficiency and Effectiveness of Microfinance in Vietnam: Evidence from NGO Schemes in North and Central Regions [J] . CEPA, School of Economics, UQ, 2004 (2) .

[83] Imai, K. , Azam, M. Does Microfinance Reduce Poverty in Bangladesh? New Evidence from Household Panel Data [J] . Journal of Development Studies, 2012, 48 (5): 633 – 653.

[84] James B. Ang. Finance and Inequality: The Case of India [J] . Southern Economic Journal, 2010, 76 (3): 738 – 761.

[85] Jacob Yaron. Rural Finance: Issues, Design, and Best Practices [J] . Work in Progress for Public Discussion, 1997 (9) .

[86] Jimboden K. Building Inclusive Financial Sectors: The Road to Growth and Poverty Reduction [J] . Journal of International Affairs, 2005, 58 (2): 65 – 86.

[87] Karaivanov, A. Financial Constraints and Occupational Choice in Thai Villages [J] . Journal of Development Economics, 2010, 97 (2): 201 – 220.

[88] Kepmpson Whyley C. Kept Out or Opted Out? Understanding and Combating Financial Exclusion [M] . Bristol: Policy Press, 1999.

[89] King, Robert G. and Levine, Ross. Finance, Entrepreneurship

and Growth: Theory and Evidence [J] . Journal of Monetary Economics, 1993b, 32: 513 - 542.

[90] Kuznets, S. Economic Growth and Income Inequality [J] . American Economic Review, 1955, 45 (1): 1 - 28.

[91] Leeladhar V. Taking Banking Services to the Common Man— Financial Inclusion [J] . Reserve Bank of India Bulletin, 2006, (1): 73 - 77.

[92] Leyshon A. , Thrift N. The Restructuring of the UK Financial Services Industry in the 1990s: A Reversal of Fortune? [J] . Journal of Rural Studies, 1993, 9 (3): 223 - 241.

[93] Love, I. Financial Development and Financing Constraint [J] . Review of Financial Studies, 2003, 16 (3) : 765 - 779.

[94] Malesky E. J. , Taussig M. Where is Credit Due? Companies, Banks, and Locally Differentiated Investment Growth in Vietnam [J] . World Bank, 2005: 36.

[95] Mallick, R. Implementing and Evaluating Microcredit in Bangladesh [J] . Development in Practice, 2002, 12 (2): 153 - 163.

[96] Mckinnon R. I. Money and Capital in Economic Development [M] . Washington D. C. : The Brookings Institution, 1973.

[97] Mookherjee, D. , Ray, D. Persistent Inequality [J] . Review of Economic Studies, 2003, 70 (6): 369 - 393.

[98] Navajas, S. et al. Microcredit and the Poorest of the Poor: Theory and Evidence from Bolivia [J] . World Development, 2000 , 28 (2) : 333 - 346.

[99] Nieto. Microfinance Institutions and Efficiency [J] . The International Journal of Management Science, 2007 (2) .

[100] Osman, A. Occupational Choice under Credit and Information Constraints. Working Paper, 2014.

[101] Peachey, S., Roe. A. Access to Finance: A Study for the World Savings Banks Institute [J]. Oxford Policy Management, 2006, 49 (1), 13 – 177.

[102] Priyadarshee A., Hossain F., Arun T. Financial Inclusion and Social Protection: A Case for India Post [J]. Competition and Change, 2010, 14 (12): 324 – 342.

[103] Poyo J., Young R. Commercialization of Microfinance: A Framework for Latin America [J]. USA ID. Washington D. C. USA, 1999: 75.

[104] Peer Stein, Inclusive Finance, Korea – World Bank High Level Conference on Post – Crisis [J]. Growth and Development, 2010 June 3.

[105] R. Levine. Financial Structure and Economic Growth: Across – Country Comparison of Banks, Markets, and Development [M]. The MIT Press, 2004: 22 – 23.

[106] Sarma M. Index of Financial Inclusion. Discussion Papers in Economics, 2010 (5): 1 – 28.

[107] Shu, Bian. Market Transition and Gender Gap in Earnings in Urban China [J]. Social Forces, 2003, 81 (4): 1107 – 1145.

[108] Simpson W., Buckland J. Examining Evidence of Financial and Credit Exclusion in Canada from 1999 to 2005 [J]. The Journal of Socio – Economics, 2009, 38 (6): 966 – 976.

[109] Townsend, R., Ueda, K. Financial Deepening, Inequality, and Growth: A Model – based Quantitative Evaluation [J]. Review of Economic Studies, 2006, 73 (1): 251 – 293.

［110］ Waller, G. , Woodworth, W. Microcredit and Third World Development Policy ［J］. Policy Studies Journal, 2001, 29 (2): 1 – 40.

［111］ Wonglimpiyarat J. The Dynamics of Financial Innovation System ［J］. Journal of High Technology Management Research, 2011, 22 (1): 36 – 46.

［112］ Zeller Lapenu. Measuring Social Performance of Microfinance Institutions: A Proposal ［M］. Argidius Foundation and Consultative Group to Assist the Poorest, 2003 (7).

后 记

　　《普惠金融：基本原理与中国实践》是由中国人民银行金融消费权益保护局原局长焦瑾璞教授、天津财经大学副校长王爱俭教授及其研究团队合作完成的。本书从普惠金融的理论体系出发，重点从框架构建、动力分析、机制运转和影响因素等方面深入探讨解决普惠金融关键问题的突破口，并借鉴国外普惠金融体系的发展经验，针对中国普惠金融体系发展过程中存在的问题，提出了具有前瞻性和针对性的对策建议。本书在撰写过程中得到了中国人民银行金融消费权益保护局和天津财经大学等单位中普惠金融研究专家的鼎力帮助，中国人民银行金融消费权益保护局王璟博士校改了全书初稿，提出了很多好的建议，在此表示衷心的感谢。各部分执笔人分别为：焦瑾璞（代序），焦瑾璞、王爱俭、刘玚（第一章），刘玚、杜强（第二章），王璟怡、岳圣元（第三章），李向前、张蒙（第四章），邓黎桥、潘怡（第五章），林文浩、杨帆（第六章）。焦瑾璞教授审改了全稿，并负责最终定稿。

　　我们期望该书的出版能够促使理论界和实务界更加关注中国普惠金融体系的理论与实务发展，共同为我国金融体制改革出谋划策，推动我国金融健康、稳定、持续发展，让更多的人享受方便、快捷的现代金融服务。

作者

2015 年 11 月